더 좋은 선택   결핍과 불균형,
바꿀 수 있다

더 좋은 선택   결핍과 불균형,
바꿀 수 있다

마야 괴펠 지음 | 김희상 옮김

나무생각

차례

1부 세상은 어떻게 움직이는가

2부 우리는 더 좋은 선택을 할 수 있다

3부 미래는 누가 결정하는가

—┼—

희망은, 앞으로 무슨 일이 일어날지 알지 못한다는 점,
하지만 불확실함이라는 그 광활한 땅에서
우리가 행동할 공간을 얼마든지
찾아낼 수 있다는 점 때문에 열려 있다.
불확실함을 인정한다면, 행동으로 어떤 결과를 빚어낼지는
어디까지나 우리 손에 달린 문제다.
홀로든 몇십 명이든, 혹은 수백만 명의 다른 사람들과 함께든
우리는 행동에 나서야 한다. 희망은 알지 못하는 것, 알 수 없는 것을
포용해 미래를 열어가는 행동이다. 희망은 낙관주의자와 비관주의자가
저마다 확실하다고 내세우는 관점에 동의하지 않고
새롭게 들여다볼 우리의 대안이다.[1]

_리베카 솔닛Rebecca Solnit

인류 최대의 모험이 시작된다

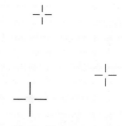

세상은 변한다. 세상은 늘 변화해 왔다. 우리는 누구나 이 사실을 알고 있다. 이러한 변화들 중 일부는 가볍게 받아들일 수 있는 반면, 일부는 우려하거나, 온 힘을 다해 거부하기도 한다. 어떤 변화는 가만히 앉아서 기다릴 수 없어 그것을 이뤄내려 안간힘을 쓰기도 한다. 어떤 변화는 우리를 뒤흔들고 깊은 불안에 빠뜨리기도 한다. 하지만 어떤 변화든 그것이 어떤 속도와 폭으로 일어나는지 어느 정도 감으로 알 수는 있다. 어느 정도 시간이 지나면 변화에 익숙해지기도 한다.

반면 아침에 일어나 스마트폰을 켜면 우리가 알고 있는 세상이 하룻밤 새 사라졌다는 소식을 접하기도 한다. 익숙하지 않은 일이지만 얼마 전부터 이런 일이 늘어나기 시작했다. 갑자기 미국의 어떤 은행이 파산하며 세계 경제를 발칵 뒤집어놓는다. 그러면 우리는 국제금융 체계가 이렇게 허약한 것이었나 하며 놀라서 입을 다물지 못한다. 일본 후쿠시마의 원자력발전소가 쓰나미의 급습을 받은 일은 미래의 에너지 시스템을 고민하게 만든다. 영국은 돌연 EU(유럽연합) 탈퇴를 선언하며 유럽 전체의 정치 통합 역사를 뒤흔들었다.

브라질과 호주와 러시아 전역에서는 산불이 끊이지 않는다. 그런가 하면 독일과 벨기에와 네덜란드에서는 엄청난 홍수가 일어나 수백 명의 목숨을 앗아갔다. 도널드 트럼프Donald Trump의 지지자들은 국회의사당을 급습해 트럼프의 낙선을 부정하고 폭력 시위를 서슴지 않았다. 박쥐가 인간에게 전파한 코로나 바이러스가 전 세계를 마비시키기도 했다. 러시아는 우크라이나를 침략하여 전쟁을 유럽에 대항할 정치 수단으로 삼았다.

그러나 다른 변화도 일어난다. 스웨덴 출신의 어떤 소녀가 전 세계 사람들의 이목을 사로잡아 기후 보호를 위한 거리 행진에 동참하게 했다. 경찰의 잔인한 폭력에 맞서 유색인종의 인권을 지키려는 운동 '블랙 라이브스 매터Black Lives Matter'나 성폭력에 저항하는 '미투MeToo'는 오랜 세월 동안 억압당하고 침묵을 강요받으며 어쩔 수 없다고 감수하게 만든 차별과 비위의 배경이 무엇인지 밝혀냈다. 또 바람과 태양이 처음으로 석탄과 가스보다 더 많은 전기를 생산하고 있다. 디젤 내연기관은 유해 물질을 배출한다는 이유로 규제되거나 금지되었다.

독일 연방헌법재판소는 미래 세대의 자유가 오늘날 우리의 자유 못지않게 소중하다는 점에 입각하여 기후 보호에 더욱 각별하게 신경 써야 할 의무가 연방 정부에 있다고 판시했다. 유엔과 국제사법재판소에서는 환경을 파괴하는 이른바 '에코사이드Ecocide'를 범죄로 처벌해야 한다는 목소리가 힘을 얻는다. 또 유럽은 전쟁과 재난 지역으로부터 수백만 명의 난민을 받아들였다.

물론 이 정도의 파급효과를 가지는 일이 매일 일어나지는 않으며, 특정 지역에서 더 자주 벌어지는 것도 아니다. 하지만 그동안 우리는 이런 일이 '매일 벌어질 수 있음'을 자신 있게 부정할 수 없게 되었다. 그저 일회적인 예외일 뿐이고 내일이면 익숙한 일상으로 돌아갈 수 있으리라는 기대는 이미 균열 조짐을 보인다. 나중에 벌어질 일이고 오늘 현재 상황이 약간 변형된 것뿐이겠지 하는 우리의 믿음은 이제 설 자리를 잃었다. 너무 많은 사건과 사고가 믿음을 흔들어놓았기 때문이다.

우리는 되도록 빨리 일상으로 돌아가고 싶어 한다. 하지만 대체 일상이 무엇인지, 또는 무엇이어야 하는지 가려볼 우리의 감각은 흐려지고 말았다.

오늘날 곳곳에서 불거지는 모든 위기는 이미 평범한 일상은 회복될 수 없을 정도로 망가졌다는 중요한 경고나 다름없다.

그런 사건과 사고를 경험한 뒤 사람들은 과연 어떤 깨달음을 얻을까? 완전히 달라진 세상을 마주할까? 아니면 변화의 여러 조짐이 있음에도 애써 눈감거나 충분히 고려하지 않은 그 세계에 여전히 머물러 있을까? 오늘날 우리는 지금껏 해왔던 대로 일상을 유지하는 것이 더는 선택지가 될 수 없음을 느낀다. 많은 분야에서 변화의 압력이 갈수록 커지고 있는 탓이다. 지금껏 품었던 확신, 당연하게 여겼던 일상은 솔직히 말해서 어째 좀 시대와 맞지 않는 것으로 보인다.

한편으로는 위기가 기회를 가져올 수 있다는 점도 깨닫는다. 오랫동안 관찰해 온 위험 요소와 숱한 논란을 불렀던 문제를 실질적으로 다룰 기회인 것이다! 예를 들어 에너지 시스템의 전면적 정비, 교통의 새로운 조직, 사회적 책임의 재편성, 발전과 경제성장이 불러온 착취와 불공정 등이 우리가 해결 방안을 찾아야 할 문제들이다. 그리고 모든 국제 선언과 헌장에 명시된 '정의로운 발달'이라는 목표를 실현하기 위해 알맞은 세계 질서가 무엇인지도 우리는 함께 머리를 맞대고 찾아야 한다.

많은 사람들이 흔들리는 현재 상황에서 위협만이 아니라 새로운 출발이 필요하다는 신호도 읽어낸다. 하지만 이 출발이 우리를 어디로 이끌지 진단하기란 오늘날처럼 전 세계적으로 촘촘하게 얽힌 사회에서 결코 쉬운 문제가 아니다. 공정하고 정의로운 세상에 이르는 최선의 길이 무엇인지를 놓고 다양한 입장이 서로 충돌한다. 기술이 모든 걸 해결해 줄 거라는 낙관론과 당장 소비를 줄여야 한다는 경고, 시장에 모든 걸 맡겨야 한다는 주장과 국가가 해결사로 나서야 한다는 의견들은 서로 충돌하기만 할 뿐, 마주 앉아 대화를 나누지 않는다.

미래의 지평이 막막할 정도로 불투명하게 보이는 탓에 사람들은 이런 충돌에서 자신이 어떤 태도를 취해야 좋을지 모른다. 불안과 두려움, 또 많은 경우 분노 섞인 거친 반응이 나오는 이유다. 이런 감정을 다루는 통상적인 방법은 문제를 빚어낸 책임 소재를 찾아 비난하는 것이다. 기존 시스템으로 배를 불리며 최대한의 이윤을 뽑아내는 데 혈안이 된 기득권층을 상대로! 하지만 불안과 두려움에 시달리는 사람들은 기존 시스템에서 위험을 읽어내고 변화를 시도하며 특권을 문제시하는 움직임에도 거리를 두려 한다. 미래가 너무 불투명한 나머지 뭐가 가장 시급한 문제인지, 과연 어떤 길이 올바른지 쉽게 동의할 수 없기 때문이다.

오늘날 대다수 사람들은 예전 세대보다 물질적으로 더 풍요롭고, 더 많은 가능성을 가지고, 훨씬 더 큰 자유를 누리며 산다. 하지만 이런 윤택함은 지구의 회복 속도보다 빠르게 지구 자원을 착취하는 탓에 가능하다. 그리고 동시에 가난과 부유함, 북반구와 남반구, 흑과 백, 여성과 남성 사이의 불평등과 불공정은, 그동안 꼼꼼하게 관리된 데이터가 확인해 주듯 줄어들기는커녕 부분적으로는 더욱 심해졌다. 경제성장이 한계에 다다른 게 아니냐는 우려가 현실로 나티나면서 그만큼 더 분배는 어려워졌다. 그런데도 생산은 더욱 박차를 가하기에, 인간에게도 환경에게도 재생하고 회복할 시간이 없다.

사회의 불균형은 이처럼 흥청망청 소비하는 우리의 생활방식이 남겨놓는 생태적 폐해를 고스란히 반영한 그림이다. 우리는 균형을 회복하지 못한다. 우리는 자유를 약속해 주었던 체계의 포로가 되고 말았으며, 그 어디에서도 출구를 찾을 수가 없다.

어떻게 해야 다르게 살 수 있는지, 다른 경제활동, 다른 소비, 다른 협력의 방법은 없는지 등의 물음을 둘러싸고 해결 방안의 제시가 전혀 없는 것은 아니다. 최근에 출간한 책《미래를 위한 새로운 생각》에서 나는 이런 생각을 보다 더 면밀하게 살피고, 오늘날까지 우리 사회를 물들이는 몇몇 낡은 생각을 청산하자고 제안한 바 있다. 대략 250년 전에 생겨난 이런 낡은 생각은 당시의 현실과 도전 과제에 맞추어진 것일 수 있다. 80억 명에 이르는 인구와 대단히 빠른 속도로 늘어나는 자원 소비로 지탱되는 오늘날의 세계에서 이런 낡은 생각은 도처에서 일어나는 위기의 원인으로 작용한다. 바로 그런 이유로 나는 세계를 새롭게 바라볼 대안의 모색이 시급하다고 여겼다.

따라서 이 책에서는 새로운 생각을 실천에 옮기는 문제에 집중해 보고자 한다. 이 실천 방안은 반드시 찾아야 한다. 그래서 과거의 터무니없는 낡은 생각에 사로잡힌 시선을 미래의 지평으로 돌리고, 희망에 집중해 현재 상황을 극복할 수 있는 방법을 찾기 위해 우리의 탐구 정신을 최대한 끌어올리고자 한다. 내일의 세상으로 새 출발을 하기 위해서 우리에게 필요한 것은 해결 방안에 앞서 이를 실천에 옮겨야 한다는 '확신'이다.

과감하게 첫걸음을 떼고 사람들의 동참을 촉구하려면 다 같이 공유할 수 있는 확신이 꼭 필요하다. 또는 사회 발달의 틀을 규정하는 정치에서 좀 더 근본적인 변화가 일어날 수 있도록 용기를 내야 한다. 우리는 그동안 우리 자신을 과소평가해 왔다. 그리고 흐름의 물꼬를 돌리는 일이 이미 오래전부터 시작되었다는 점을 간과해 왔다. 이제는 팔을 걷어붙이고 나서야만 한다.

우리 사회는 변화의 한복판에 서 있다. 인류의 역사를 거슬러 올라가면 농경문화의 출발, 봉건주의의 시작, 산업화와 자본주의의 발생 등에서 변혁의 순간을 찾아볼 수 있다. 이런 차원의 변혁을 두고 '거대한 전환The Great Transformation'이라고 한다. 이 표현은 다양한 분과의 연구자가 오늘날 일어나는 변혁에 대처할 전략을 준비하기 위해 역사에서 비슷한 규모의 사례를 찾아 정리하는 과정에서 나왔다. 이 과정에서 얻어진 지식은 갈수록 커가는 문제의 복잡함에 주눅이 들어 수동적으로 반응할 게 아니라, 변화에 더욱 잘 대비해서 올바른 방향을 찾아갈 수 있게 우리를 돕는다.

이미 수명이 다한 시스템을 그저 땜질할 방법을 찾는 게 아니라, 올바른 해결책을 찾는 데 힘을 모아야 한다. 옛것을 허물고 새롭게 큰 틀을 짜는 일은 단기적으로는 힘들고 어렵겠지만, 우리의 미래를 그만큼 더 든든히 받쳐줄 게 틀림없다.

"개혁의 진정한 기준은 현실을 직시하는 사실주의, 말 그대로 철저한 '근본주의'다. 핵심을 뿌리까지 파고들어 문제의 원인을 바꾸는 것이기 때문이다. 그렇지 않으면 그저 겉핥기식으로 땜질 처방만 이뤄진다."

독일의 철학자이자 사회심리학자로 유명한 에리히 프롬Erich Fromm이 70여 년 전에 쓴 문장이다.[2]

나 또한 근본을 파고드는 길을 가기로 결심했다. 근본을 파고드는 과정에서 쓰인 이 책은 3부로 이루어졌다. 거시적으로 살피면서 개인에게 초점을 맞추는 책의 구성에서 중요한 길잡이 구실을 하는 것은 세 가지 질문이다.

거대한 전환은 '어떻게' 이루어지는가?
현재의 시스템을 바꾸려면 '어디서부터' 시작해야 하는가?
이 변화를 '누가' 밀어붙이는가?

모두를 위한 더 나은 세계로의 거대한 전환은 인류 최대의 모험이 될 것이다. 그리고 아이러니하게도 이 거대한 전환은 순전히 작은 행보로 이뤄지게 되리라. 하지만 명확한 방향 설정이 없이는, 목표를 바라보는 지칠 줄 모르는 열정이 없이는, 전환은 결코 성공할 수 없을 것이다.

이런 깨달음을 나는 지난번 책《미래를 위한 새로운 생각》을 읽고 독자들이 보내온 편지와 '미래를 위한 학자들Scientists for Future, S4F' 모임에서의 경험을 통해 얻었다. 사회의 다양한 분야에서 사람들이 보여준 열띤 호응을 보며 나는 무엇이 실제로 가능한지, 누가 새 출발을 갈망하는지 똑똑히 목격했다.

이 책은 내가 선택한 길을 걸어가면서 알게 된 수많은 사람들과 나눈 교류의 결과물이기도 하다. 그 가운데 누구도 오늘날 우리의 시대가 간단하다거나, 사회의 변혁이 쉽다고 주장하지 않았다. 그러나 새로운 것을 받아들일 공간을 마련하기 위해서는 버리고 비워내야만 하는 시점이 반드시 찾아온다고 모두가 굳게 믿었다. 거대한 전환이라고 해서 아주 거창할 필요는 없다. 우리는 몇 가지 작은 것부터 다르게 행동해야만 한다. 우리는 얼마든지 다르게 행동하고, 일하고, 살아갈 수 있다.

자연이라는 복잡계의 핵심은 관계다. 결합 또는 관계가 복잡계를 기능하게 한다. 하나의 조직은 관계로 이뤄지는 것이지, 조직도가 만들지는 않는다. 관계로 자연이라는 다양하고 유기적인 복잡계가 매끄럽게 작동한다는 통찰이야말로 복잡계가 단순한 시스템과 어떻게 다른지 이해할 수 있는 핵심 관건이 아닐까.[1]

1부 세상은 어떻게 움직이는가

-¦-

우리가 무엇을 하든 하지 않든, 모든 것은 전체에 영향을 미친다.
우리 모두는 공동 창조자이기 때문이다.
물론 우리가 마음대로 세계를 바꿀 수는 없지만,
그때그때 내리는 결정으로 항상 전체를 거드는 건 사실이다.
저마다 자신의 몫을 가진다는 이런 경험으로부터
우리는 이 세계를 지켜야 하는 막중한 책임을 자각한다.[2]

_한스페터 뒤르Hans-Peter Dürr

타나랜드 이야기

'타나랜드Tanaland'는 아프리카 동부의 지역 이름이다. 그 지역 한 복판을 가로질러 흐르는 강은 굽이쳐 흐르다가 어느 호수와 만난다. 울창한 숲이 보이고, 숲보다 더 큰 초원에서는 얼룩말과 표범과 원숭이가 뛰논다. 그 지역에는 두 개의 촌락이 있고, '투피Tupi'와 '모로Moro'라는 이름의 부족이 산다. 투피족은 농업이 생업이다. 호숫가에 있는 투피족의 마을은 텃밭과 각종 과실수가 에워싸고 있다. 반대로 모로족은 목축이 생업이다. 이들은 초원에서 소 떼와 양 떼를 이끌고 물이 있는 곳을 찾아다니며, 종종 사냥도 한다. 타나랜드의 삶은 고되기는 하지만, 그럭저럭 먹고살 만하다.

1970년대 중반 독일 심리학자 디트리히 되르너Dietrich Dörner는 열두 명의 대학생들을 데리고 이 땅을 찾았다. 되르너는 학생들에게 개발 지원 활동을 펼칠 기회를 주고, 원하는 대로 타나랜드의 상황을 개선해 보라고 권유했다. 학생들은 숲을 개간하고 우물을 팠으며, 강물을 막을 댐을 쌓고, 트랙터를 사들였으며, 인공 비료와 살충제를 썼다. 또 마을에 정주할 의사를 구하고, 전기를 끌어오면서 이런 모든 노력이 부족을 도우리라 굳게 믿었다. 학생들은 주로 농학과 생물학을 전공했지만, 심리학과 법학 전공자도 있었다. 이처럼 배경지식은 달랐지만, 학생들의 시도는 일단 성공을 거두었다.[3]

개선된 의료 환경 덕분에 병으로 죽는 아이들이 줄고 인구가 늘었다. 농업은 비료 덕분에 수확이 좋아져 사람들에게 충분한 식량을 공급했다. 표범을 사냥해 지역에서 발을 붙이지 못하게 하자 양들도 번성했다. 얼마 동안 젊은 활동가들의 눈에 상황은 더없이 만족스러웠으며, 시급한 모든 문제는 해결된 것처럼 보였다. 하지만 오래가지 않아 끔찍한 기근이 찾아왔으며, 인구가 줄자 놀랄 만한 일이 벌어졌다. 투피족과 모로족은 젊은 활동가들이 개입하기 전보다 형편이 더욱 나빠졌다. 1975년, 《슈피겔Der Spiegel》은 젊은 활동가들이 식민 통치가 착취했던 것보다 더 심각하게 타나랜드를 망쳐놓았다고 지적하고 나섰다.[4] 이렇듯 젊은 활동가들은 선의로 도왔을 뿐인데 결과는 정반대로 나왔다.

여러분은 이 타나랜드 이야기를 처음 들어보는가? 사실 쉽게 들을 수 있는 이야기는 아니다. 타나랜드는 일종의 컴퓨터 시뮬레이션이기 때문이다. 되르너는 이 프로그램으로 복잡한 문제를 해결하는 인간의 능력이 얼마나 뛰어난지 알아내고자 했다. 특히 문제 해결의 성과가 좋지 않을 때 그 원인이 무엇인지 알아내고 싶어

했다. 최선을 다했음에도 문제가 해결되지 않는 원인이야말로 이 실험이 품은 최대 관심사였다.

왜 위대한 성공처럼 보이던 것이 돌연 더는 통하지 않을까? 어째서 이런 방식으로 문제를 해결하려는 모든 시도가 어떤 시점부터 열악해지는 쪽으로 작용할까?

되르너는 이를 두고 '실패의 논리'라는 표현을 썼다. 우리는 누구나 이런 논리에 해당하는 예를 하나쯤 안다. 갓 사랑에 빠진 연인은 의견 차이가 불거져도 애정과 이해로 풀거나, 차이를 그리 중요하게 받아들이지 않는다. 하지만 시간이 갈수록 대다수 연인은 삐걱거린다. 요컨대 처음에는 매우 매력적으로 느껴지던 것이 언제부터인가 그 자극을 잃는다. 또 사람들은 직장 생활을 시작하면서 불철주야 일할 각오만 있다면 빠르게 승진할 수 있을 거라 믿는다. 하지만 불과 몇 년 지나지 않아 기대했던 승진은커녕 '번아웃'에 시달린다. "열심히 하면 되겠지." 하는 다짐은 되는 일이 없다는 한숨으로 바뀐다. 화석연료를 예로 들어보자. 분명 우리는 지난 200년 동안 석탄과 석유에서 에너지를 얻어내며 엄청난 부를 쌓았다. 그러나 이런 방식의 에너지 확보로 우리는 갈수록 더 빠르게 위기로 치닫게 되었다. 처음에는 잘 나가지만 어김없이 위기가 찾아온다. 어째서 그럴까?

타나랜드를 안정적인 미래로 이끄는 데 성공하지 못한 대학생들은 그 과제를 수행할 만한 특별한 능력이 없어 실패한 게 아니다. 되르너는 시뮬레이션을 통해 오히려 "그때그때 상황을 다루는 건강한 상식"이 통하는지 실험하고 싶었을 뿐이다. 즉, 우리가 일상의 문제를 다루는 상식의 실상을 확인하고 싶었던 것이다.[5]

대학생들은 타나랜드의 식량 부족이 수확한 농산물을 갉아 먹는 원숭이와 쥐 탓에 빚어졌다고 파악하고 독극물로 원숭이와 쥐를 퇴치했다. 그때까지 원숭이와 쥐를 잡아먹던 표범은 갑자기 줄어든 먹잇감에 이제 양들을 노렸다. 그러자 대학생들은 표범을 죽이고 그 가죽을 팔아 소를 더 사들였다. 늘어난 소 떼는 초원을 그야말로 쑥대밭으로 만들었다. 얼마 뒤에는 달라진 환경으로 쥐와 원숭이가 다시 폭발적으로 증가했다. 우물도 마찬가지다. 처음에는 대학생들이 우물을 파서 농수를 대자 수확이 늘어나고 인구도 증가했다. 그러자 학생들은 더욱 열심히 우물을 팠다. 그 결과 지하수가 줄어 우물이 바닥을 보이면서 작물들이 말라비틀어졌고, 사람들은 다시 굶주려야만 했다.

실험에 참여한 대학생들과 마찬가지로 대다수 사람들은 세계 어느 곳에서나 자신이 익히 안다고 믿는, 바로 써먹어도 될 것처럼 보이는 해결책을 찾는다. 그리고 오늘의 해결책이 내일의 문제를 낳는 것을 보며 거듭 놀란다. 그야말로 악순환이다.

하지만 악순환이라고만 한다면, 우리는 이를 깨고 나갈 수 없다. 바꿀 수 없는 악순환 따위는 없다. 우리에게 주어진 것은 복잡한 문제, 때로 매우 복잡한 문제일 따름이다. 우리는 문제를 그 자체로 바라보고 해결할 다른 방법을 배울 때까지 머리를 맞대고 의견을 나누어야만 한다. 정확히 이것을 하지 않아서 악순환을 겪는다. 복잡한 문제를 해결하는 데 실패했다면, 똑같은 전략을 더 효율적으로 구사하는 선택만으로는 충분하지 않다. 전략 자체를 시험대 위에 세우고 살펴야 한다. 그래야 문제를 훨씬 더 잘 파악할수 있다. 기존의 방식을 고집하지 않고 문제를 정확히 이해하는것, 이것이 진짜 중요하다.

타나랜드 실험은 바로 이런 사실을 확인해 준다. 처음에 대학생들은 충분한 시간을 두고 상황을 살핀 끝에 결정을 내렸다. 문제에 어떻게 접근해야 좋을지 방향을 잡기 위해 먼저 질문을 하고, 맥락을 이해해 가며 내린 결정은 원하는 성과를 얻었다. 그러나 시뮬레이션에 참여하는 시간이 길어질수록 질문은 줄어들었으며, 그에 비례해 결정은 더 가볍게, 더욱 빠르게 내려졌다. 일정 시점에이르자 대학생들은 타나랜드의 상황을 알려주는 뉴스가 무엇이든아랑곳하지 않고 원래의 계획을 그대로 밀어붙였다.

예를 들어 어떤 대학생은 농작물을 키울 목적으로 초원에 물을대기로 결정했다. 이를 위해 강물을 끌어올 긴 관개수로를 파기로했다. 그러나 수로를 파는 일은 무수한 장애에 부딪혔으며, 물자가턱없이 부족했고, 협력은 잘 이뤄지지 않았다. 결국 농사가 제대로 지어지지 않아 식량이 부족한 지경에 이르렀음에도 이 대학생은 수로에만 매달린 나머지 식량 문제는 깨끗이 무시했다. 그의 관심은 온통 수로에 집중되었기 때문이다. 이 대학생뿐만 아니라 내다수 대학생은 자신의 결정 탓에 촉발된 식량 문제를 무시했으며,

심지어 냉소적으로 반응하기까지 했다. 몇몇은 투피족과 모로족이 굶는 것은 결국 다른 누구도 아닌 그들 탓이라고 주장했다. 어떤 대학생은 아예 교수가 시뮬레이션을 의도적으로 조작해 과제를 해결할 수 없게 만들었다고 주장했다. 어떤 경우든 더는 자신의 손으로 문제를 해결할 수 없다고 느낀 것만은 분명하다.

처음에는 신이 나서 이것저것 일을 벌였다가 이내 혼란에 빠져 원하는 대로 일이 풀리지 않는다고 이들은 짜증을 냈다. 남은 것은 서로 책임을 떠넘기며 말씨름에 매달리거나, 그저 규정만 지키려는 무사안일주의 또는 음모론으로의 도피였다. 어째 우리 사회의 실상을 그대로 보는 것 같지 않은가? 타나랜드는 어디서나 찾아볼 수 있다.

그렇다면 악순환에서 빠져나올 길은 없는 걸까? 복잡계 문제를 다룰 때마다 우리는 습관처럼 분석이라는 방법을 동원한다. 문제를 부분들로 나누고, 그 각각을 살피면서 어디가 약점인지 찾아내는 것이다. 분석이 끝나면 더는 기능하지 않는 부분을 들어내고, 새것으로 교체하여 다시 짜 맞추고 나서 오류가 바로잡아졌기를 기대한다. 우리는 세계도 이런 식으로 설명하는 걸 좋아한다. 세계를 조각내서 살피고, 문제가 된 부분을 '치유'하면, 부분의 총합인 전체는 계산대로 깔끔하게 작동한다는 것이 이런 믿음이다. 다만 이런 계산은 유감스럽게도 맞아떨어지지 않는다.

정당은 계속 이름을 바꾸고 대표도 차례로 교체하지만, 어찌

된 일인지 선거에서 이기지 못한다. 정체가 일어나는 도로의 부담을 덜고자 새로운 도로를 만들지만, 새 도로 역시 꽉꽉 막힌다. 더욱이 원래 도로의 정체 또한 조금도 줄어들지 않았다. 번아웃을 호소하던 경영자는 요양을 마치고 돌아온 첫날 빼곡한 일정표를 보자마자 다시 뒷목을 잡는다.

오류는 부분에서 일어나는 게 아니다. 아무리 꼼꼼하게 분석해도 오류는 바로잡히지 않는다. 문제의 뿌리는 부분에 있는 게 아니라 부분들이 서로 이루는 '관계'에 있기 때문이다. 부분들이 함께 어우러져 작용하는 관계가 오류가 나오게끔 어떤 특정한 운동을 일으키는 것이다. 오류를 바로잡고자 한다면, 먼저 관계를 살펴야만 한다. 분석은 나무만 볼 뿐 숲은 놓친다.[6] 자동차만 볼 뿐 교통의 전체 흐름을 주목하지 않으면 교통 정체는 풀리지 않는다. 개인만 주목해서는 사회의 문제는 풀리지 않는다. 개별 요소가 아니라 전체의 어우러짐을 살펴야 한다. 이 어울림에서 비로소 부분은 나름의 역할을 감당해 특정 방향으로 움직임이 일어나게 만든다. 물론 개인과 부분은 중요하다. 하지만 흐름과 발달은 관계로 생겨난다. 서로 간섭하는 관계의 전체, 이를 우리는 '시스템'이라 부른다.

세계적으로 유명한 환경학자이면서 복잡계 연구의 선구자인 도넬라 메도즈Donella Meadows는 시스템을 이렇게 설명한다.

"시스템은 요소 또는 개별 부분들이 서로 맥락을 가지도록 조식한 소합이며, 일종의 표본 또는 구조로 서로 맞물린다. 이처럼 시스템은 일련의 '행동 방식'이 조합된 특징을 가진다. 이 조합은 흔히 시스템의 '기능' 또는 '목적'이라 불린다."[7]

원제가 《시스템 사고Thinking in Systems》[8]인 메도즈의 책을 나는 이 책에서 계속 참조할 생각이다.

복잡계는 어디서나 만날 수 있지만 흔히 뭔가 이상이 생겨야만 우리의 눈에 띈다. 경제 체계, 금융 체계, 생태계, 보건 체계, 생물학적 순환계통 등이 그 예다. 먼저 오작동이 있어야만, 이를테면 경기 침체, 주가 급락, 꿀벌의 떼죽음, 중환자 병상 부족, 심장마비가 일어나야 우리는 복잡계를 주목한다. 당연한 것처럼 작동하던 복잡계가 이상을 일으켜야 비로소 일상이 그처럼 당연한 게 아니었음을 깨닫는 것이다. 자동차는 응급 수리가, 연인 사이에서는 다툼이, 민주주의에서는 과격한 극단주의가 이런 이치를 보여준다. 특히 세계가 이대로 끝나버리는 게 아닐까 의심하는 순간부터 우리를 사로잡는 절망 역시 복잡계가 삐거덕거리며 보내는 신호다.

무엇을 주목해야 하는지 깨닫는 순간, 우리는 주변의 모든 것이 시스템이라는 사실을 발견한다. 우리 자신 역시 이 시스템을 이루는 부분이라는 점도. 우리 몸의 건강을 유지하게 하는 물과 식량과 산소는 어디서 올까? 몸이 배설하는 물질은 어떻게 해서 새롭게 깨끗한 물과 건강한 식량과 산소가 될까? 시스템이 없다면 이런 기적은 분명 일어나지 않는다. 이 시스템을 환경이라 부른다. 그런데 어처구니없게도 우리는 이 환경을 그야말로 '체계적으로' 더럽히고 파괴한다. 이런 오염과 파괴는 결국 우리 자신에게 고스란히 되돌아온다. 이 부메랑 효과를 나타내기에 '더불어 사는 세계'보다 더 맞아떨어지는 표현이 없어 보인다.

이처럼 시스템이 분명하게 존재하는데도 시간이 흐르면서 우리는 그 존재를 시야에서 놓치고 말았다. 전체의 관계를 생각하는 대신 세계를 전문화하고 나누어 보는 분석적 방법이 득세했다. 계몽주의 시대와 근대 이전에 대세를 이루었던 전체론적 관점은 분석적 방법에 밀려 사라졌다가, 제2차 세계대전 이후 조금씩 고개를 들었으며, 갈수록 더 뛰어난 연산 능력을 자랑하는 컴퓨터 덕분에 서구의 학문과 다시 조화를 이루었다.[9]

컴퓨터는 복잡계와 같은 어마어마하게 큰 전체도 모델로 구성할 수 있게 해준다. 막대한 양의 데이터를 입력하고 경우의 수에 따라 복잡계가 어떻게 반응하는지 추적할 수 있게 하는 것이 이 모델이다. 세계를 시스템의 모음, 곧 복잡계라는 전체로 바라보는 관점은 분석적이고 환원적인 시각에 길든 사회나 학자에게 물론 익숙하지 않은 것이다. 하지만 관점을 전환하면 세계를 보는 시야가 그만큼 확장되며, 이 세계에서 일어나는 일을 해석하고 문제를 해결하는 능력은 그야말로 차원을 달리한다.

관점 전환은 무엇보다도 그동안 품어온 생각에서 무엇이 잘못되었는지 시험해 볼 기회를 제공한다. 물론 이 시험은 모든 근본적 변화나 패러다임 전환과 마찬가지로 하룻밤 새 이뤄지는 게 아니다. 아무튼 앞서 본 대학생들의 경우처럼 단기적인 안목으로 찾아내는 해결책보다 훨씬 더 힘들고 고되다. 그 대신 보상은 이루 말할 수 없이 크다. 전체론적 접근이야말로 악순환에서 빠져나갈 길을 우리에게 열어줄 것이다.

그동안 사회학에서 의학 또는 환경공학에 이르기까지, '팬데믹' 대처에서 디지털 기술에 이르기까지, 그때그때의 문제 또는 오류를 부분이 아니라 시스템의 맥락에서 살피는 관점은 쉽게 접할 수 있을 정도로 널리 퍼졌다. 다만 사회적 차원에서 전체론적 관점, 곧 전체를 그 관계의 맥락에서 살피는 관점은 여전히 어려워한다. 우리는 커다란 전체를 몇몇 측면들로 쪼개 보편적이라고 여기는 서랍에 억지로 욱여넣는다. 시장이나 국가, 성장 또는 정체, 생태냐 경제냐, 북반구 대 남반구 하는 식으로 분류해야만 직성이 풀린다. 이렇게 해서 많은 갈등에 주어지는 해결책은 이것 아니면 저것 하는 양자택일을 하게 하고, 진영적 사고의 제로섬게임 안에 우리를 가두어 버린다.

나는 이 책에서 사회 맥락을 전체론적 관점으로 살피는 것이 왜 중요한지 보여주고 이 관점을 강화하고자 한다. 이는 시스템의 맥락을 살피는 생각의 한계가 무엇인지, 왜 이런 한계를 당연한 것으로 받아들이는지 고민해 본다는 자세를 뜻한다. "모든 것은 모든 것과 맞물린다"는 구호는 사실 전략적으로 행동하고자 할 때 그다지 도움을 주지 않는다. 하지만 전체론적 관점은 미래가 역동적으로, 다양한 방향으로 나아갈 수 있다는 점, 우리가 현재 맞이하는 순간은 무수히 가능한 순간 가운데 하나일 뿐이라는 점을 보여준다는 의미에서 대단히 탄력적이고 진화적이다. '진화적'이란 말은 어떤 방향인지는 몰라도 계속 앞으로 나아갈 수 있음을 뜻한다.

전체는 닫혀 있는 어떤 신비한 체계가 아니라 언제든 변화하며 앞으로 나아가는 것이다. 그게 어떤 방향이 될지는 그때그때 문제를 면밀하게 살피고 읽어내면서 찾아야 한다. 앞으로 살펴보게 되겠지만, 의식적으로 우리는 이 발달 방향을 모색해야만 한다. 전체론적 관점은 특정한 발전에 한계가 없는 것처럼 꾸미지 않는다. 특정한 입장에 매달려 이 방향을 계량화해 장기적으로 이 노선만 가야 한다고 주장하는 것은 전체론이 아니라 전체주의다. 진화론적 시스템은 오히려 우리가 놓치고 있는 가능성에 무엇이 있는지 가늠해 보고, 전체적 맥락에서 이 가능성을 어떻게 실현할지 하는 문제에 집중한다.

전체론적 접근 방식은 복잡한 문제와 그 뿌리를 변화시키고자 할 때 과연 어디서부터 손을 대야 할지 짚어보는 우리의 관점을 바꾸어준다. 새로운 관점과 더불어 어떻게 해야 변화를 일구어낼지 가늠하는 우리의 생각도 바뀐다. 해결책과 이를 실행에 옮길 전략의 폭도 확장된다. 가장 중요한 점은 시스템에 주목함으로써 자연스럽게 협업의 필요성을 자각한다는 사실이다. 이런 자각으로 대화가 시작되며, 대화는 개인 또는 시스템을 이루는 개별 요소에 결정적인 영향을 미친다. 이렇게 해야 문제의 원인을 개별 부분에서 찾지 않고 '시스템 트랩System trap', 곧 '구조적 결함'에 주목할 수 있다. 악순환의 고리를 만드는 함정을 찾게 된 것이다.

우리 인생 전반에 나타나는 '시스템 트랩'은 이 책의 2부가 다루는 주제다. 3부는 다시 변화가 시작하는 곳, 곧 우리 자신을 살필 예정이다. 인공지능과 기술혁명은 우리의 미래를 긍정적으로 꾸려줄 수 없다. 기술이든 인공지능이든 우리 인간이 세계를 보고 이해하는 생각의 표현일 따름이다. 인공지능은 인간이 프로그래밍한 것을 수행한다. 그리고 사안에 따라 우리는 인공지능을 끌 줄 알아야만 한다. 인간이 알고리즘의 노예가 될 수야 없지 않은가.

요컨대 사회 발달의 뿌리는 어디까지나 인간 자신이다. 인간을 이해하려는 노력은 기계에서 은혜를 구하는 것과는 비교도 안 될 정도로 흥미진진하며 보람 있는 일이다. 인간이 인간과 소통하며 서로 이해하는 일은 넘치는 생명력을 자랑한다. 그리고 우리는 정말 많은 것을 배운다. 도넬라 메도즈가 쓴 문장을 보자.

"우리는 복잡계에 우리의 의지를 강제할 수 없다. 하지만 자연이라는 이름의 복잡계가 우리에게 알려주는 것에 귀를 기울이며, 그 시스템의 특성을 알아내며, 우리의 의지만 고집하고 강제하는 것보다 어우러져 조화를 이룰 때 훨씬 더 가치 있는 일을 이뤄낼 수 있다. 우리는 자연이라는 시스템을 지배할 수도, 그 신비를 다 밝혀낼 수도 없다. 하지만 얼마든지 함께 춤출 수 있다!"[10]

위기의 순간에 물론 이런 이야기는 한가한 소리처럼 들릴 수 있다. 모든 것이 어그러져 파국으로 치닫는 것만 같을 때 우리는 다시 통제할 수 있기를 얼마나 갈망하는가. 예를 들어 팬데믹을 겪으며 다시 일상을 회복할 수 있기를 손꼽아 기다리지 않았던가. 하지만 전체론적 관점에서 현재를 보면 일상도, 위기도 역동적인 흐름의 한 단계일 따름이다.

　사회와 생태에서 우리가 '정상'이라고 부르는 일상의 범위를 어디까지 잡아야 할지, 무엇이 위기이고 어떤 게 정상인지 하는 물음은 물론 정치 차원의 토론이 풀어야 할 숙제다. 오늘의 세계는 내일이면 어차피 변한다. 판에 박힌 일상이 주는 잠정적인 안정감을 우리는 기계의 작동과 혼동해서는 안 된다. 우리 사회는 기계가 아니다. 제아무리 복잡하게 만든 슈퍼컴퓨터라 할지라도 사회의 흐름을 예측하지 못한다. 독자적인 생명력을 가진 복잡계는 컴퓨터 시스템과는 차원이 다르다.

　전체론적 관점은 오늘의 해결책이 내일의 문제가 될 수 있음을 알고 대비하는 자세가 '정상'이라고 우리에게 가르쳐준다. 우주의 청사진, 모든 것을 포괄하는 하나의 거대한 계획, 모든 변화를 이겨내는 불변의 진리, 그런 것은 없다. 중요한 것은 우리가 간절히 이루고자 하는 목표에 맞춘 생활의 구조를 되도록 일찌감치 설정하고 단계적으로 꾸준히 실천하는 자세다. 그리고 지금의 현실이 정확히 어떤 배경을 가지는지 늘 살펴야 한다. 이런 성찰의 자세는 예측과 관리 및 통제의 한계가 무엇인지, 이미 오랫동안 몸집을 부풀려 온 문제를 우리가 너무 간과한 것은 아닌지 깨닫게 해준다. 성찰의 자세로 우리는 모든 걸 만들 수 있다는 망상에서 깨어나 겸손함을 배우며, 제로섬게임을 벗어나 함께 진화하는 길을 모색하고, 분열을 이겨내고, 조화를 이루어낸다. '시스템 트랩'에서 빠져나와 세계와 춤을 추는 것이다.

한바탕 춤판이라니 멋지고 좋기는 한데, 춤도 안무와 리듬을 지킬 때 아름답다. 그럼 안무를 짜고 리듬을 지키도록 지휘하는 역할이 중요하지 않을까? 이때 지휘자가 지켜야 할 원칙은 뭘까?

원칙은 분명 존재한다. 복잡계를 다루는 사람은, 도넬라 메도즈의 정의에 따르면, 무엇보다 세 가지를 주목해야만 한다. 첫째, 복잡계의 네트워크 성격을 잊지 않아야 한다. 둘째, 복잡계가 시간의 흐름에 따라 보여주는 역동성에 주목해야 한다. 셋째, 복잡계가 추구하는 목표 또는 목적을 들여다봐야 한다.(메도즈는 'purpose'를 썼다.)°

원칙을 세 가지로 정리한 것은 복잡계 연구의 관점에서 지나친 단순화일 수 있다. 하지만 패러다임의 근본적 전환, 시대의 변혁, 두 번째 르네상스 혹은 거대한 전환의 본질을 이해할 좋은 출발점을 이 세 가지 원칙이 마련해 준다.

결국 중요한 것은 발전을 어떻게 이해해야 좋을지 우리의 생각을 새롭게 정립하려는 노력이다. 기술은 어떻게 활용해야 하는 것인지, 국가의 관료주의 폐단을 막고 진정으로 국민에게 봉사하는 정부는 어떻게 디자인해야 하는지 우리는 새롭게 배우고 전체를 가늠할 수 있는 시각을 키워야 한다. 협력 국가들의 '국제공동체'라는 비전은 20세기에 생겨났다. 오늘날 우리는 이 목표가 위기 탓에 계속 밀려나고 있음을 안다. 바로 그래서 21세기의 변혁에 대

○ 독일어에서는 '목표Ziel'와 '목적Zweck'을 구분해서 쓴다. 의지를 가지고 이루려는 결과물은 목표, 이를 실현하고자 하는 방향성이나 동기는 목적이라 한다. - 옮긴이

처할 협력 모델은 20세기의 그것과 같을 수 없다. 21세기의 변혁은 20세기의 시스템이 초래했기 때문이다. 앞서 언급한 세 가지 원칙을 뒤에서 자세히 살펴볼 예정인데, 이를 유념한다면 우리는 전체라는 시스템이 어떻게 작동하는지, 어떤 리듬을 따르는지, 궁극적으로 우리를 어디로 인도할지 더 잘 이해할 수 있다. 나아가 무엇을 바꾸고 성장시켜야 하는지도 명확히 가려볼 수 있을 것이다.

-¦-

복잡계는 역동적이다.
늘 운동하고 변화하면서 계속 발전한다.
이런 의미에서 복잡계는 살아 있다.[11]

_우고 바르디Ugo Bardi

네트워크 — 모든 것이 연결되어 있다

피터호Peter Lake와 폴호Paul Lake는 미시간주 북부에 있는 두 개의 작은 호수다. 자갈밭을 사이에 두고 좌우로 각각 위치한 두 호수는 마치 새가 두 날개를 펼친 것 같은 형상이다. 자갈밭은 사람 그림자 하나 찾아볼 수 없을 정도로 적막하다. 반경 몇 마일에 걸쳐 이 지역에는 호수와 숲, 자갈밭 외의 다른 것은 보이지 않는다. 심지어 지도를 가지고도 정확히 어디인지 찾기 힘들 정도로 피터호와 폴호는 작다. 볏짚 더미에 버려진 바늘 같다고 할까. 그럼에도 네트워크 형태로 모든 것이 서로 연결되었다는 것이 무엇인지 피터호와 폴호는 인상 깊게 웅변한다.[12]

미국의 생태학자 스티븐 카펜터Stephen Carpenter는 2008년 여름에 두 호수를 실험 장소로 택했다. 피터호와 폴호는 송사리와 잉어 등이 초식어가 사는 전형적인 담수호다. 물고기들은 물벼룩을 잡아먹고, 물벼룩은 수초에서 먹이를 얻는다. 카펜터는 담수를 전문으로 연구하는 생물학자인데, 주로 내륙의 물이 어떻게 생태적 균형을 유지하는지 연구한다.

카펜터가 이끄는 연구팀은 피터호에 열두 마리의 큰입우럭, 일명 '배스'를 풀어놓았다. 이 육식어종은 1m까지 자란다. 그로부터 1년 뒤 연구팀은 다시 서른 마리의 배스를 호수에 풀었다. 3년 동안 연구팀은 피터호의 어종 현황을 꼼꼼히 기록했다. 호숫가에 설치한 그물에 걸린 물고기를 일일이 헤아리고 다시 물에 풀어주는 수고도 아끼지 않았다. 3년 후 초식어의 종수는 5분의 1로 줄어들었고 육식어는 20배로 늘어났다.[13]

외형적으로도 피터호는 큰 변화가 있었다. 예전에는 호수 물빛이 그 안에 우거진 수초 덕에 녹색으로 반짝였지만, 실험이 끝난 뒤에는 속이 훤히 들여다보일 정도로 투명했다. 먼저 육식어가 초식어를 너무 많이 잡아먹는 바람에 물벼룩이 폭발적으로 늘어난 현상이 있었다. 물벼룩이 호수의 수초를 죄다 갉아 먹고, 먹이가 부족해지자 다시 급감한 탓에 물빛이 투명해진 것이다. 이웃에 있는 폴호, 연구팀이 전혀 손을 대지 않은 폴호는 늘 그랬듯 녹색으로 반짝였다.

메도즈의 표현을 빌리자면, 카펜터는 피터호의 "서로 연결되어 맥락을 이루는 요소들의 조합, 즉 네트워크를 이루는 전체의 운동 방식"을 변형시켰다. 간단히 말하자면 초식어 호수를 육식어 호수로 바꿔놓은 것이다.

피터호와 폴호의 사례는 왜 전체라는 시스템이 부분들의 총합 그 이상의 것인지 인상 깊게 말해준다. 전체는 부분 또는 개별 요소가 서로 맞물려 이뤄진 통일체다. 이 통일체에 속한 부분들은 공동의 개발 역학을 이루기 위해 서로 맞물린다. 그래서 부분들은 어느 것 하나도 간단하게 빼내거나 교체할 수 없다. 어떤 요소를 더하거나 기존 요소에 변형을 주면, 전체의 특성이 바뀐다. 그리고 이런 변화와 더불어 시간이 흐르면서 부분의 특성도 바뀐다. 처음에는 눈에 잘 띄지 않을 수 있지만, 외부의 간섭이 잦아지거나 더 깊어지면 전체 시스템의 다른 부분들도 확연한 반응을 보인다. 이런 반응이 이어지다가 결국 전체 구조가 변하는 것이다.

전체라는 시스템을 그저 부분들의 총합으로만 바라본다면, 우리는 이런 진화적인 관계를 놓치고, 오로지 특정 집합에만 주목하게 된다. 물론 다소 생명력이 떨어지는 물질의 경우에는 그저 집합으로 보는 관점이 크게 문제 되는 것은 아니다. 예를 들어 한 줌의 모래를 마음대로 이리저리 옮겨도 모래가 변한다거나, 그 주변이 대단히 흥미로운 변화를 보여주지는 않는다. 하지만 모래가 쌓여 언덕을 이루고 거기에 풀이 자라고 동물이 뛰논다면 이야기는 달라진다. 모래언덕은 바람과 물의 방향을 틀어주는 효과를 일으키며 살아 있는 시스템을 만들어낸다. 모래언덕의 이 생명력이야말로 복잡계라는 시스템의 본질이다.

이런 의미에서 인간은, 가족이든 기업이든 또는 사회든, 단순한 집합이 아니라 생명력을 가진 시스템을 이루는 존재다. 인간이 함께 어우러져 형성하는 시스템은 각 개인의 총합 이상의, 각 개인의 능력 이상을 발휘한다. 가족을 예로 들어보자. 혈연으로 이뤄진 가족 안에서 개인이 하는 일은 가족 구성원에게 영향을 미친다. 가족의 안녕을 유념하는 사람이라면 늘 먼저 다른 가족 구성원을 배려해야만 한다. 이런 배려가 없는 가정은 아침 식사와 출근과 학부모 회의로 이어지는 일상의 어딘가에서 삐거덕거릴 수밖에 없다.

숲속에서 완전히 고립된 사람이라 할지라도 반드시 살아남겠다고 각오한다면, 숲의 식물과 그 생태를 올바로 이해하는 것이 대단히 중요하다. 그래서 독일의 물리학자이자 인식이론가인 한스페터 뒤르는 살아 있는 시스템의 경우, 부분 또는 요소를 거론할 게 아니라, '참여자'를 주목해야 한다고 강조한다.[14] 인간들의 시스템에서는 '우리의 작용'에 더더욱 주목해야 한다. 인간은 원하든 원하지 않든 서로 영향을 주고받는 존재다. 우리의 행동은 시스템의 다음 반응을 일으킨다. 우리 각자는 자신의 행동으로 더불어 사는 이웃에 영향을 미칠 수밖에 없다.

직접 확인해 보기 바란다. 일상에서 접하는 것에 관심과 애정을 보이며 무슨 반응이 돌아오는지 지켜보는 것이다. 소셜미디어에 올라온 포스팅에 "말도 안 되는 헛소리!"라고 하지 않고, "그렇게는 전혀 생각해 보지 못했네. 어디 좀 더 이야기해 봐!" 하고 대응하면, 장담하건대 전혀 다른 반응을 일으킬 것이다. 그럼 '우리의 작용'이 무얼 뜻하는지 확실하게 확인할 수 있다. 공통점이 없음에도 상대방과 함께하는 공동의 경험은 색다른 것이 될 게 분명하다. 더 나아가 그 이후의 반응과 경험에도 영향을 미칠 수 있다.

바꿔 말해서 좋은 기분과 예의 바른 응대는 불쾌한 기분이나 욕설과 마찬가지로 전염성이 강하다. 기분 좋은 경험은 우리가 현실이라고 부르는 것을 그만큼 밝고 긍정적으로 바꿔놓는다. 불쾌한 경험이 세상을 암울하게 물들이는 것과 같은 이치다. 요컨대 우리가 세상을 바라보는 시각이 세계의 상태를 함께 규정한다. 어떤 시각을 가지느냐에 따라 세계를 이해하고 꾸려가는 방식이 달라지기 때문이다. 이런 깨달음은 우리에게 엄청난 기회를 선물한다. 유쾌한 마음가짐과 공손한 예의범절은 사회라는 시스템을 긍정적으로 바꾸어 놓는다.

원인과 결과의 관계에 주목해서 이야기를 계속 풀어보자. 사람들은 모두 원하는 바를 정확히 이뤄낼 방법을 선호한다. 문제가 무엇인지 알아내고, 마법처럼 해결할 수 있다면 어떤 대가도 치를 각오를 보인다. 타나랜드의 개발을 지원하고자 했던 대학생들도 마찬가지였다. 이들은 사안을 매우 단순화하는 환원적인 방법, 곧 분석적 방법을 선호했다. 사안이 가진 복잡성과 맥락을 무시하고, 무엇보다도 '하나의 만능 해결책'을 찾는 데 몰두했다. 오늘날 이런 사고방식이 인기를 끄는 이유가 있다. 오로지 실적 위주의 격심한 경쟁사회에서는 되도록 빠르고 간단한 해결책을 제시하는 사람이 누구보다 주목받고 성공하기 때문이다. 한스페터 뒤르가 쓴 문장을 보자.

"우리는 늘 세계를 자신의 두 손으로 장악하고 싶은 야망을 품는다. 그러한 까닭에 경쟁은 우리 시대를 물들인 주요 동기가 되었다. 경쟁이란 다른 사람보다 무조건 빨라야 한다는 요구를 뜻한다. 어느 방향으로 뛸지는 부차적인 문제다. 핵심은 어디로 뛰든 1등이 되어야 한다는 것이다."[15]

안타깝지만 반드시 이겨야만 한다는 경쟁 심리는 개별 증상에만 매달릴 뿐, 문제의 뿌리는 손도 대지 못한다. 그리고 타나랜드와 피터호가 보여주듯, 복잡계에서는 다른 것에 전혀 영향을 주지 않은 채 어느 하나의 측면만을 다룰 수 없다. 모든 간섭은 항상 복합적인 효과를 불러일으키며, 대개 원치 않은 부작용을 초래한다. 부작용을 경고하는 문구는 의약품의 포장 안에 든 복용 설명서에도 명시되어 있다. 인간의 몸도 하나의 복잡계이며, 우리가 복용하는 모든 약물은 몸의 특정 부위만이 아니라 전체에 간섭한다. 감기에 걸리면 우리는 항생제를 먹는다. 그런데 항생제는 감기를 일으킨 바이러스뿐만 아니라, 장에서 활동하는 유익균까지 죽인다. 이로써 우리 몸의 고유한 면역 체계는 무너지고 만다. 그럼에도 항생제는 워낙 효과가 좋기 때문에 사람들은 가벼운 후두염에 걸려도 항생제부터 찾는다. 하지만 이런 무분별한 간섭은 결국 바이러스의 내성을 키우는 결과를 부르고 만다. 2017년 '유엔환경계획 UNEP'이 급증하는 항생제 내성을 심각한 위협으로 경고하고 나선 것은 공연한 호들갑이 아니다.[16]

어떤 시스템을 원하는 상태로 유지하고 싶다거나 오히려 정반대로 바꿔놓고자 한다면, 해당 시스템을 되도록 정확히 파악하고, 그 부분들이 어떻게 네트워크를 이루는지 이해해야만 한다. 이로써 복잡계의 첫 번째 원칙에 이르렀다. 시스템의 전모를 파악하고 그 네트워크 성격을 이해해야만 우리는 정확히 무엇이 문제인지 올바로 평가할 수 있다. 피터호와 폴호의 어류와 물벼룩과 수초가 서로 영향을 주고받는 것을 보라. 바이러스, 자원, 인간, 돈 혹은 정보를 두고도 같은 말은 할 수 있다. 어떤 시스템에 간섭하면서 일어나는 문제의 복잡성을 지나치게 분석적으로 환원해 축소해 놓으면, 해당 시스템이 안고 있는 문제의 진짜 원인뿐만 아니라, 이로부터 빚어지는 중요한 결과도 놓치고 만다. 어떤 문제를 다룰 때 무엇을 중시해야 하는지를 선택하는 자세는 그래서 배경을 끊임없이 캐물어 들어가야만 한다.

스티븐 카펜터가 실험을 통해 알아내고자 했던 것은 어떻게 해서 문제가 심각해지고 전체 시스템에 변형을 일으킬까 하는 것만이 아니었다. 더 나아가 그는 언제 시스템이 이 지경에 이르는지 사전에 예측할 수 있는 방법을 알아내고 싶었다. 그래서 실험으로 확인한 측정값을 가지고 호수의 생태계가 언제 뒤집힐지 예측하게 해주는 조짐을 찾았다.

그런 변화를 예고하는 전조가 있을까? 균형의 저울추를 기울인 물고기는 몇 마리였을까? 피터호에서 실험을 하기 전 카펜터는 다른 학자들과 회의를 가진 바 있다. 이들 가운데 한 명은 숲에 막대한 피해를 주는 애벌레를 연구했다. 이 애벌레는 몇 년이라는 주기를 두고 마치 마른하늘에서 떨어지기라도 한 것처럼 폭발적으로 늘어났다. 애벌레는 헥터 단위의 넓은 면적에 있는 나무들의 껍질을 갉아 먹었다. 문제는 애벌레가 언제 이처럼 폭발적으로 증가하는지 전혀 예측할 수 없었다는 점이다. 유일한 단서는 숲의 특정 지역에서 돌연 엄청나게 많은 애벌레가 출현한 반면, 다른 지역에서는 거의 나타나지 않았다는 점이다. 같은 현상을 카펜터는 피터 호에서 관찰했다. 급변이 일어나기 전 초식어는 호수에 균일하게 분포하지 않고 매우 불규칙하게 서식했다. 몇몇 투망에는 매우 많은 초식어가 걸린 반면, 다른 투망에서는 거의 구경할 수 없었다.

카펜터와 곤충학자는 대체 왜 이런 일이 일어나는지 설명할 수 없었다. 그런데 같은 테이블에 앉아 두 사람의 이야기를 잠자코 듣던 어떤 수리경제학자가 '임계 감속critical slowing down', 곧 천천히 변화가 일어나다가 한계점에 이르러 급변의 대전환을 일으키는 현상을 들어봤는지 물었다.[17] 임계 감속은 작은 변화가 쌓여 어느 시점에 이르면 큰 변화를 일으키는, 이른바 '티핑포인트Tipping point'에 도달한 시스템에서 볼 수 있는 현상이다. 이 단계에 이르면 시스템은 장애를 일으키고, 다시 안정을 되찾아 옛 균형을 되살리기까지 긴 회복기를 필요로 한다. 옛 균형을 회복하는 게 불가능하면 시스템은 새로운 균형을 찾는다. 바로 이런 상태에 이르면 시스템은 근본적인 변화, 곧 전환을 요구한다.[18]

임계 감속은 많은 분야의 연구에 결정적 도움을 주는 개념이다. 사회 전환의 경우에도 이 개념은 적용된다. 스코틀랜드의 인류학자 빅터 터너Victor Turner는 임계 감속의 단계를 '경계선liminality'

이라고 불렀다.[19] 이탈리아의 철학자이자 정치경제학자 안토니오 그람시Antonio Gramsci는 이 단계를 '인테르레그눔Interregnum', 곧 권력에 공백이 생기는 과도기인 '공위空位' 시기라고 불렀다. 이도 저도 아닌 중간에 해당하는 이 시기는 "옛것은 죽고, 새것은 아직 태어나지 않은 때"다.[20]

우리가 작금 마주하는 상황도 이런 임계점을 나타내는 게 아닐까? 시스템이 확실한 변혁을 이루기 전에 '임계 감속'이라는 징후를 나타낸다는 점은 이 현상이 일어나는 횟수와 규모가 조기 경보 시스템과 같은 역할을 하기 때문에 의미심장하다. 이상한 사건이 잦아지면서 극단적 재해가 빈발하는 것은 복잡계가 이미 티핑포인트에 매우 가까워졌음을 알려주는 경고다. 이제 균형을 흔드는 매번의 장애는 엄청난 후폭풍을 불러올 수 있다. 바위가 구르기 시작해 더는 멈출 수 없을 확률이 최고치에 이르렀다. 얼마 전만 해도 전혀 생각조차 할 수 없던 일이 이제는 언제라도 벌어질 수 있다.

티핑포인트에 이르렀다는 징후는 타나랜드의 관개수로나 피터호에서만 관찰할 수 있는 게 아니다. 이런 징후는 인간이 전체로서의 지구와 나누는 상호작용에서 이미 분명하게 나타나고 있다.

2008년 스웨덴의 기후 연구가 요한 록스트룀Johan Rockström을 중심으로 한 연구팀은 '지구위험한계선Planetary boundaries'이라는 개념을 선보였다. 이 개념은 빠른 속도로 학계를 넘어 영향력을 발휘하면서, 지구 시스템 연구뿐만 아니라 국제적 지속가능성

정책을 둘러싼 논의가 최우선으로 참조하는 핵심 개념으로 자리 잡았다.[21] 이는 지구 전체를 하나의 복잡계로 파악하려는 노력에서 출발한다. 연구자들은 이 복잡계를 서로 맞물린 아홉 개의 영역으로 정의한다. 그 각각은 지구의 생명에 더없이 중요하며, 인간의 삶을 떠받드는 기초다.

이 영역에는 기후를 비롯해 바다의 상태, 담수의 양, 생물다양성, 숲과 늪지대와 목초지로 덮인 지구의 면적 등이 있다. 또 우리가 지금까지 별로 들어보지 못한 것도 있는데, 이를테면 질소와 인의 순환이 대표적이다. 질소와 인의 순환은 지구의 모든 생명체가 살아갈 수 있는 기반이다. 질소와 인, 그리고 그 화학적 결합 없이 식물은 자랄 수 없다. 질소와 인을 비료로 쓰는 이유이기도 하다. 대량으로 투입된 질소와 인은 강을 타고 바다로 흘러들어 광범위한 영역을 녹조로 물들인다. 녹조는 바닷물의 산소를 빨아들여 거대한 죽음의 지대를 만든다. 이 죽음의 지대에서는 생명체가 살 수 없다. 2019년에 이미 세계 대양에는 700여 곳에 이르는 죽음의 지대가 형성된 것으로 확인되었다. 이 규모는 10년 만에 두 배로 늘어난 것이다.[22]

학자들이 제기하는 질문은 단순하다. 자연 순환의 절대적인 한계, 우리 인간이 일으키는 폐단이 허용되는 한계가 어디까지일까? 인간의 간섭에도 지구 시스템 전체가 균형을 잃지 않을 한계는 어디인가?

더 간단하게 물어보자. 지구의 기온은 얼마나 더 올라갈까? 얼마나 많은 동물종과 식물종이 멸종할까? 숲은 어디까지 개간해도 될까? 물 소비는 어디까지가 적정선일까? 바다는 얼마나 더 오염시켜도 되는 걸까? 어디까지가 우리의 일상적인 생태 공급 시스템의 한계일까? 한마디로 일상생활이 급격히 바뀌지 않고 현상을 유지하려면 우리는 지구를 어떻게 다뤄야 좋을까?

지금까지 밝혀진 연구 결과는 얼마 남지 않았음을 확인해 준다. 아홉 개의 영역 가운데 다섯 영역에서 우리는 이미 지구위험한계선을 넘어섰다. 요한 록스트룀의 연구팀이 '안전 작업 공간Safe Operating Space'이라고 부른 지대, 곧 인류가 안전하게 생활을 영위할 수 있는 공간을 우리는 이미 잃었다. 다섯 영역의 시스템은 기후, 생물다양성, 질소 비중, 인 비중, 토지 이용이다. 최근에는 생물권에 새로운 항목의 도입이 이뤄졌다. 바로 플라스틱과 다른 화학물질로 빚어지는 오염이다.[23] 이 분야의 오염은 계속 늘어나거나, 이미 매우 높은 위험 수준에 도달해 시스템을 무너뜨리고 있다. 인간의 간섭으로 발생하는 충격을 흡수할 자정력이 이미 상쇄될 정도로 시스템이 취약해진 탓이다. 시스템 붕괴를 막으려면 우리는 생활방식, 경제·소비 형태를 시급히 바꿔야만 한다. 시간이 얼마남지 않았다. 구르기 시작한 바위처럼 붕괴 과정은 더는 막을 수 없다. 이 과정의 끝에는 전혀 다른 구조와 성격을 가진 시스템이 나타나리라.

앞서 여러 차례 언급한 '티핑포인트'라는 비유는 복잡계의 네트워크와 역동성과 목표라는 세 가지 원칙이 붕괴하는 것을 강조하기 위한 표현이다. 이 세 가지 원칙이 시간의 흐름에 따라 어떤 역동성을 보여줄지 이후 자세히 살피게 될 것이다. 시스템의 네트워크 성격이 얼마나 중요한지는 이미 충분히 알아보았다. 우리는 티핑포인트를 막기 위해 풀어야 하는 문제에 네트워크 사고방식으로 접근하는 전략을 구사해야 한다. 문제를 잘게 쪼개는 분석적 방법은 사안의 핵심을 놓치고 다음 위기를 부를 따름이다.

이동성 문제를 살펴보자. 사람들은 앞으로 자동차를 경유나 휘발유 대신 전기로 운행한다면 지구를 구하는 큰 행보를 이뤄낼 거라고 믿는다. 이런 해법이 실제로 기후변화의 속도를 늦출 수 있으려면, 전기가 화력발전으로 만들어지는 게 아니어야 한다. 전기자동차라는 전략은 기후변화의 속도를 늦추는 목표를 위해 고안된 것인데, 전기가 여전히 화석연료로 생산된다면 이 전략은 실패한 것이나 다름없다. 이 전략이 성공하자면 매우 많은 풍력발전과 태양열발전 설비를 갖춰야 한다. 이 설비를 짓기 위해서는 엄청난 양의 철광석과 보크사이트를 비롯해 이른바 '희귀 광물'을 발굴하고 가공해야만 한다. 이런 작업 또한 에코 전기로 작동하는 기계가 감당해야 한다. 친환경적으로 생산되지 않은 전기는 기후변화를 더욱 가속할 뿐이다.

풍력발전과 태양열발전이 불가능한 것은 아니다. 다만 이런 설비에 들어가는 광물을 채굴하기 위해 우리는 다시 숲을 개간하고 목초지를 갈아엎으며 늪지대의 물을 빼야 한다. 숲과 목초지와 늪지대는 모두 탄소의 천연 저장고다. 탄소 배출을 막아야만 하는 마땅에 오히려 기술적으로 배출을 조장하는 어처구니없는 일은 막아야만 한다. 광물 채굴이 물의 순환, 생물다양성, 생태 공간을 파괴해 지구 시스템의 다른 부분 영역에 부담을 안긴다는 점은 '지구 위험한계선'이 분명하게 밝힌 사실이다. 오로지 태양과 바람과 물로 얻어낸 에너지만이 친환경적이며 탄소 중립적이라고 해서 이런 에너지를 생산하는 하드웨어도 친환경적이라고는 할 수 없다. 마찬가지로 모든 전기자동차, 배터리 생산 및 충전 설비의 마련도 친환경적은 아니다. 전기자동차를 기후 보호를 위한 교통의 일대 혁신으로 보기에는 이처럼 무리한 요소가 한둘이 아니다. 새로운 자동차가 배기가스를 배출하지 않는다는 점만 주목해서는 안 되는 이유다. 우리는 배기가스뿐만 아니라, 이 자동차와 새로운 에너지 인프라를 만들어내느라 생겨나는 부담도 유념해야만 한다. 이렇게 보아야만 솔직한 대차대조표가 나온다.

자동차의 내연기관을 전기모터로 간단하게 교환하는 것은 타나랜드 실험을 고안한 디트리히 되르너가 "시급한 현안의 강박증"[24]이라고 내린 진단과 딱 맞아떨어진다. 그가 말하는 강박증은 겉보기로 가장 절박한 문제에만 매달리는 태도를 뜻한다. 전기자동차의 경우 교통으로 발생하는 온실가스를 막아야 한다는 목전의 문제에만 매달리는 근시안적인 태도가 강박증이다. 전기자동차는 전체를 보지 못하고 개별 증상만 해결하려는 땜질식 처방이다. 전기자동차가 몰고 올 다른 후유증도 만만치 않다. 도시에 갈수록 더 많아지는 전기자동차 탓에 자전거 이용자와 보행자를 위한 공간은 턱없이 부족해진다. 녹지대와 공원도 더 생겨나지 못한다. 정체는 갈수록 심해지고 더 많은 도로와 주차장을 만들어야 한다는 압력은 커진다. 도시는 매력을 잃고, 사람들은 계속 교외로 이주하며, 전기자동차로 출퇴근하는 통에 교통은 최악으로 치닫는다. 요컨대 문제 하나를 해결하고자 하는 땜질식 처방은 또 다른 문제들을 만들거나, 상황을 더욱 열악한 지경에 빠뜨릴 뿐이다.

교통 문제의 전환을 그저 전기자동차의 도입에만 한정시켜 바라보는 태도는 우리가 해결하고자 하는 문제의 근원이 무엇인지 탐문하는 과정을 너무 일찌감치 포기하는 탓에 생겨난다. 단계적인 투자와 혁신으로 이룩하고자 하는 장기적인 목적을 등한시한 결과이기도 하다.

갈수록 늘어나는 자동차로 질식할 것만 같은 이런 케케묵은 교통 체계를 그대로 유지해야 할까? 어떤 대가를 치르고서라도? 아니면 되도록 많은 문제를 일거에 해결해 준다는 주장에 혹해 새로운 기술에만 매달려야 할까?

자동차와 이와 관련한 인프라만 두고 하는 말이 아니다. 어떻게 해야 개별적으로 신뢰할 수 있으며, 환경에 부담을 주지 않는 이동성을 꾸릴 수 있을까? 문제는 무엇이 필요하고 어떻게 부작용을 최소화하면서 실현할 수 있을까 하는 것이다. 애초에 우리가 왜 그런 이동성을 필요로 하는지도 살펴봐야 한다. 원거리 통근을 원하는 사람은 아무도 없기 때문이다. 이런 요구를 반영하는 도시 설계와 공간 활용은 자동화한 셔틀 운행, 유럽 전역을 포괄하는 고속열차와 야간열차 운행을 대안으로 삼아야 한다. 또는 근무 시간 단축이나 재택근무도 교통량을 줄일 획기적인 대안이다.

이런 환경이 조성된다면 자전거처럼 값싸고 편리한 교통수단이 매력을 발휘할 것이다. 스웨덴의 룬드대학교Lund University가 진행한 연구에 따르면 자동차를 1km 운행하는 운전자마다 사회에 대략 27센트의 비용을 발생시킨다고 한다. 이 비용은 연료비를 말하는 게 아니다. 연료비야 운전자가 직접 부담하니까. 27센트라는 비용은 도로 건설 및 보수 그리고 사고와 소음과 대기오염으로 일어나는 피해를 복구하는 데 들어간다. 더욱이 이 비용은 자동차를 전혀 운행하지 않는 사람도 부담해야만 한다. 반면, 자전거를 타는 사람은 사회에 족히 30센트의 비용을 절감해 준다. 이런 절감 효과는 자동차로 발생한 비용을 상쇄하고도 남는다. 더욱이 자전거 타기는 건강에 보탬이 되며 질병을 예방하기도 한다. 질병으로 사회가 감당해야만 하는 막대한 비용을 생각한다면, 자전거의 가치는 이루 말할 수 없이 크다.

다른 미래로의 투자가 너무 막대한 비용을 요구한다는 일각의 불평은 현 상태를 그대로 놓아두는 것이 더 큰 비용을 요구한다는 점을 읽어내지 못한 오판이다. 현 상태, 곧 기존의 것을 유지하고 보수하는 것은 정말이지 돈 잡아먹는 무덤이다.[25]

전기자동차만 해도 우리가 이룩하고자 하는 전환이 기술적 혁신을 훌쩍 뛰어넘는다는 사실을 선명하게 보여준다. 단순히 모터를 다른 것으로 바꾸는 기술혁신은 우리가 필요로 하는 전환을 감당할 수 없다. 변화는 훨씬 더 심층적인 차원에서 일어나야 한다. 대전환의 변화는 사회적, 생태적, 경제적 목표를 조화시킬 수 있어야 한다. 우리가 원하는 전환의 핵심은 이를테면 문화 프로젝트다. 그 어떤 예단도 하지 말자. 미래에 우리가 어떻게 살 것인지, 어떤 사람이 될 것인지가 핵심이다. 거창하게 들릴지라도 이 물음이 우리를 확실한 방향으로 이끌 것이다. 지금껏 우리가 사회 시스템을 어떤 목표, 어떤 기준에 따라 꾸려왔는지 살필 수 있게 해주기 때문이다. '인테르레그눔'과 같은 과도기에 꼭 필요한 것은 방향을 잡고 나아갈 수 있도록 돕는 북극성과 같은 기준점이다.

점성술처럼 들린다고? 하지만 어디로 나아가야 할지 방향을 잡는 것이야말로 경제학의 핵심 전제이며, 모든 민족국가 또는 유럽연합이 최상위로 설정한 목표다. 대다수 국민을 위한 최대 행복 또는 국민의 안녕이 바로 우리가 기준점으로 삼아야 하는 지침이다. 그리고 우리가 살아가는 상황이 근본부터 바뀌어야만 한다면, 이 목적을 이루고자 하는 수단 역시 상당히 철저하게 바뀌어야만 한다. 물론 이 목적을 위해 구체적으로 실천해 가는 과정에서 불안함과 저항과 분배 문제를 둘러싼 논란은 피할 수 없다. 이런 논란은 놀라운 게 아니라 지극히 정상이다.

논란이야 얼마든지 생산적으로 소화할 수 있다. 다만 사회가 이미 모습을 드러내기 시작한 변화의 압력에 과도한 반응을 보이는 것은 적절한 대응책을 고민해야 할 문제다. 압력이 계속 커지면 그만큼 저항도 심해지니까.

저항은 시스템의 견지에서 볼 때 일단 이 시스템이 그만큼 견고하다거나 안정적이라는 방증이다. 시스템의 부분들과 그 관계는 자기 보존을 최우선 목적으로 삼는다. 다만 이 관계는 일정 정도 탄력적인 적응력을 보여준다. 다시 말해서 변화에 저항하느라 부분들과 그 관계 역시 변화의 추이를 따라 조금씩 바뀔 수밖에 없다. 그래서 역설적이게도 지나치게 강한 저항은 오히려 시스템 전체의 저항 능력을 떨어뜨리는 결과를 불러온다. 이런 현상은 사회에서도 고스란히 관찰할 수 있다. 사회는 기존 질서를 바꾸려는 변혁에 저항하면서도 변화의 요구를 일정 정도 수용할 수밖에 없다. 물론 이런 적응을 모두 동의하지 않으며, 우려하거나 수용하기 어려워하는 세력은 반드시 있다. 변화 또한 여러 가지 가능성을 보이며 그 방향을 가늠하기 힘들다. 따라서 무엇이 문제인지 적절한 인식을 공유하는 일은 과도기에 새로운 깨달음을 얻고 이로써 새로운 것이 들어서게 해주는 중요한 전제 조건이다. 되도록 많은 사람이 공유하며 함께 책임지려는 자세는 이런 조건이 충족될 때에만 나타난다.

적절한 문제의식을 공유하기 위해 우리는 한 가지만큼은 꼭 피해야 한다. 바로 자신이 더 잘 안다는 투로 주변을 지배하려 드는 태도다. 이 태도를 책의 2부에서 상세히 다룰 생각이다. 변혁의 시기에 좋은 나침반을 가지려면 문제의 뿌리를 살펴야만 한다. 어떻게 해야 뿌리에 접근할 수 있는지는 어린아이의 태도를 보면 알 수 있다. 어린아이는 어떤 것이든 자신이 이해할 수 있을 때까지 "왜?"

라고 묻는다. 말하자면 뿌리에 도달할 때까지 묻고 또 묻는다.

"정말 꼭 그런 걸까?"

이 물음은 혁신으로 가는 가장 빠른 지름길이다. 어쨌거나 나는 그저 프로젝트나 끊임없이 꾸며대는 작태, 규정만 지키면 된다는 관료주의, 자기 멋대로 하는 게 권력이라고 착각하는 얼빠진 정치가를 볼 때마다 아이의 순박한 질문이 큰 도움을 준다고 생각한다.

우리의 도시를 오로지 원활한 교통에만 맞출 게 아니라, 사람들이 자유롭게 만남을 즐기며, 안전하고 건강하게 살아가고, 생물다양성을 키우고, 삶의 품격을 높이는 쪽으로 꾸려가면 얼마나 좋을지 상상해 보자. 그럼 일거에 여러 이득을 볼 수 있다. 우리는 복합적인 차원에서 문제를 일으키는 발달을 복합적인 차원에서 개선을 이루어내는 하나의 발달로 묶어야 한다. 시스템의 개별 요소에 집중했던 자세를 모든 것을 조망하는 포괄적 관점으로 확장해야한다.

문제를 정확히 인지하고 공유하는 조건이 충족된다면 자동차를 포기할 수 있어야 하지 않을까? 셔틀버스와 쾌적한 환경으로 자동차를 운행할 필요가 없다면? 주차장에 세워두기만 하는 값비싼 장난감, 자원만 잡아먹는 자동차를 꼭 가져야 할 이유가 뭘까? 오히려 우리는 자동차로부터 해방되는 기쁨을 누려야 한다.

다중 위기로부터 다중 해결책으로 나아가자.[26] 이것이 바로 전체를 조망하는 생각이 우리에게 열어주는 전망이다.

"문제의 뿌리가 무엇일까?"

이렇게 묻는 자세로 우리는 목전의 상황에만 매달리는 어리석음으로부터 벗어난다. 우리의 시선은 뿌리와 맥락을 읽어낼 수 있을 정도로 자유로워진다. 이런 자유로운 시선은 포기와 금지보다는 책임, 능력, 연결, 행동, 소통을 이야기할 수 있게 만든다. 그렇게 되면 새로운 생각이 넘쳐나며, 서로 힘을 합하는 동맹의 길이 열린다. 이런 선순환은 서로 책임을 떠넘기는 악순환이 아니다. 선순환으로 우리는 변화의 리듬에 맞춰 춤을 출 수 있다.

우리의 현실은 복잡계라는 구조, 각 부분이 떼려야 뗄 수 없이 맞물린 체계로 이루어진다. 지속가능한 변화를 이뤄내고자 한다면 이 복잡계에서 개별 부분만 바꿀 수 없다. 우리는 맥락을 이해해야만 한다. 문제의 뿌리가 대체 무엇인지, 문제의 전모는 어떤 것인지 가늠해 보려는 노력이 그 출발점이다. 물론 그 과정에서 예상하지 못한 부작용과 맞닥뜨릴 각오를 해야 한다. 특히 유념해야 할 것은, 어떤 것이 악순환처럼 보일 때 악마는 디테일한 개별 영역에 숨어 있는 게 아니라는 사실이다. 악마는 부분들이 맞물려 돌아가는 전체 그림에서 찾아야만 한다.

-+-

세상의 종말을 말하는 사람은 다음 질문을 고민해 보라.
"대체 세상이 무엇인가?"
어려운 질문이지만,
어쨌거나 세상의 종말은 모든 세상의 끝을 뜻하지 않는다.
어떤 세상의 끝은 새로운 세상의 시작이다.
역사가 그것을 말해주고 있지 않은가.[27]

_로버트 폴거Robert Folger

역동성 — 작은 변화가 전체를 바꾼다

툭 터진 하늘 아래 공연이나 축제를 벌일 수 있는 미국의 가장 멋진 무대 가운데 하나는 '고지 원형극장Gorge Amphitheatre'이다. 이 원형극장이 들어선 지대는 완만한 구릉을 자랑하는 협곡인데, 그 한가운데를 컬럼비아강이 도도하게 흐른다. 이곳을 찾는 관객은 두 개의 무대를 동시에 즐기는 셈이다. 극장의 본래 무대에서는 밴드가 연주하고, 그 뒤로 펼쳐지는 자연의 큰 무대는 장엄한 풍경을 연출한다. 2009년 5월 이곳에서 열린 음악 페스티벌 '새스콰치! Sasquatch!'에서 한 관객이 촬영한 동영상이 경영자 세미나와 각종 강연에서 즐겨 인용되었다. 사회 시스템이 티핑포인트에 도달했을 때 무슨 일이 일어나는지 이 동영상이 아주 잘 보여주었기 때문이다.[28]

동영상은 오로지 팬티 한 장만 걸치고 음악에 도취된 듯 춤을 추는 젊은 남자 한 명을 먼저 보여준다. 무대에서는 거친 비트가

울려 퍼졌다. 곡의 제목은 아무래도 '언스토퍼블Unstoppable'인 듯했다. 잠시 쉬어가는 시간인지 다른 관객들은 풀밭에 앉거나 서서 약간 지친 표정으로 풍경을 바라보고 있었다. 남자는 무리에서 약간 떨어진 곳에서 음악에 맞춰 팔다리를 흔들었다. 어느 정도 시간이 지나자 두 번째 남자가 나타나 더욱 기괴하게 춤을 추었다. 그리고 남자 한 명이 더 가담하면서 춤판은 아예 페스티벌의 일부처럼 변모했다. 관객들은 춤판을 벌인 사람들을 보며 어느 쪽이 진짜 페스티벌인지 아리송한 표정을 지었다.

그때 놀라운 일이 벌어졌다. 사람들이 그 춤판으로 앞다투어 몰려들기 시작했다. 다섯 명 정도이던 춤판에 몰린 사람은 이제 헤아릴 수 없을 정도로 많았다. 사방에서 사람들이 몰려들었다. 마치 중요한 일이라도 놓칠세라 허겁지겁 달려온 사람들은 환호하며 춤을 추었다. 이제 춤판은 동영상 화면을 가득 채울 정도였다. 풀밭에 앉은 사람은 거의 없었다. 사람들은 모두 노래가 끝날 때까지 춤판에 끼고 싶어 하는 것처럼 보였다. 남자 한 명이 흐느적거리던 춤판은 마법처럼 사람들을 끌어당겼다. 이제 그는 사람들 가운데 섞여 보이지도 않았다. 이 모든 상황이 채 1분도 되지 않아 벌어졌다. 한바탕 축제로 피곤해 보였던 무리는 신나게 춤을 추며 환호하는 군중으로 바뀌었다.

이것이 '티핑포인트'다.

이 티핑포인트는 처음에는 전혀 조직되지 않은 개인의 행동이 집단의 운동으로 돌변하는 지점을 묘사한다. 독자적이고 서로 아무 맥락이 없는 개인의 행동을 티핑포인트는 점점 더 힘을 키우는 일종의 파도처럼 변화시킨다. 이 사건에서 결정적인 역할은 개인이 맡지 않는다. 개인은 사건을 이런 식으로 키울 계획도 없었고, 예상도 하지 못했다. 처음의 남자에게 사람들이 차례로 가담하면서 결국에는 모두 일종의 엑스터시에 빠지리라고는 누구도 알지 못했다. 이 동영상에서 우리가 주목해야 하는 점은 전체로서의 시스템에 대체 무슨 일이 일어나는가 하는 것이다. 시스템이 티핑포인트에 이르자 상황은 돌변했다. 이런 변화는 '균일하고 일정한' 흐름을 보여주지 않는다. 비약적이며, 전혀 예상하지 못한 돌변이 나타난다. 한 명의 춤꾼이 두 번째, 세 번째 사람들의 동기에 불을 질러 그 규모가 폭발적으로 늘어나자 이제 사건은 전혀 이상하지 않고, 오히려 정상처럼 보인다.

나 역시 이 춤추는 군중의 동영상을 리더십 세미나에서 처음 보았다. 이 세미나는 사람들의 마음을 사로잡는 특정한 방법이나 요령을 다루지 않았다. 세미나의 핵심은 어떤 시스템에서 변화가 그 방향만 제시하는 선에 그치지 않고 실제로 생동감과 활력을 가지려면 이 변화에 확신을 가진 사람이 얼마나 많이 필요한지 답을 찾는 것이었다. 변화가 실제로 힘을 얻기 위해서는, 사람들이 흔히 생각하듯, 춤을 추기 시작한 첫 번째 남자만 필요한 게 아니다. 더욱 중요한 역할은 춤을 추기로 따라나선 첫 번째 남자, 곧 두 번째로 춤을 추기 시작한 남자다. 처음으로 따라나선 이 남자, 이른바 '팔로워Follower'가 변화의 흐름에 물꼬를 튼다. 오로지 팔로워만이 영웅을 만든다. 용감하게 새로운 것을 시도하는 사람이 지도자급의 영웅으로 올라서기 위해서는 팔로워의 역할이 결정적이다. 팔로워가 없다면 용감하게 새로운 일을 시도하는 사람은 그저 정신 나간 괴짜로 남을 뿐이다.

하지만 갈수록 더 많은 사람이 이 새로운 흐름을 따르기 시작하면, 아직 방관하던 사람들도 호기심을 가지고 뛰어든다. 괴짜로 보일 위험이 그만큼 낮아지기 때문이다. 고지 원형극장의 동영상은 바로 이런 동력을 확인해 준다. 공연 중간에 쉬던 관객들은 돌연 긴장과 흥분을 느끼며 앞다투어 춤판에 동참한다. 이렇게 해서 시스템은 새로운 상태, 전혀 다른 형태로 넘어간다. 바로 그래서 티핑포인트는 '질적인 전환점'이라 불리기도 한다.

'질적인 전환점'이라는 개념은 미국의 경제학자 토머스 셸링 Thomas Schelling이 만들었다. 1971년 셸링은 한 주거지역의 다수를 이루는 인구 집단이 다른 집단에서 사람들이 이사를 오면 특정 시점부터 이 지역을 떠나는 이유를 과학적으로 설명하기 위해 이 용어를 사용했다. 왜 다른 집단의 사람들이 이 지역으로 이사 오면 살던 사람들이 빠져나갈까? 심지어 해당 그룹이 여전히 다수파임에도.[29] 그는 미국의 흑인과 백인 인구 집단의 주거지 변화 추세를 추적하며 '질적인 전환점'을 찾아냈다. 하지만 이 개념은 다른 차별점, 이를테면 수입 격차 또는 정치 성향에서도 고스란히 확인된다. 간단히 말해서 전체의 변화는 규모가 큰 다수가 아니라 언제나 몇몇 작은 그룹이 선도한다.

'티핑포인트'라는 개념은 약 30년 뒤 캐나다의 저널리스트 말콤 글래드웰Malcolm Gladwell이 이 현상을 다룬 책을 쓰면서 대중적 인기를 얻었다. 전 세계적인 베스트셀러 목록에 오른 이 책은 바로 《티핑포인트The Tipping Point》이다.[30] 글래드웰은 어떤 발상이나 상품 또는 행동 방식이 갑자기 사람들의 주목을 사로잡아 일종의 대유행을 만들어내는지 연구했다. 어떻게 개업한 지 얼마 안 된 레스토랑인데 사람들이 줄을 서고, 예약을 해도 몇 주씩 기다리는 현상이 일어날까? '새서미 스트리트Sesame Street'는 무엇 때문에 유아들이 즐겨 보는 프로그램이 되었을까? 그것도 몇 세대에 걸쳐서. 미국의 천연가죽 구두 브랜드 '허시파피Hush Puppies', 1990년대 중반만 하더라도 고루하게만 여겨졌던 브랜드가 어떻게 갑자기 유명 디자이너들의 런웨이에서 각광받으며 매출이 폭발적으로 늘어났을까? 얼마 전만 하더라도 시장에서 사라질 위기에 처하지 않았던가? 어떻게 해서 1990년대 초만 하더라도 미국에서 최악이었던 뉴욕의 범죄율이 불과 5년 만에 절반 이하로 줄어들었을까? 법원이 길거리 도박이나 무면허 운전과 같은 범법 행위의 처벌을 대폭 강화하기로 나서서?

글래드웰은 많은 경우 실질적인 변혁을 일으키는 데는 작은 변화만으로도 충분하다고 봤다. 다만 전제 조건은 이 작은 변화가 올바른 방향으로 꾸준히 일어나야 한다는 점이다. 이런 발상은 시기적인 분위기와 딱 맞아떨어졌다. 때마침 새천년이 시작되었으며, 글로벌화가 속도를 높였다. 인터넷 창업 물결이 주식시장을 휩쓸

었으며, 주가를 하늘 높은 줄 모르고 끌어올렸다. 마법의 순간을 포착한 사람은 하룻밤 새 막대한 돈을 벌었다. 예전처럼 알뜰살뜰 모아서는 절대 부자가 될 수 없었다. 성공과 실패의 차이는 행운 또는 고된 노력에 있지 않고, 언제 어디서 어떤 스위치를 눌러 최소한의 수고로 최대한의 효과를 얻어내느냐에 따라 갈라졌다. 인류는 새천년의 초입에서 티핑포인트로 막대한 부를 쌓을 결정적 기회를 잡은 것처럼 보였다.

불과 몇 년 뒤 독일의 기후학자 한스 요아힘 셸른후버Hans Joachim Schellnhuber는 티핑포인트 개념을 기후에 적용했다.[31] 학계의 동료들과 마찬가지로 셸른후버 역시 인간이 지구의 기후 시스템에 일으키는 변화가 지금까지처럼 점차적으로 나타날 것이라 보지 않는다. 오히려 특정 시점에 이르면 지구온난화에 매우 민감하게 반응하는 기후 요소들이 나타나리라고 확신했다. '민감한 반응'이란 그 상태가 확 바뀐다는 뜻이다. 이를테면 그린란드와 북극의 빙상, 아마존의 열대림, 호주의 그레이트배리어리프Great Barrier Reef와 같은 산호초, 아시아의 몬순 또는 시베리아의 영구동토 등이 그런 요소다. 이 각각의 요소는, 우리 몸의 건강에 개별 장기가 차지하는 비중만큼이나 안정적인 지구 기후에 중요한 역할을 한다. 이 요소 가운데 하나가 무너진다면 멈추기 힘든 연쇄반응이 일어난다. 이와 같은 기후 문제에서 확인된 위기 작동 원리는 얼마 뒤 '지구위험한계선'이라는 개념으로 다시 정리되었다.

짧은 시간 동안 티핑포인트의 개념은 완전히 바뀌었다. 글래드웰의 티핑포인트는 인류에게 장밋빛 미래를 약속하는 새천년으로의 출발을 의미한 반면, 셸른후버가 말하는 티핑포인트에서는 세계 종말의 울림이 묻어난다. 티핑포인트는 한때 어마어마한 성공을 약속했지만, 이제는 돌연 성경에 등장하는 세상의 종말보다 더 무시무시한 경고를 한다. 희망이든 절망이든 모두 티핑포인트가 원인이다.

모순이 아니냐고? 전혀 아니다. 복잡계가 티핑포인트를 가진다는 사실은 그 자체로 좋은 것도 나쁜 것도 아니다. 페스티벌의 나른한 군중이든, 겉보기로 오랫동안 꾸준한 모습을 보여온 기후든, 변화가 어떤 일정 수준에 이르면 비약적으로, 그리고 되돌릴 수 없게 다른 상태로 넘어간다는 사실을 티핑포인트는 말해줄 뿐이다. 이 개념은 앞에서 말한 복잡계의 세 가지 원칙 가운데 두 번째 특징인 '시간에 따른 역동성'을 확인해 준다. 결국 티핑포인트는 변화를 예측하거나 균형을 잡거나 그 속도를 끌어올리려 할 때 도움을 주는 개념이기도 하다.

시간에 따른 역동성을 염두에 둔다면 우리는 어떤 시스템을 현재의 네트워크를 가진 구조로만 바라볼 수 없다. 현재 상태를 관찰하며, 이것이 시간의 흐름에 따라 어떤 변화를 보일지도 유념해야 한다. 어느 정도 시간이 흐르고 난 뒤 시스템은 과연 어떻게 작동할까? 이 작동은 어떤 에너지원이니 지원에 의존힐까? 흰새의 상태와 인간의 시스템 이용으로 그 품질이 어떻게 달라질까? 이런 대비는 당연하다. 특정 시점에서 시스템의 상태를 확인할 체크리스트를 만들어보고 꼼꼼히 챙기는 것이 좋다. 이렇게 해야만 유의미한 계획을 세울 수 있다.

변화의 양상을 추적해 보면 왜 시스템이 오랫동안 아무 반응을 보이지 않다가 갑자기 돌변하는지 원인이 드러나게 마련이다. 시스템이 이제 티핑포인트의 조건을 충족시켰기 때문이다.

"시간이 흐르면 무슨 일이 벌어질까?"

이렇게 물을 때 우리는 역동성의 궤적을 추적할 수 있다. 그린란드의 빙상을 예로 들어보자. 이 빙상을 시스템으로 간주하면 어떨까? 그린란드는 국토의 80% 이상이 얼음으로 뒤덮인 나라다. 이 규모는 북극 다음으로 크다. 그린란드의 빙상은 두께가 3km에 이를 정도다. 그곳의 빙상이 완전히 녹는다면 어떤 일이 벌어질까? 몇백 년 만에 해수면은 7m 정도 더 높아질 것이다.[32] 빙상이 이처럼 완전히 녹는 것은 그동안 상상조차 할 수 없는 일로 치부되어 왔다. 시스템이 안정적으로 작동했기 때문이다. 물론 여름에 기온이 올라가면서 빙상은 매년 조금씩 질량을 잃어왔다. 하지만 겨울에 내리는 눈이 이를 상쇄해 주었다. 시스템은 이처럼 감소와 증가로 이어지는 역동적 균형을 유지했다.

그러나 새천년에 접어들면서부터 그린란드의 빙상은 빠른 속도로 녹고 있다. 여름에 녹는 것을 겨울에 회복하지 못한다. 빙상의 손실은 지난 30년간 기후변화로 그린란드의 여름이 갈수록 더워졌을 뿐만 아니라, 겨울에도 눈보다 비가 더 자주 내렸기 때문이다. 그 결과 땅바닥이 고스란히 드러났고, 기회를 놓칠세라 특정 업계는 그 아래 묻힌 석유와 천연자원을 발굴해야 한다고 목청을 높였다. 그러나 얼음이 녹아 지표면이 드러나는 현상은 훨씬 더 심각한 문제를 안고 있다. 표면이나 물체에 입사된 일사량에 대한 반사된 일사량의 비율을 '알베도Albedo'라 한다. 땅이 얼음이나 눈으로 덮여 있으면 알베도가 높지만 반대로 어두운 색의 지표면은 알베도가 낮을 수밖에 없다. 이로써 지표면의 온도가 올라가면서 빙상은 더욱 빠른 속도로 녹는다.[33]

이런 '피드백'은 시스템의 부분들 간의 관계를 잘 보여준다. 특히 생명력을 가진 시스템은 완벽히 밀폐될 수 없고, 그때그때 주어지는 입력을 피드백 방식으로 처리한다. 빙상의 예에서 입력은 기후변화로 올라가는 기온이다. 시스템의 피드백이 '인풋input', 곧 입력의 증가를 강하게 끌어올리면 이 반응은 시간이 흐르면서 대세로 굳어진다. 반대로 피드백이 입력에 제동을 걸면 시스템은 균형을 되찾는다. 빙상의 경우에 이런 제동 효과는 겨울에 내리는 눈이다.

어떤 시스템에서 입력을 강화하는 피드백 또는 제동을 거는 피드백은 시간이 흐르면서 부분들이 맞물려 작동하는 역동성의 패턴을 변화시킨다. 그리고 이런 변화는 결국 시스템의 상태를 바꾼다. 빙상의 경우 입력을 강화하는 피드백의 결과는 갈수록 빨라지는 해빙이다. 빙상이 일정 두께와 높이를 유지하는 한, 눈으로 덮인 꼭대기는 차가운 대기층과 계속 접촉하며 몸집 유지에 필요한 냉기를 얻는다. 그러나 빙상이 녹으면 계속 높이가 낮아지며 따뜻한 공기층과 닿아 해빙 속도는 갈수록 더 빨라진다. 녹으며 흘러내리는 물은 햇빛을 눈처럼 잘 반사하지 못한다. 이로써 해빙을 막아주는 피드백은 갈수록 약해진다. 빙상이 워낙 두껍고 덩치가 큰 탓에 우리가 잘 느끼지 못할 뿐이다. 그러나 시스템이 잃어버리는 1톤의 얼음만큼 해빙을 막아주는 피드백이 약해지면서 얼음이 녹는 속도는 더 올라간다.

전체론의 논리 그대로 작은 변화, 그 자체로 보면 대수롭지 않은 변화는 꾸준히 이어지다가 더는 덧셈이 아니라 곱셈의 효과를 내는 티핑포인트에 이르러 어마어마한 전복을 부른다. 점차적으로 진행되던 변화는 빨라지며, 일정한 선을 그리던 추이는 뒤죽박죽 엉키면서 기하급수적으로 몸집을 부풀린다. 드디어 임계점에 도달하면 똑같은 '인풋'에도 전혀 다른 반응이 나온다. 이것이 앞서 살펴본 '임계 감속'이다. 이 지점에 이르면 한 방울의 물, 한 마리의 물고기가 폭발적인 결과를 부른다.

이런 양상은 또 다른 놀라운 현상도 함께 불러온다. 곧 시스템의 자정 능력이 계속 떨어진다는 점이다. 회복이 느려지면서 몇몇 피드백의 속도는 빨라진다. 위기가 갈수록 빨라지는 이런 현상이 말하자면 임계 가속이다. 이제 시스템은 적응하지 못하고 혼란스러운 변형을 일으킨다. 지금껏 시스템을 지켜주던 완충지대가 사라졌기 때문이다. 이처럼 비약적으로 폭발하는 변화는 멈추기가 무척 힘들다. 복잡계에는 스톱 단추가 없다. 누르기만 하면 모든 피드백과 시스템을 멈추게 할 방법 따윈 없는 것이다. 복잡계의 변화는 설혹 멈출 수 있다 하더라도 그만큼 긴 제동 거리를 가진다.

우리는 코로나 바이러스 탓에 빚어진 팬데믹을 통해 이런 현상을 이미 경험했다. 감염을 나타내는 그래프 곡선은 완만하게 올라가다가 특정 시점에 이르러 가파르게 치솟았다. 돌연 하루 전보다 신규 감염자와 중환자와 사망자는 폭발적으로 늘어났다.

기하급수적인 비약과 더불어 감염이 폭증하는 국면이 바로 티핑포인트다. 즉각적인 봉쇄에도 상황은 개선되지 않았다. 아무 증상은 없지만 이미 감염된 사람이 많다는 사실은 이 무증상 감염자가 계속 바이러스를 전파하고 있음을 보여준다. 이들이 얼마나 많은지는 감염자 현황 그래프에 직접 드러나지 않는다. 그리고 오늘 감염된 사람은 내일의 환자가 된다. 이처럼 시간이 지연되며 발발하는 감염으로 전염병의 상승세는 일괄 격리가 이루어지더라도 지속된다. 증상이 두 눈으로 확인할 수 있을 정도로 나타났다면 이미 불행은 걷잡을 수 없이 커진다. 다시 감소세로 돌아섰다 할지라도 실제로 이 질병이 감소하기까지는 어느 정도 시간이 걸릴 수밖에 없다. 결국 거리 두기를 해야 할 올바른 시점은 상황이 아직 심각해 보이지 않을 때, 바이러스의 전파 속도와 규모가 감당할 수 있는 수준에 머무를 때다.

기후변화도 사정은 똑같다. 다만 기후변화는 백신 주사로 막을 수 없다는 점이 큰 차이일 뿐이다. 대기권의 이산화탄소를 내 규모로 빨아들일 기술이 곧 개발되리라는 희망 섞인 주장이 없는 것은 아니다. 하지만 이런 주장은 이미 오래전부터 이어져 왔으며, 그 실현 가능성은 매우 불투명하다. 그리고 이산화탄소의 현재 비중은 우리에게 8년에서 10년 정도의 시간만 허락한다. 지금이라도 이산화탄소 감축을 되도록 빠르게 실천하는 것이 훨씬 더 중요하다. 기후변화에서 원인과 영향은 팬데믹보다 확연히 더 멀리 떨어져 있다. 따라서 제동 거리도 훨씬 더 길 수밖에 없다.

우리는 앞서 복잡계가 그 네트워크로 인해 예측할 수 없는 움직임을 보이는 것을 확인했다. 일정한 선 모양을 이루지 않는 그 역동성에서 복잡계가 입력과 출력의 균형을 유지할 수 없는 지점에 이른다는 사실도 확인했다. 이는 특정 시점에서 우리가 많은 것을 바꾼다고 해도 곧바로 많은 것이 바뀌지 않음을 뜻한다. 즉, 특정 시점에서 우리가 큰 폭의 변화를 시도한다고 해서 이런 노력이 변화를 억제할 수 있는 게 아니다. 이런 변화는 꾸준히 이어지다가 불현듯 변곡점이 찾아온다. 오늘 되던 것이 내일은 되지 않는다. 과거를 가지고 곧바로 미래를 알아맞힐 수 없는 것이다.

팬데믹을 경험하고 얻은 교훈은 단기적으로는 보건 체계로든 경제적으로든 환자의 증가를 감당할 여력을 우리가 가진다는 점이다. 하지만 환자가 특정 규모를 넘어서고 전염병이 장기화하면서 상황은 감당할 수 없는 지경에 빠진다. 환자를 수용하고 치료할 능력은 바닥을 드러내고 만다. 보건 체계에 종사하는 사람은 물론이고 사회 전체가 탈진 상태에 빠진다. 전염병이 장기간 이어지면서 보건 종사자와 사회가 충분히 기력을 회복하지 못하면 결국 붕괴가 일어난다. 너무 많은 환자가 동시에 병상에 누우면서 사회의 다른 공급 체계도 무너지기 때문이다.

위기를 전체론적으로 접근한다는 것은, 앞을 내다보고 행동하고, 미래의 추세를 주목하면서 미리 대응하는 법을 배우는 자세를 뜻한다. 그래서 시스템 연구가는 피터호의 생태계가 붕괴하기까지 몇 마리의 물고기가 필요한지 정확히 계산하지 않는다. 먼 미래를 내다볼 때 그런 계산은 어차피 신뢰할 수 없기 때문이다. 머릿수를 헤아릴 수조차 없이 물고기가 득시글거리면 그 상태는 이미 파국이다. 그런 탓에 '지구위험한계선'을 연구하는 학자들은 사태의 추이를 나타내는 그래프를 만들어가며 언제 티핑포인트에 도달할지 예상하고 사전에 대비해야 한다고 경고하는 데 더욱 집중한다.

인간은 예측하고 대안을 찾을 능력을 갖춘 존재다. 진화의 방향을 읽어가며 원하는 쪽으로 방점을 찍는 것이 대안이다. 우리는 이로써 시스템 붕괴를 막을 수 있다. 붕괴를 지연시키는 것만 해도 우리는 자축해야 마땅하다. 누군가가 불행을 예언하는 모든 선지자는 그저 우리 인생을 힘겹게 만들려는 음모론자일 뿐이라고 말한다면, 예를 들어 오존층의 구멍이나 산성비 어쩌고저쩌고 해가며 당장 세상이 종말을 맞을 것처럼 떠드는 사람은 다 사기꾼이라며, 오존층이 다시 원상으로 돌아왔으며 숲은 산성비에도 끄떡없다고 주장하거든, 여러분은 차분하게 '예방 역설'로 되받아 주기 바란다. 오존층의 파괴를 심각하게 받아들인 덕분에 우리는 프레

온을 금지하고 다른 촉매제를 개발해 일찌감치 파국적 변화의 동력을 약화했다. 문제의 심각성을 예측하고 예방하는 대책이 없었다면, 오존층의 회복은 일어나지 않았다.

그럼 그린란드의 빙상이 녹는 것도 예방할 수 있을까? 만약 우리가 필요한 대책을 세우지 않는다면 어떻게 될까? 물론 빙상이 낼모레 깨끗이 녹아 사라지는 일은 벌어지지 않는다. 하지만 시스템이 티핑포인트에 이르면 해빙이 오래 걸리지 않을 것도 분명한 사실이다.

그린란드 빙상의 티핑포인트는 이미 넘어섰다고 주장하는 과학자들도 적지 않다.[34] 그렇다면 이미 모든 것이 너무 늦은 게 아닐까? 이 질문은 기후 위기를 다루는 공개 토론에서 자주 듣는 것이다. 나 역시 같은 질문을 자주 받는다. 우리 인간의 생활과 경제와 소비의 방식이 생태계에 얼마나 큰 부담을 주는지 과학적 진단을 듣고 나서 청중은 낙담하거나 심지어 공포에 사로잡힌 반응을 보이곤 한다. 하지만 우리는 또한 매일 세계가 얼마나 빠르게 변하는지, 그리고 우리의 사회 시스템이 이 변화로 빚어지는 문제의 해결책을 어떻게 찾는지 경험한다. 위험에 직면할 때마다 인류는 창의성과 용기와 단호한 실천력으로 늘 놀라운 해결책을 찾아왔다. 기후 위기도 이겨낼 수 있으리라 나는 믿는다.

티핑포인트에 비추어 이미 너무 늦은 것은 아닐까 하는 질문을 다룰 때도 우리는 한 가지 중요한 점을 염두에 두어야 한다. 티핑포인트는 어떤 스위치 같은 게 아니다. 특정 방향으로 이뤄지는 흐름을 우리가 원하는 대로 켰다 껐다 할 수 있는 마법은 없다. 다시 말해서 누르기만 하면 세계 종말을 막을 스위치는 없다.

지구의 평균기온이 1.6도 또는 1.7도 더 높아진다고 해서, 곧 2015년 유엔이 파리에서 이끌어낸 협약이 정한 1.5도보다 더 높아진다고 해서 세상이 몰락하지는 않는다. 그래도 여전히 2도나 3도나 4도 또는 5도 더 더워진 세상보다는 인간이 살아갈 수 있는 환경이다. 하지만 평균기온이 0.1도 상승한 것은 결코 무시할 수 없는 수준이다. 그렇다고 지구온난화에서 0.1도를 중시해야 한다는 진단이 곧바로 세계 종말을 말하는 건 아니다. 다시 말해서 기후정의가 안정적인 미래를 위해 설정한 기준은 스위치와 같은 것이 아니다. 이 기준은 변화의 흐름이 파국으로 치닫는 것을 막고 인류를 위한 안정적 공급 체계를 지키고자 하는 노력의 표현이다. 과학적 진단이 가지는 의미는 정확히 무슨 일이 일어날지 예견하는 것에 그치지 않는다. 더욱 중요한 의미는 사람들의 주의를 환기시켜 변화의 방향을 돌리려는 것이다. 파국적인 미래가 닥치지 않도록 미리 대비하는 자세는 더없이 중요하다.

세번 스즈키Severn Cullis-Suzuki라는 이름이 귀에 익은 사람은 별로 없으리라. 그녀는 열두 살 때인 1992년 환경문제를 다룬 리우 회의에서 국제 관중을 상대로 괄목할 만한 연설을 했다.

"저는 유명해질 속셈으로 이 자리에 서지 않았습니다."

소녀는 연단에서 떨리는 목소리로 말문을 열었다.

"저는 제 미래를 위해 싸웁니다. 미래를 잃는다는 것은 선거에서 지거나, 주가가 몇 퍼센트 떨어지는 것과 같지 않습니다. 저는 미래의 모든 세대를 대신해 이 자리에 섰습니다. (……) 어렸을 때 저는 떼 지어 다니는 야생동물을 보고, 온갖 새들과 나비로 가득한 정글과 숲에서 뛰노는 꿈을 꾸었습니다. 그러나 지금은 나중에 제 아이들에게도 이런 세상이 있을까 스스로에게 물어봅니다. 여러분은 제 나이 때 이런 걱정을 하지 않으셨나요? (……) 저는 그저 어린 학생입니다. 해답이 무엇인지 알지 못합니다. 하지만 해답은 어른들도 모르지 않나요? 오존층에 난 구멍을 어떻게 다시 메울지, 더러워진 강에 연어가 어떻게 살 수 있을지, 멸종한 동물을 어떻게 되살릴지 어른들도 모르잖아요. 지금 사막이 되어버린 곳에 숲을 되돌려 놓을 수는 없습니다. 이런 것을 어떻게 고쳐야 하는지 모른다면, 더는 망가뜨리지 말아주세요."[35]

혹시 그레타 툰베리Greta Thunberg의 연설이 아니냐고? 하지만 이 연설은 정확히 30년 전의 것이다. 1992년 세번 스즈키가 리우데자네이루에서 환경과 발달을 주제로 개최한 유엔 정상회의에 참석해 이 연설을 했을 때, 전 세계 정상들은 냉전이 끝난 뒤 처음으로 환경문제를 논의했다. 환경보호를 글로벌 차원에서 협력할 구체적 방안을 찾자는 것이 회담의 주제였다. 세번 스즈키의 연설은 불과 몇 분밖에 걸리지 않았다. 연설이 끝나자 각국 정상들은 자리에서 일어나 박수를 쳤으며, 몇몇은 눈물을 보이기까지 했다. 연설은 간단하고 명료했으며, 큰 힘을 발휘했다. 하지만 환경을 위한 시위도, 정치 운동도, 사회적 저항의 물결도 일어나지 않았다. 세번 스즈키도, 그 연설도 회의장 바깥까지 널리 알려지지 않았다.

2019년 그레타 툰베리가 유엔의 기후행동 정상회담에서 연설했을 때 분위기는 완전히 달랐다. 정상회담을 앞두고 전 세계에서 단 하루에만 400만 명이 넘는 사람들이 기후 보호를 외치며 거리를 행진했다. 아마도 이 규모는 인류 역사상 최대 시위일 것이다.

왜 그레타 툰베리는 이런 폭발적인 반응을 끌어냈을까? 30년 전 세번 스즈키의 연설에 사람들은 거의 반응을 보이지 않았는데 말이다. 이 질문의 답을 찾기 위해 화석연료를 예로 들어보자. 화석연료는 오늘날 우리가 누리는 문명의 기초다. 화석연료를 써서 물질적 풍요를 누리는 우리 사회를 하나의 복잡계로 바라볼 수 있다. 산업화와 더불어, 정확히 말하자면 화석연료를 쓰는 산업화와 더불어 시작된 이 복잡계는 200년에 가까운 역사를 자랑하며, 인류에게 전반적으로 매우 잘 기능했다. 실제로 오늘날의 물질적 풍요는 석탄과 석유와 천연가스로 저렴하게 얻어내는 에너지 덕분이다. 오늘날 지구상의 거의 모든 국가는, 그 정치와 경제의 현주소가 어떠하든 간에, 이 복잡계를 이루는 부분이다.

이처럼 화석연료의 사용은 오로지 이득만 가져다주는 것처럼 보인다. 1970년대까지만 해도 화석연료가 일부 지역의 오염을 일으키는 것 외에 다른 해악을 끼친다는 점을 사람들은 생각조차 할 수 없었다. 석탄과 석유와 천연가스를 이용해서 얻는 경제성장에 취한 탓에 냉철하게 이해득실을 따지지 않은 것이다. 더욱이 이 시스템의 승자는 막대한 부와 권력을 누렸다. 이들은 이 시스템에 만족한 나머지 이것만이 유일하게 옳은 길이라고 강변했다.

기후변화를 다룬 연구는 무시되거나 심지어 공격의 대상이 되었다. 연구의 진단이 사실로 입증되는 정황이 속속 드러난다는 점은 갈수록 부정하기 힘들어졌다. 몇몇 사람들은 인류에게 에너지를 공급할 다른 방법을 찾으려 고민했다. 심지어 어떤 사람은 과감하게 이런 추세로 간다면 에너지 수요를 감당할 수 없는 지경에 이를 거라고 경고했다. 한동안 화석연료를 사용함으로써 생겨나는 여러 문제는 기술로 해결할 수 있을 것처럼 보였다. 같거나 심지어 더 높은 성능을 발휘하면서도 연료는 적게 소비하는 기계가 지구온난화의 속도를 늦추어 시스템을 지켜주고 심각한 변화를 막을 수 있을 거라는 주장은 사실 희망에 가까웠다. 갈수록 더 많은 에너지를 소비하는 근본적인 흐름은 바뀌지 않았다. 이산화탄소의 배출은 계속해서, 더 효율이 좋은 기술을 적용했음에도, 늘어나기만 했다. 대기권이 급격한 기후변화를 일으키지 않고 받아들일 수 있는 이산화탄소의 양은 한정되어 있다. 바로 그런 까닭에 이제부터 10년은 미래를 위해 대단히 중요한 시기다.[36]

이런 깨달음은 느리기는 했지만 확실하게 사람들의 마음을 파고들었다. 바로 이것이 세번 스즈키가 끌지 못한 세간의 주목을 그레타 툰베리가 해낼 수 있었던 배경이다. 두 사람 사이에 가로놓인 30년에 가까운 세월 동안 화석연료를 이용하는 시스템은 그 정당성을 잃었다. 그것도 이루 헤아리기 힘들 정도로 많은 이유에서.

드디어 변화의 때가 무르익었다.

'변화의 때'가 무르익었다는 것은 보는 관점에 따라 '임계 감속'일 수도, 혁신을 위한 적기일 수도 있다. 경영학에서는 기업(또는 정부)이 케케묵은 낡은 구조를 혁파하기 위해 수행하는 전략적 준비를 '시스템 준비System readiness'라고 한다.[37] 지속가능한 발전을 위한 전환 연구는 '빗장을 풀다unlock the lock-ins'라고 표현한다. 이는 파괴적인 흐름을 가속화하는 사회의 구조가 무엇인지 예측해 변화시킨다는 뜻이다.[38] 곧 닫힌 사회 체계를 연다는 의미다. 준비해서 맞이하는 변화 또는 준비 부족으로 맞닥뜨리는 변화 앞에서는 전 세계를 장악할 정도로 뿌리 깊은 시스템이라 할지라도 버틸 수 없다. '인테르레그눔'은 이런 변혁으로 빚어지는 과도기이자 새로운 시스템을 찾는 시기다.

인간이 화석연료로 에너지를 얻어내는 과정에서 지구를 뜨겁게 만든다는 것을 증명한 첫 번째 연구가 물론 '기후변화에 관한 정부 간 협의체IPCC, Intergovernmental Panel on Climate Change' 같은 조직을 설립하게 만든 것은 아니다. 그런 기구를 생겨나게 한 결정적 동기는 아마도 100번째 연구일 수 있겠지만, 그렇다고 첫 번째 연구가 중요하지 않다고는 할 수 없다. 사회에서 환경 의식이 각성되려면 몇 명 이상의 연구자들, 한 번 이상의 폭염, 한 번 이상의 시위가 필요하기는 하다. 하지만 첫 번째 연구자와 뜨거운 여름과 시위가 아니었다면, 구체적인 기후 목표를 두고 정부들이 머리를 맞대는 국제회의는 생겨날 수 없었을 것이다. 녹색당의 출현도 이런 배경에서 이루어졌다. 잊지 말아야 할 것은 에너지를 바람과 태양으로도 얻어낼 수 있으며 이로써 미래의 대안이 있음을 보여준 선각자들의 노력이다. 마지막으로 소셜미디어 같은 환경이 마련되면서 과학 정보와 시위 호소의 빠른 전파가 이뤄질 수 있었던 것도 중요한 변화였다.

변화가 충분하지도, 빠르게 이뤄지지도 않았다 할지라도 지난 30년 동안 엄청나게 많은 변화가 일어났음을 우리는 간과해서는 안 된다. 이제 '탈탄소' 프로젝트는 재론의 여지가 없는 확실한 목표이며, 그 실현을 위한 시간표를 마련하고 실천하는 책임은 국가와 기업이 져야 한다. 탈탄소는 공식적인 미래 프로젝트이며, 유럽연합의 탄소 중립을 달성하고자 하는 '유럽 그린딜Green Deal'이라는 최우선 정책으로 구체화되었다.

이런 변화들 중 그 어떤 것도 개별적으로는 충분히 강력하지 않았다. 하지만 이 작은 변화가 차곡차곡 쌓이면서 화석연료 시스템을 근본부터 바뀌도록 만들었다. 이런 분위기 덕에 비로소 기후변화를 경고하며 등교를 거부했던 한 명의 소녀는 전 세계적인 환경 운동에 불을 붙일 수 있었다. 우리 사회의 운영 체계를 통째로 바꾸어야 한다는 이 운동은 오늘날 '시스템 체인지System Change'라는 이름을 얻었다. 우리 생태계의 '인풋'과 '아웃풋'이 다시 균형을 이루도록 하자는 취지의 '시스템 체인지'는 철저하게 근본부터 바꾸는 변화를 뜻한다.

푸틴이 우크라이나를 공격함으로써 국제사회에 안긴 충격은 도덕적 측면에만 국한하지 않는다. 전쟁범죄는 '생태'라는 주제가 '친환경적'이거나 '민감한' 주제에 그치지 않고, 지구상 생물의 생존에 필요한 본질임을 아주 분명하게 확인해 준다. 에너지와 물과 식량의 안정적 공급이 무너진다면 인간이라는 생물종의 평화롭고도 건강한 생활은 심각한 위기를 맞는다. 생태계가 자정 능력을 잃는 일은 천재지변 못지않게 전쟁으로도 일어날 수 있다. 따라서 전쟁과 같은 파괴적인 충격에 대응할 때 생태계에 대한 이런 장기적인 관점을 놓치는 일은 현명하지 못하다. 기후나 생태계가 가만히 앉아서 우리를 기다려주지는 않을 것이다. 생태계는 우리 인간이 정한 환경운동 슬로건에는 관심이 없다.

아무것도 없는 상태에서 불현듯 나타나는 변화는 없다. 그 누구도 예전에 벌어진 일 또는 다른 사람이 하는 일과 무관하게 홀로 행동할 수 없다. 누군가 여러분에게 그런 일을 해봐야 세상은 변하지 않는다고, 그런 일은 너무 작고, 무의미하며, 보잘것없다고 말하거든, 변화는 작은 첫걸음으로 시작한다고, 변화는 무에서 갑자기 시작되는 게 아니라고 말해주자. 공장형 가축 사육이 코웃음을 치더라도 우리는 친환경 육류를 먹자. 바다에 쓰레기를 내다 버리는 일이 계속된다고 할지라도 플라스틱 제품은 쓰지 말자. 투표해 봐야 세상은 안 바뀐다고 탄식할 게 아니라, 적극적으로 한 표를 행사하자. 전 세계적으로 배출되는 이산화탄소의 단 2%만 독일의 책임이라고 할지라도 우리는 더욱 적극적으로 기후변화를 막는 투쟁에 동참하자.

어린애가 뭘 아냐며 고개를 돌릴 게 아니라, 아이의 손을 잡아주며 귀를 기울이고 격려해야 한다. 아이는 다른 미래를 만들어갈 능력을 가진 미래의 주역이다. 아이의 말이라고 무시할 게 아니라, 우리 어른이 먼저 에너지 절약의 솔선수범을 보여야 한다. 아이들이 과학과 기술을 잘 이해할 수 있게 에너지가 어떻게 만들어지고 쓰이는지 설명해 주자.

무엇보다도 우리는 정치에 무관심하지 말아야 한다. 정치에 무관심하도록 피로감을 높이는 것이야말로 기득권의 노림수이기 때문이다. 오히려 우리는 정치를 격려하면서 환경과 관련한 요구가 무슨 생태 독재적인 발상에서 비롯된 게 아니라 현실의 절박한 요구임을 깨닫게 해주어야 한다.

미국의 환경운동가 폴 호켄Paul Hawken은 언젠가 이런 말을 한 바 있다.

"미래를 비관적으로 보는지 낙관적으로 보는지 물으면 나는 늘 같은 답을 한다. 과학이 제시하는 데이터를 보면서 (……) 비관적이지 않은 사람은 그 데이터를 이해하지 못한 것이다. 그러나 지구를 구출하기 위해 분투하는 사람을 만났는데도 (……) 당신이 낙관적일 수 없다면, 당신이 만난 그 사람은 이미 맥박이 뛰지 않는 사람이다."[39]

그러나 낙담하지 말자. 상황이 모호하거나 다른 방법이 더 끌릴지라도 행동하자. '행동하는 우리'가 되자. 당신의 생각과 경험을 다른 사람들과 함께 나누며, 어떤 미래를 원하는지, 이런 희망의 동기가 무엇인지 이야기해 보자. 걱정과 의심도 허심탄회하게 털어놓아야 한다. 어떤 경우든 침착하고 친절하게! 현실은 우리 모두가 함께 빚어내는 것이니까.

티핑포인트는 어떤 시스템이 근본부터 바뀌는 사건이 일어나는 시점이다. 티핑포인트가 좋으냐 나쁘냐는 해당 사안이 어떤 것인지, 판단의 기준이 무엇인지에 따라 답이 달라진다. 인간이 건강하게 살아가는 데 필요한 요소를 얻어내는 생태계의 경우라면 이 티핑포인트를 무조건 피해야만 한다. 그러나 인간이 만든 구조, 이를테면 자동차처럼 지속가능한 세계로부터 우리를 떼어놓는 기술은 티핑포인트를 이용해 빨리 변화하게 유도해야만 한다. 늘 유념할 점은 간단하다. 당장에는 지금 제대로 가고 있는지 아리송할지라도, 장기적으로 볼 때 모든 행보는 변화를 이끌어낸다. 그리고 정확히 때만 맞으면, 나의 작은 걸음이라 할지라도 매우 빠르게 엄청난 효과를 일으킨다.

-|-

신화는 중요하다.
신화의 서사는 공동체의 결속을 다져주는 기반이다.
신화는 우리가 그리는 꿈의 세계가 어떤 것인지 그려주며
서로 대화가 이뤄지게 돕기도 한다.
아울러 정치권력에 정당성을 부여하며 사회계약에 힘을 실어준다.
(……)
많은 경우 신화는 우리에게 도움을 주는 게 분명하다.
그러나 해악을 끼칠 수도 있다.[40]

_팀 잭슨Tim Jackson

목표 ― 정확히 무엇을 추구하는가

한스디트리히 레크하우스Hans-Dietrich Reckhaus는 부모의 기업을 물려받았을 때만 하더라도 자신이 동종업계를 발칵 뒤집어놓으리라고는 전혀 예상하지 못했다. 빌레펠트에 있는 그의 회사는 벌써 40년째 가정용 살충제를 생산해 오고 있다. 아무튼 레크하우스는 나중에 자신이 무슨 일을 벌이게 될지 몰랐다. 그는 스위스의 엘리트 대학교 장크트갈렌에서 경영학을 공부했으며, 하버드에서 1학기만에 박사 학위를 받았다. 아버지는 기업을 경영하는 데 학위가 필요 없다고 여겼지만, 레크하우스는 파리 끈끈이나 개미 살충제보다 예술과 문학에 더 관심을 가졌다. 하지만 언젠가는 부모의 기업을 물려받게 되리라는 점은 분명히 알았다. 1990년대 중반 드디어 기업을 물려받을 때가 되자 레크하우스는 회사 운영에 절반 정도만 힘을 기울이면 책을 읽고 글을 쓸 시간이 있으리라 믿었다. 하지만 그의 희망은 착각이었다.

레크하우스는 사업가로 뛰어난 수완을 자랑했다. 그는 살충제를 규모가 작은 전문 소매상뿐만 아니라, 대형 할인점과 잡화점에 공급할 정도로 판매망을 넓혔다. 새로운 파리 끈끈이를 개발한 뒤에는 1년에 2500만 유로라는 매출을 기록했으며, 60여 명의 직원을 고용했다. 이 파리 끈끈이는 파리가 달라붙는 부위를 알록달록하게 인쇄해서 불쾌감을 감소시켰다. 이런 제품은 시장에 없었다. 레크하우스는 이 제품을 특허 출원했다. 회사 역사상 첫 번째 특허였다. 레크하우스는 새 제품에 큰 희망을 품고 자신의 이름을 붙여 출시하기로 했다. 다만 부족한 것은 제품을 널리 알릴 독창적인 마케팅이었다.

하지만 중소기업이 막대한 광고비를 지출할 수는 없었기에 레크하우스는 평소 눈여겨보던 두 명의 스위스 행위예술가를 찾아갔다. 쌍둥이 형제인 프랭크 리클린Frank Riklin과 파트리크 리클린Patrik Riklin은 몇 년 전 장크트갈렌 인근에서 벙커 하나를 다채로운 예술 작품으로 바꾸어놓고 '눌 슈테른 호텔Null Stern Hotel', 즉 '별 하나 없는 호텔'이라는 뜻의 이름을 붙여 전시했다. 아마도 이 형제가 파리 끈끈이를 마케팅할 좋은 아이디어를 낼 수 있지 않을까. 부푼 기대를 품고 레크하우스는 스위스로 형제를 찾아가 자신이 만든 상품과 그 잠재력을 이야기했다. 그러나 형제는 시큰둥한 반응을 보였다.

"당신 제품은 그냥 그래요. 파리 한 마리 죽이는 게 무슨 가치가 있나요? 벌레를 죽이지 않고 살리는 건 어때요?"[41]

형제는 레크하우스에게 파리를 산 채로 잡은 다음 다시 자유롭게 풀어줄 제품을 만들면 어떻겠냐고 제안했다. 레크하우스는 어리둥절했다. 파리 끈끈이를 광고할 아이디어를 달라고 했더니, 파리를 산 채로 풀어주라고? 집으로 돌아가면서 그는 이 물음을 떨칠 수가 없었다.

'저들 말이 맞는다고 치더라도 대체 무얼 만들라는 거야? 파리를 잡는 게 아니라 살려주라고? 그랬다가 회사 망하는 거 아냐? 내가 발명한 제품이 뭐가 이상하다는 거지?'

그때는 2011년 여름이었다. 당시만 해도 독일에서 곤충의 급감은 기껏해야 학계에서나 논의되는 현상이었을 뿐, 사람들은 그런 게 있는지조차 몰랐다. 원인 모르게 곤충이 사라지는 문제로 본격적인 경고가 터져 나오기 시작한 것은 2017년이다.[42] 바이에른에서 독일로는 최초로 생물종 보호를 위한 국민 청원이 등장하기까지는 아직 몇 년이 더 있어야만 했다. 당연히 레크하우스는 파리를 놓아주는 제품이 무얼 뜻하는지 그때는 전혀 감을 잡을 수 없었다. 관련 연구 논문도 전혀 찾을 수 없었다. 자사 제품으로 매년 얼마나 많은 곤충이 죽는지, 또 이 곤충이 자연이나 인간에게 어떤 가치를 갖는지 레크하우스는 알 수 없었다. 아무튼 매년 자신의 회사에서 만든 살충제로 죽는 곤충이 몇십억 마리는 될 거라고 그는 쓴웃음을 지었다.

'하지만 벌레 죽는 것까지 신경 써야 하는 거야? 나는 사업가 잖아. 고객은 왕이고. 고객이 곤충을 박멸하고 싶어 하는 데 값싸게 곤충을 퇴치할 상품을 팔지 말아야 할 이유는 뭐지? 살충제로 적지 않은 이득을 올린다는 것이야말로 지금 내가 일을 제대로 하고 있다는 증거가 아닐까? 내가 이 제품을 만들지 않는다면 분명 다른 사람이 만들 텐데?'

꼬리에 꼬리를 무는 질문으로 레크하우스는 머리가 복잡하기만 했다. 그때까지만 해도 두 스위스 예술가와의 만남으로 제품 광고의 아이디어를 얻으려 기대했지, 완전히 새로운 인생을 살게 되리라는 생각은 꿈에도 하지 못했다. 하지만 정확히 새로운 삶이 그를 찾아왔다. 이 만남은 그가 사업가로 가졌던 몇 가지 핵심적인 확신을 흔들어 전혀 다르게 생각하고 행동하도록 유도했다.

요컨대 정확히 무엇이 문제인지 그는 이 만남으로 확인했다. 어떤 시스템의 성격 규정, 곧 세 가지 원칙 가운데 하나인 '목표'의 확인은 왜 시스템의 변화가 그토록 온갖 저항에 맞닥뜨리며 천천히 이루어지는지를 이해하게 돕는다. 도넬라 메도즈의 시스템 정의에 따른다면, 시스템의 성격 규정이란 무엇을 위해 이런 시스템이 구축되었는지 그 지향점purpose, 곧 목표를 확인하는 일이다. 인간이 만든 시스템은 그 목표를 얼마나 잘 충족하느냐에 따라 신뢰 또는 정당성을 얻는다.

예를 들어 기업이라는 시스템의 통상적인 목표는 되도록 많은 상품 또는 서비스를 팔아 최대한 많은 이윤을 남기는 것이다. 많은 사람이 이런 통념을 경제활동의 핵심으로 여기는 이유는 기업이라는 시스템의 성격 규정이다. 늦춰 잡아도 1970년대 이후부터,

곧 미국의 경제학자 밀턴 프리드먼Milton Friedman의 유명한 성격 규정 "비즈니스는 비즈니스다The business of business is business."**43** 라는 발언이 사람들의 뇌리에 새겨지면서 더 많은 이윤과 좋은 기업을 동일시하는 것을 당연한 사실로 여겨져 왔다. 레크하우스 역시 이런 통념에 맞게 기업을 운영했다.

　두 예술가와의 만남, 레크하우스를 혼란에 빠뜨렸던 만남 이후 10년이 흐르는 동안 그의 사업은 큰 변화를 보였다. 그동안 회사는 제품 포장에 "이 살충제는 소중한 곤충을 절멸시킬 수 있다."는 파격적인 경고문을 넣었다. 뒷면에는 곤충이 왜 소중한지, 곤충이 멸종하면 무슨 일이 벌어지는지 안내문과 함께 곤충을 집 안으로 못 들어오게 하는 방법이 기재되었다. 레크하우스는 이 방법이야말로 곤충 살충제 시장의 전체 규모를 줄이지 않으면서도 환경문제의 경각심을 일깨워 줄 최선의 선택이라고 보았다. 그는 살충제 판매로 얻은 이익금 일부를 적립해 곤충 연구에 쓰도록 했다. 그리고 연구를 통해 자사 제품으로 죽는 곤충들이 멸종당하지 않게 지켜줄 방법을 찾았다. "신중하게 죽이세요." 레크하우스가 제품 포장에 적어 넣은 문구다. 애초에 그는 곤충을 배양해 풀어주려고 생각했다. 하지만 한 생물학자가 인공 배양보다는 곤충이 자유롭게 자랄 공간을 마련해 주는 것이 더 좋은 방법이라고 그를 설득했다. 그래서 회사 옥상에 토종 식물 30가지를 심고 고사목과 돌무덤을 쌓아 곤충 친화적인 환경을 조성했다. 곤충을 위해 이런 공간을 만든 것은 그가 최초일 것이다.

레크하우스는 자신의 사업 모델을 혁신하기 시작했다. 이제 얼마나 많은 매출을 올릴 수 있느냐는 그의 관심사가 아니었다. 초점은 이 시스템을 어떻게 지킬 수 있는지, 이로써 시스템의 지속가능성을 높일 방법을 찾는 데 맞춰졌다. 그가 자신의 목적을 새롭게 확인하며 한 말이다.

"어제는 되도록 많은 돈을 벌어 의미 있는 일을 하자는 것이 나의 관심사였다면, 내일은 되도록 의미 있는 일을 해서 돈을 버는 것이 나의 관심사다."[44]

"'안에서 밖으로Inside-out'에서 '밖에서 안으로Outside-in'"는 스위스의 전환 연구가 카트린 머프Katrin Muff와 토마스 딜리크브렌칭거Thomas Dyllick-Brenzinger의 표현이다. 이 두 사람은 지속가능한 경영을 연구하고 있다. 무엇보다 기업이 지속가능성에 어떤 기여를 할 수 있는지 그 조건을 제시하고 효과를 입증하는 데 주력한다. 지속가능성과 관련한 기업의 선언이 그저 선언에 그치는 경우가 많았기 때문에 두 연구자는 더 확실한 자극이 필요하다고 보았다. 지속가능성은 기업 경영의 목표가 아니었으며, 기업의 성공을 측정하는 지표도 아니었다. 그래서 명석한 두뇌들이 앞다투어 지속가능한 경제가 얼마든지 성공적인 비즈니스 모델이 될 수 있음을 입증하려 시도했다. 이를테면 자원의 소비에서 효율성을 끌어올리면 확실한 비용 절감 효과를 볼 수 있다거나, 사회적 책임을 강조하는 기업 이미지는 고객의 마음을 사로잡을 수 있다는 식의 제안이 줄을 이었다. 하지만 이런 시도는 턱없이 부족했다. 지구위험한계선으로 치닫는 거센 흐름을 그 정도로는 막을 수 없었기 때문이다.

이런 '큰 단절big disconnect', 다시 말하면 개별 기업들의 개선 노력이 이어짐에도 전체 경제체계에 꼭 필요한 변화가 일어나지 않는 '큰 간극'이 왜 빚어지는지 카트린 머프와 토마스 딜리크브렌칭거는 알아내고 싶었다. 연구를 진행하며 두 사람은 특히 두 가지 점을 주목했다. 첫째, 기업의 전략은 전체 시스템을 우선시하지 않았다. 기업이 내리는 결정을 보면 거시적 차원의 사회 전략과 맞물려서는 이윤을 내지 못할 것이라 판단한 게 틀림없다. 개별 활동이 실제로 명시된 목표로 나아가는지는 전혀 고려 대상이 아니었다. 둘째, 기업의 '핵심성과지표Key Performance Indicator, KPI', 곧 사업의 성공 여부를 재무 상태로 평가하는 방법을 지속가능한 발달을 위한 측정값과 따로 취급하는 관행이 '큰 단절'을 빚어냈다. 재무제표만 주목한 나머지 지속가능한 발달의 지표는 그저 장식 취급을 받았다.

요컨대 사회와 생태의 피해는 기업에 직접적인 비용을 발생시키지 않는 탓에 재무제표로 잡히지 않는다. 같은 사업이 미래에도 계속 수익을 낼 수 있으려면 안정적 자원 공급, 잘 훈련된 인력 및 구매력에 의존할 수밖에 없다는 점 역시 무시당한다. 아마도 '큰 단절'의 뿌리는 프리드먼처럼 비즈니스를 주변 환경과 완전히 따로 떼어놓고 보는 시각이 아닐까? 머프와 딜리크브렌칭거는 이런 진단을 내리고 기업의 지속가능성을 측정할 새로운 단계를 도입하자고 호소했다. 이들이 세운 모델은 '비즈니스 지속가능성 3.0Business Sustainability 3.0'이다.[45]

'큰 단절'에서 빠져나올 열쇠는 '큰 재결합big reconnect'이다. 기업은 어떻게 해야 지속가능성 문제를 해결할 수 있는지, 사회든 생태든 경제든 그 해결 방법을 자문해야 한다. 이것이 밖에서 안을 들여다보는 관점이다. 큰 재결합의 관점은 비용 절감과 환경 위험 요소의 축소만으로는 이룰 수 없는 것을 가려보게 한다. 단순히 기존 제품과 사업 모델로 생겨나는 생태적이고 사회적인 폐해를 줄이는 것 이상을 약속하는 게 밖에서 안을 보는 관점이다. '비즈니스 지속가능성 3.0'은 방향을 재조정하는 것이다. 기업의 지식, 경험, 자원, 역량을 새롭게 조화시킴으로써 경제 시스템 전체가 지속가능성이라는 목표를 이루게 하는 제품 및 서비스의 레퍼토리가 되는 것이다. 기업의 목표는 사회 발달의 목표와 일치돼야 한다.

한스디트리히 레크하우스는 자신의 기업을 정확히 이렇게 운영한다. 사업으로 얻는 이득이 사회의 자원을 잠식하는 게 아닌지 그는 자문했다. 결국 자신이 사업을 할 수 있는 배경이 사회가 아닌가. 살충제 시장은 곤충의 생태계를 지켜주기에 이미 너무 크다. 이런 흐름을 빨리 바꿔주지 않으면 생태계는 유지될 수 없다. 하루라도 빨리 밖에서 안을 보는 관점이 필요하다. 곤충이 없다면 어떤 고객이 살충제를 찾을까? 곤충이 수분을 해주지 못하는데 어떻게 식물이 자랄까? 먹을 것이 턱없이 부족한 마당에 누가 몇 마리 파리나 모기를 못마땅하게 여길까?

레크하우스는 인간의 생활에 곤충이 없어서는 안 될 역할을 맡는다고 강조한다. 꽃을 수분해 주는 역할뿐만 아니라, 쓰레기 분해, 토양 개선, 섬유 생산, 사료 공급, 의학, 화학 등 모든 분야에서 곤충은 꼭 필요한 일을 한다. 이들 분야에서 사업을 하는 기업은 레크하우스의 회사에서 필요한 곤충을 공급받을 수 있다. 자신이 설정한 기업 목표를 전체 사회의 목표와 조화시키려는 레크하우스의 발상, 곧 곤충 친화적인 공간은 오늘날 독일과 오스트리아와 스위스에 마련되었다. 필요한 곤충을 공급받는 데 그치지 않고, 자사 제품에 곤충 멸종의 위험을 경고하는 문구를 넣는 기업들은 '곤충 존중Insect Respect'이라는 인증 마크를 사용할 수 있다. 이 인증 마크는 레크하우스사가 학자들과 공동 제작한 것이다.

물론 이런 일은 손해를 감수해야 한다. 그동안 레크하우스의 회사는 매출의 4분의 1을, 순익의 4분의 3을 잃었다. 여론이 곤충 멸종의 심각성을 깨닫고, 마침내 대형 유통업체가 이를 마케팅에 활용해 레크하우스 제품이 주목받기까지 그는 매우 긴 호흡으로, 자신이 올바른 일을 하고 있다는 자부심으로 버텨야 했다. 회사를 팔 생각은 하지 않았다. 동종업계의 총회에 초대받지 못해도 협회에서 탈퇴하지 않았다. 오히려 그는 지속가능성을 어렵게 하는 '정확한 원인'을 알아내려 노력하면서, '성공'을 새롭게 정의하고, 사업의 '목표'를 새로이 확인했다. 그는 새로운 목표를 위해 자신의 모든 지식, 경험, 자원, 회사의 역량을 아낌없이 투자했다.

도넬라 메도즈가 정의한 '지렛점leverage points', 곧 어떤 시스템에 변화를 일으키는 핵심 요소 가운데 가장 효과적인 것은 이 시스템이 지향해야 할 목표의 재정립이다.[46] 목표보다 상위에 있는 것은 오로지 패러다임일 뿐이다. 과학적 기반을 가진 세계관뿐만 아니라 도덕적 신념과 규범적 이야기, 즉 우리의 현실을 형성하고 설명하는 모든 이야기가 있다. 이를테면 민족의 정체성과 단결을 고취하려는 신화와 전설도 규범적 이야기다. 이야기라니까 아이들에게 읽어주는 동화처럼 들리는 사람도 있으리라. 실제로 일어나지 않았던 일을 누군가 지어낸 것처럼 말이다. 하지만 아이는 진짜로 믿는다. 이야기는 이를 믿는 한에서 진실이다.

우리가 즐기는 몇몇 이야기는 실제로 요람에서부터 듣던 것이다. 성별, 피부색, 국적은 출신이나 가문과 마찬가지로 현실을 보는 우리의 시각에 큰 영향을 준다. 인도 뭄바이의 빈민가에서 성장했느냐, 아니면 노르트라인베스트팔렌의 고급 빌라촌에서 성장했느냐는 아무런 차이가 없는 것이 결코 아니다. 세상이 어떻게 돌아가는지 부모가 들려준 이야기는 세상을 보고 살아가는 우리의 자세를 떠받드는 기초다. 물론 부모 역시 이런 이야기를 어려서 그 부모에게서 듣고 자랐다. 하지만 그렇다고 해서 우리가 영원히 부모의 아이로 남는 것은 아니다. 우리는 이야기를 바꾸기도 한다. 누구나 그런 경험이 있을 것이다. 세상을 직접 겪으면서 우리는 다른 것을 보거나, 똑같은 것을 다르게 보기도 한다. 이런 경험이 세상을 보는 시각을 바꾼다. 이런 변화는 감지하지 못하는 가운데 일어난다. 또 많은 경우 우리는 부모가 들려준 이야기와 다른 세상의 모습에 깊은 충격을 받고 위기에 빠지기도 한다. 이야기가 우리에게 얼마나 중요한지는 이런 사실로 여실히 드러난다.

인간에게 동기부여를 해주는 이야기, 사회학에서 말하는 '내레이션Narration'은 사회 발달의 심층적 추동력이 어디서 생겨나는지 추적할 수 있게 해준다. 이야기는 꿈의 나래를 펼쳐 각양각색의 미래를 그려낸다. 오늘날 당연하게 여겨지는 많은 일은 오래전에 이야기에 담겼던 꿈이다. 이처럼 우리가 누리고 사는 세상은 상당 부분이 과거 인류가 꿈꿔온 결과물이다. 우리가 어떤 이야기를 올바르거나 틀렸다고, 듣기 편하다거나 위험하다고, 믿음이 간다거나 말이 안 되는 헛소리라고 여기는지, 그 판단의 근거는 어려서 들은 이야기다. 이처럼 우리가 미래를 꾸려갈 자유는 언제나 그 기본 틀이 이미 정해진 것, 말하자면 미리 형성된 구조를 갖는 것이다.

소통 전문가이자 독일의 베스트셀러 작가인 자미라 엘 우아실 Samira El Ouassil과 프리데만 카리히Friedemann Karig는 500여 쪽이 넘는 책《이야기하는 원숭이Erzählende Affen》에 우리 자신과 사회에 커다란 영향을 미친 이야기들을 수집해 소개하면서 그 각각을 평가했다.

"이야기는 암묵적인 메시지를 담아 세상에 전파한다. 원인과 결과를 따져가며 어째서 이러러한 일이 벌어졌는지, 왜 갈등이 빚어졌는지 그럴싸하게 꾸며가며 계속 사람들의 입을 거치고 우리의 의식 깊은 곳에 일종의 고정관념을 심어준다."[47]

돈은 어떤 일이든 그 실제 가치를 나타낸다며, 그래서 돈을 잘 벌지 못하는 사람은 가치가 떨어진다는 주장 역시 이야기다. 자연은 인간이 자신의 목적을 위해 마음껏 빼먹어도 되는 자원의 창고라고 하는 것도 이야기다. 여성은 허약하다, 세계에는 미개한 문명이 존재한다, 북유럽 출신의 백인이 가장 뛰어난 문명을 건설했다는 것도 모두 이야기다. 이야기는 세상에 회자되는 빈도가 높을수록 그만큼 더 큰 설득력을 가진다.

인간이 이렇게 공유하는 이야기는 예의범절의 지침서와 각종 상황에 대처할 매뉴얼이 된다. 무엇이 적절한 행동인지, 또는 새로운 상품과 서비스를 개발하거나 협력 모델과 인프라를 설계하거나 사업 모델을 구상할 때 참고할 기준이 된다.

물론 이야기는 언제나 다양하게 변형된 형태를 보이게 마련이다. 이야기가 담은 사상 또는 주장을 더욱 설득력 있게 꾸미려고 할 때마다 그에 알맞은 변화를 주기 때문이다. 하지만 학문이 의견과 같을 수는 없다. 학문은 단순한 주장이 아니라, 근거가 제시되는 연구 결과물이다. 지난 2년 동안 거짓말과 가짜 뉴스가 학문 행세를 하는 것을 둘러싸고 벌어진 논란은 뜨겁기만 했다. 특히 팬데믹을 둘러싸고 제기되는 각종 음모론과 주장의 홍수 속에서 학문의 책임 있는 자세가 절실했다. 나는 팬데믹 이전에도 이미 전환의 시기에 학문이야말로 책임을 다하는 역할, 달갑지는 않더라도 무엇이 진짜이고 무엇이 가짜인지 확실하게 가려주는 역할을 감당해야 한다고 생각했다.

하지만 갈수록 사람들이 진실을 알기보다 자신이 좋아하는 의견만을 좇는 풍조를 어떻게 받아들여야 좋을지 혼란스럽다. 한번은 산업연맹 총회에서 이 주제로 강연해 달라는 초청을 받았다. 나는 불편한 진실을 일깨워 주어야 하는, 어찌 보면 달갑지 않은 역할을 흔쾌히 맡기로 했다. 기업들이 지속가능성 문제를 놓고 외부 강사를 초빙한다는 사실부터 신선한 충격이긴 했다. 나는 지속가능한 미래를 향해 나아가는 여정이 어떻게 펼쳐질지 정성을 다해 강연 원고를 준비했다. 하지만 나를 초청한 기업들은 업계가 처한 구체적 상황을 나보다 훨씬 더 잘 알지 않을까? 나는 그저 큰 맥락만 짚을 줄 아는 사람이니까. 얼마 지나지 않아 나는 지속가능성을 최고 안건으로 상정한 이 연례 총회가 새로운 유행이라는 사실을 깨달았다. 물론 지속가능성 주제를 다룬 행사는 오래전부터 치러져 왔다. 그러나 기후와 환경을 명시적인 주제로 내세우고 업계가 행사를 치르는 것은 전에 볼 수 없던 새로운 유행이다. 이 유행이 대세로 자리 잡게 된 것은 2018년에 처음 시작된 운동 '미래를 위한 금요일Fridays for Future', 그레타 툰베리가 기치를 든 이 운동이 일으킨 바람 덕분이다. 기업이 이런 흐름을 따른다는, 심지어 주도한다는 인상을 심어주려 노력하는 것은 놀라운 일이 아니다.

여행업계를 예로 들어보자. 본래 여행업계는 사람들이 즐겨 찾는 여행지, 이를테면 모리셔스Mauritius와 같은 섬이 높아지는 해수면으로 침수되거나, 갈수록 강력해지고 잦아지는 태풍으로 망가지는 것에 별반 관심을 가지지 않았다. 여행객이 이용하는 항공편이

어마어마한 이산화탄소를 발생시킨다는 점은 새삼스러운 비밀이 아니다. 단거리든 장거리든 다른 교통수단을 이용한 여행과는 비교도 안 될 정도로 비행기는 많은 이산화탄소를 배출한다. 그러나 항공사는 사업 모델에 이런 중요한 사실을 전혀 반영하지 않는다. 항공사 대표는 뭐가 문제냐며 코웃음만 친다. 결국 장거리든 단거리든 비행기를 타고 여행하는 선택을 하는 쪽은 고객이기 때문이다. 고객이 지속가능한 대안을 원치 않는데 어쩌란 말이냐고 대표는 눙친다. 독일에서 매년 항공기를 이용하는 승객 수가 4~6% 증가하는 마당에 항공사가 스스로 마다할 이유는 없지 않은가? 2019년 이 성장세가 처음으로 꺾이고 항공사 협회의 통계에 적신호가 켜졌을 때도 항공사들은 여전히 예전의 정상을 회복할 수 있기만을 바랐다.[48]

항공 이용객의 편이와 이윤의 증가를 꾀하면서 지속가능성까지 도모하겠다는 불가능한 목표를 항공사가 이룩하는 방법은 단 한 가지다. 탄소상쇄Carbon offset, 즉 배출하는 배기가스만큼 그에 해당하는 기금을 사회에 환원하고, 항공기 연료를 합성연료로 대체하겠다는 그야말로 전설 같은 이야기다. 이 이야기를 듣는 순간 내가 어떤 역할을 맡아야 하는지 깨달았다. 나는 외부 전문가로 초빙받았다는 자격을 무기 삼아 항공사 대표들이 떠받드는 미래 신화의 잘못된 점을 바로잡아 주어야겠다고 마음먹었다. 회사에서 매일 지속가능성 주제를 다루는 담당자는 '명시된 목표declared purpose'와 '현장의 목표lived purpose' 사이의 모순을 견디기 힘들어한다. 기후 위기와 지속성이라는 큰 흐름을 심각하게 받아들이는 한편, 기업의 수익이 절대적 우선이어야 한다는 현장 사이의 간극이 너무 크기 때문이다. 담당자들은 기업이 '큰 단절'에 사로잡혔다고 느끼며, 수익이 지속가능성을 질식시키는 구조에 어떻게든 변화를 일으키고자 한다. 외부인으로서 그들에게 무슨 도움을 줄 수 있을까 고민하던 나는 탄소상쇄의 한계를 다룬 연구 자료와 사용 중이거나 개발 중인 합성연료의 수준과 양에 관련한 자료를 들고 총회장을 찾았다. 강연에서는 두 가지를 강조했다. 우선 합성연료는 이산화탄소의 배출을 최소화할 수 있는 제품이어야만 하며, 그 생산 과정에서 너무 많은 물을 소비해서는 안 된다는 것이다. 이런 조건을 만족시키지 않는 합성연료는 문제의 해결이 아니라, 문제를 떠넘기는 꼼수에 지나지 않는다.[49] 다음으로 우리가 기후변화를 막고자 한다면 이산화탄소 감축이 너무도 시급한 문제임을 강조했다.

지속가능성 담당자가 차마 입 밖에 꺼내지 못하거나, 혼잣말처럼 투덜거리는 대표적인 불만은 이런 것이다. 과학적 근거를 갖춘 진단과 전망은 업계를 지배하는 이야기와 너무 거리가 멀다. 과학은 이대로 가면 기후 체계가 완전히 붕괴할 것이라고 진단하는 반면, 업계의 신화는 기술 발달로 아무 문제 없이 여행객 수가 계속 늘어날 것이라고 강조한다. 이렇듯 현실과 우리가 그리는 이미지가 서로 따로 놀면, 조기에 문제를 읽어내고 그 해결 방안을 실천에 옮기기 힘들다. 안 그래도 힘든데 더 어려워지는 까닭에 담당자는 속이 뒤집힌다. 왜 몇몇 이야기를 버리는 게 그처럼 어려운지 알고 싶다면 오늘날의 사회 시스템의 뿌리가 무엇인지 추적해야만 한다. 정확히 무엇이 문제일까? 이 뿌리까지 파고들어 가기 위해 우리는 더 캐물어야만 한다. 사회를 떠받치는 이야기에 의존할수록, 이 이야기에 매달려 투자한 게 많아질수록, 우리는 그만큼 더 이 이야기를 놓기가 힘들다.

이러한 충돌은 도넬라 메도즈가 시스템의 변화에 필요한 개입 지점을 정리한 목록에서 최상위를 차지할 수밖에 없다. 옛 이야기에 집착하는 태도는 변화를 막는 걸림돌이기 때문이다. 반면, 문제 해결을 위한 기준과 기술의 정비는 목록에서 저 아래로 밀리게 마련이다. 위기에 대응할 수단은 무엇보다 목표를 확실히 해야만 찾아낼 수 있다. 목표가 수단을 규정한다. 안에서 밖을 보려는 관점이 고집을 부리는 한, '큰 단절'은 지속될 수밖에 없다. 대안을 제시하는 사람은 옛 이야기가 현실의 모순을 의미 있게 해결하지 못한다는 점이 분명해질 때까지 수고를 아끼지 않아야 한다. 하지만 이 지경에 이르면 현실은 이미 흔들리며 무너지고 만다. 옛 이야기를 목표로 삼은 시스템이 붕괴하는 것이다.

이것이 '인테르레그눔'이고, 대전환의 순간이다. 대전환은 거의 어디서나 일어난다. 갑자기 세계 곳곳에서 폭염과 산불과 홍수가 발생한다. 인간이 만든 기후변화의 '임계 감속' 현상은 우리가 믿는 것처럼 날씨가 약간 미쳐서 일어나는 게 아니다.

돌연 '쉘Shell' 같은 거대 석유 기업은 물론이고 독일 정부도 심판대 앞에 선다. 충분한 기후 대책과 목표를 설정하지 않은 탓에 미래 세대에게 너무나 큰 부담을 지웠기 때문이다. 미래 세대는 오늘날 우리가 누리는 것과 비견할 만한 인생을 살 수 없다.[50]

별안간 130여 국가의 정부는 다국적기업을 상대로 최소한의 세금, 이른바 '최저한세'를 부과하기로 계획한다. 기업이 조세회피처를 찾아 각국을 헤집고 다니며 정부들이 서로 경쟁하는 상황을 조장하는 행태를 막자는 것이 이런 세금 도입의 취지다.[51]

갑자기 재생을 강조하는 경제 운동이 일어난다. 기업 내부적인 '큰 단절'에 본격적 공세를 취하면서 이를 '대기업의 이중성'이라고 꼬집는다. 돌연 어떤 사업 모델의 사회적이고 생태적인 효과를 부정적이든 긍정적이든 더 잘 드러나도록 계산한 재무제표가 세간의 이목을 사로잡는다.[52]

이렇게 해서 종말에 가까운 것은 아닐까 하던 뒤숭숭한 분위기에서 새로운 이야기가 등장한다. 어디로 나아가야 위기가 극복될지 그 방향을 제시하는 이야기에 사람들은 열광한다. 하나의 세계가 몰락하고, 새로운 세계가 나타난다. 새로운 세계를 떠받드는 이야기, 제도, 정체성, 기술 그리고 이 사회가 맡아야 할 역할을 놓고 벌이는 논의와 대결은 매우 정치적이다. 옛것이든 새것이든 모든 세계는 특권과 권력과 이해관계를 다르게 배분하기 때문이다.

그럼 차라리 변화하지 않는 편이 더 낫다는 말이 성립하지 않을까? 그럴 수 없다. 우리는 변화하지 않으면 살아남을 수 없다. 거대한 전환은 피할 수 없이 맞닥뜨려야 하는 필연이다. 우리는 이 변화에 어떻게 영향을 줄지, 어떤 방향으로 이끌지, 그 과정에서 생겨나는 단절을 어떻게 최소화할지 물어야 한다. 과도기를 잘 이겨내고, 우리 스스로 운명을 꾸려갈 수 있어야 한다. 우리의 역량 안에서 최선을 다하는 것, 정확히 이런 자세가 필요하다. 시스템의 목표를 새롭게 규정하고, 그 방향에 맞춘 해결책을 찾아야 한다. 케케묵은 목표를 고집하는 한, 치명적인 결말은 피할 수 없다. 누구나 다 그렇게 하니까 나도 어쩔 수 없이 그대로 한다는 태도는 외부로부터 주어지는 변형을 고스란히 감당해야만 한다.

지속가능한 경제활동이라는 목표를 정기적으로 확인하며 모두에게 구속력이 있는 방식으로 실행할 용기를 낸다면 다른 사람들이 따르지 않을지도 모른다는 우려는 줄어들 것이다. 토머스 셸링은 티핑포인트 시기의 행동 방식을 두고 이런 문장을 썼다.

"개별적으로 행동하는 인간은 어떤 결과에 직접 영향을 줄 수는 없지만, 그 결과에서 자신이 어떤 위상을 차지할지는 그 사람의 행동이 결정한다."[53]

성공적인 문제 해결 전략을 평가할 기준과 핵심 지표를 새롭게 정의한다면, 인간은 위험을 두려워하지 않고 재능을 마음껏 발휘해 지금까지와는 전혀 다른 혁신을 가져올 것이다. 인간은 공감 능력을 자랑하는 존재이기 때문이다. 이렇게 우리는 가치를 지키면서 시스템을 바꿀 수 있다. 우리는 허망하게 사라질 것에 집착하지 않고 새로운 것을 만들어내려 노력해야 한다.

"Where attention goes, energy flows, and where energy

flows, life grows."

주목하는 곳에 에너지가 흐르고, 에너지가 흐르는 곳에서 생명이 자란다. 전체론 강의에서 들은 말이다. 중요하다고 판단한 일에 주의를 기울이고 시간과 공을 들이면 불가능해 보이던 일도 이뤄지게 마련이다.

우리는 더 나은 인생을 살아갈 충분한 잠재력을 지닌 존재다. 무엇보다 이 잠재력은 장기적인 안목을 가지고 있다. 다만 우리는 지금껏 어떤 인생이 좋은 삶인지 그 근본을 진지하게 묻지 않았으며, 우리의 소비 형태를 어떻게 바꿔야 긍정적 효과를 낼 수 있는지 생각하지 않았다.[54] 작금의 소비는 어떤 게 진정한 성공인지, 바람직한 자유와 발전은 어떤 것이어야 하는지 거의 고려하지 않는다. 그래서 가치관이 없는 소비가 횡행한다. 이런 식으로는 바람직한 발전과 좋은 인생을 꾸려갈 상상력의 공간이 너무 작다. 문제는 우리가 인위적으로 공간을 이처럼 축소한다는 점이다. 이렇게 해서 모두가 기회를 누릴 수 있는 세상은 어렵지 않을까 하는 근심만 너무 커지고 말았다.

티핑포인트의 불안정한 시기에는 낡은 고정관념을 버리는 태도가 확실하거나 새로운 대안을 아는 것보다 훨씬 중요하다. 오래되어 고장 난 시스템을 멈출 수 있어야만 우리는 비로소 자유롭기 때문이다. 더는 신뢰할 수 없는 이야기는 서류 보관함에 넣어야 한다. 그래야 새로운 정상을 일구어낼 상상의 공간이 마련된다.

돌이켜 반성할 줄 알며 목표를 설정하고 이를 지향할 줄 아는 유일한 생물종인 인간은 현실을 바꿀 기회를 포착할 수 있다. 머리와 손과 심장으로! 바로 여기에 변화를 당하는 것과 스스로 변화하는 것의 차이가 숨어 있다. 동물로 진화하는 게 아니라, 인간으로 발전할 기회가 있는 것이다. 정말 좋은 소식은 인류가 이미 몇 차례 이런 기회를 잘 살렸다는 사실이다. 전환의 과정은 "기술, 시장, 문화, 일상이 함께 진화하는 모습을 보여준다."[55] 모든 것은 이미 있었다. 예를 들어 르네상스와 계몽주의는 서구 역사가 발전의 대표적 사례로 꼽는 것이다. 하지만 우리가 오늘날 평범하다고 받아들이는 문명이 탄생하고 발전하는 일은 결코 탄탄대로를 밟거나, 세세하게 계획되어 이루어지지 않았다. 문명은 새로운 지식과 기술 그리고 새로운 선구자의 연합이 정당한 권력 배분과 정통성 확립을 위해 싸워온 탐색 과정의 산물이다.

르네 데카르트와 토머스 홉스 같은 고전적 자유주의 사상가는 이런 탐색 과정을 '인테르레그눔'의 전형적인 사례로 묘사했다. 개인과 자연, 국가, 경제와 관련한 새로운 깨달음과 사상은 기술 발명과 맞물리며 이를 실현하고자 하는 선구자들을 이끌어 냈다. 이렇게 촉발된 운동은, 덴마크의 사회학자이자 인류학자 비요른 토마센Bjørn Thomassen이 말한 '질서의 총체적 붕괴'를 일으켰다.[56]

이 과정에서 선구자는 과격한 급진주의자로 내몰려 박해당하면서도 봉건주의와 가톨릭이 지배한 이야기와 구조를 무너뜨렸다. '새로운 질서의 원칙을 찾는 탐색 과정'은 그야말로 필사적이었다.

구질서의 붕괴를 찬성하든 막든, 이 시기에는 근원적인 질문이 고개를 들었다. 우리는 어떤 존재인가? 우리는 어떻게 살아야 하는가? 인간의 잠재력은 이런 질문으로 변혁기를 헤쳐 나갈 나침반을 만든다는 데 있다. 그래서 종말론을 연구해 온 학자들은 우리에게 다음과 같은 점을 상기시킨다. 세계의 몰락이란 어떤 하나의 질서가 무너지는 것을 뜻할 뿐, 세계 자체가 무너진다는 뜻이 아니다.[57]

인간은 의미를 찾으며 협력할 줄 아는 존재다. 인간의 사회를 떠받드는 기초는 세계를 설명하며 이 세계를 더 나은 곳으로 만들기 위해 어떤 결정을 내려야 하는지, 그 결정의 근거는 무엇인지 들려주는 이야기다. 이야기가 흔들리면, 이에 기초한 전체 시스템이 변한다. 이 시기에 중요한 것은 명확한 우선순위를 정하고, 바람직하고 가능한 일이 무엇인지 방향을 잡아주며, 의미를 부여해 강한 공감을 심어줄 새로운 이야기의 탐색이다. 뒤를 돌아보는 시선을 앞으로 돌린다면 옛이야기를 놓아버리는 것은 그리 어렵지 않다. 흘러가고 사라지는 도도한 물결은 새로운 것을 가져다준다.

문제를 의도적으로 만들어내는 사람은 아무도 없다. 누구도 문제가 지속되기를 바라지 않는다. 하지만 문제는 끊임없이 이어진다. 문제는 본질적으로 시스템 자체가 빚어내기 때문이다. 시스템의 운영 체계가 바람직하게 작동하지 않으면 이런 문제가 불거진다. 우리가 다시금 직관력을 믿고, 책임 떠넘기기를 멈출 때에만 문제는 사라진다. 시스템을 문제의 원인으로 읽어내고, 이를 새롭게 가꾸려는 용기와 지혜가 절실히 필요하다.[1]

2부 우리는 더 좋은 선택을 할 수 있다

—¦—

우리가 자연적이라며 감수하는 경제의 게임 규칙은
사실 인간이 만들어낸 것이다.
이 규칙을 그대로 유지할지, 바꾼다면 어떤 것을 바꿔야 할지
우리는 결단을 내려야만 한다.[2]

_리안 아이슬러Riane Eisler

모노폴리 게임 규칙

지난 세기 초 비서이자 속기사로 일하던 엘리자베스 매지Elizabeth Magie는 미국 사회에 빈부 격차의 원인이 되는 경제 문제를 알려주 겠다며 보드게임 하나를 만들었다. 그녀가 미국 특허청에 낸 청원 서에는 "되도록 많은 돈이나 재산을 버는 것"이 게임의 목표라고 되어 있었다.[3] 이 게임을 즐기는 사람은 보드에 나누어진 땅을 차 지하기 위해 경쟁을 벌인다. 상대가 이미 차지한 땅에 도달한 사람 은 그 주인에게 임차료를 내야 한다. 막판에 가서 가장 많은 돈을 딴 사람이 승자다.

엘리자베스 매지는 19세기 후반의 유명한 경제학자이자 사회 철학자 헨리 조지Henry George에게서 게임의 영감을 얻었다. 헨리 조지는 비록 그 몇 년 전 사망하기는 했지만, 대중의 인기를 누렸 던 인물이다. 조지는 뉴욕에서 목격한 빈곤과 경제 위기의 원인이 토지의 불평등한 분배에 있다고 보고, 1879년에 출간한 책《진보와 빈곤Progress and poverty》에서 이렇게 썼다.

"모든 사람이 삶의 터전으로 삼아야 할 땅을 소수의 사람이 차지하는 것은 부당하다. 이는 오늘날의 사회를 극빈층과 극부유층으로 나누는 근본적인 불공평이다."[4]

부자는 부동산으로 벌어들이는 수입과 투기를 통해 번 돈으로 갈수록 더 부를 늘리는 반면, 빈민은 먹고살기 위해 계속 임금노동을 할 수밖에 없다. 이런 질곡에서 빠져나올 탈출구로 조지는 토지와 자원에 '단일세single tax'를 부과하자고 제안했다. 생산 활동과 소비, 다시 말해서 노동으로 버는 근로소득과 생계비에는 세금이 붙지 않아야만 한다는 주장이다. 단일세의 도입으로 조지는 갈수록 커지는 불균형을 바로잡을 수 있으리라 희망했다. 빈부 격차의 출발은 소수의 몇 사람은 땅을 소유하지만, 나머지 사람들은 그렇지 못하다는 데 있다는 것이 단적인 사실이다.

엘리자베스 매지 역시 빈부 격차를 심각한 문제라고 보았다. 이런 불평등이 어떻게 작용하는지 보여주고자 그녀는 땅의 소유자가 항상 게임의 우위를 차지하도록 게임을 설계했다. 게임을 하며 한쪽은 계속 돈을 벌어들이며 기차역 또는 발전소까지 소유하는 반면, 다른 쪽은 임차료를 내야만 하는 땅을 전전하면서 파산하는 게 아닌지 전전긍긍한다. '운'이 따라주어야만 은행에서 대출을 받을 수 있는 것이 유일하게 기댈 희망일 따름이다. 게임을 거듭할수록 없는 사람은 더 가난해질 뿐이다. 다만 게임 참가자는 현실과 대비해 그 원인이 무엇인지 빨리 알아차린다. 엘리자베스 매지가 1906년 인터뷰에서 한 말이다.

"게임을 하는 사람들은 매우 짧은 시간 안에 자신이 가난한 이유가 카네기와 록펠러의 재산이 그들이 지출하는 것보다 훨씬 더 많아서라는 걸 깨달을 거예요."[5]

기본적으로 매지는 시스템이 특정 규칙에 따라 움직이며, 이 규칙은 참가자의 자유를 저마다 다르게 제한한다는 점을 게임으로 보여주었다. 그녀는 게임의 결과가 개인적 능력에 좌우되는 게 아니라, 애초부터 규칙으로 정해져 있음을 사람들이 깨닫기 바랐다. 심지어 이런 바람을 게임 설명서에 적어놓을 정도였다.

"시스템이 빚어내는 논리적 결과는 땅의 독점권이 경제 상황을 절대적으로 쥐고 흔든다는 점이다."[6]

이 게임이 의도적으로 현실의 경제활동 모델을 그대로 담으려 했다는 내용이다. 엘리자베스 매지라는 이름은 그녀가 만든 게임과 마찬가지로 거의 잊혔다. 게임에 원래 붙인 이름은 '임대인 게임 The Landlord's Game'이었다. 이 게임을 더욱 다듬어 나온 것이 세계에서 가장 높은 인기를 누리는 보드게임 '모노폴리Monopoly'다.

게임은 사각형의 게임판을 차례로 도는 형태로 이루어진다. 도로, 카드, 기차역, 감옥 그리고 오늘날 '무료 주차장'이라고 불리는 칸이 판 위에 배열된다. 원래 '공원'을 나타내고자 한 이 '무료 주차장'에서는 돈을 낼 필요가 없다. 모노폴리는 그 핵심에서는 100년 전 원본을 똑같이 따른다. 나중에 참가자가 더 빠르게 파산하도록 거리에 집과 호텔을 짓는 것이 추가되었지만, 게임 원리는 변한 게 없다. 오히려 원리는 더욱 강조되었다. 모노폴리가 그리는 세상은 승자는 더 많은 혜택을, 패자는 더 많은 불이익을 맛볼 수밖에 없는 구조다. 바꿔 말해서 가진 자에게 더 많은 것을 몰아주는 세상을 그린다.[7]

규칙으로 불공정을 조장하는 이런 구조를 사람들은 '시스템 트랩', 곧 '시스템 함정'이라 부른다. 거듭 반복되는 시스템 구조상의 오류인 시스템 트랩은 계속해서 문제를 일으키면서 시스템 전체를 위협한다. 대표적인 오류로는 모든 형태의 중독 현상이 있다. 사람들은 특정 상태를 맛보고 유지하고자 계속 더 많은 양의 특정 물질을 찾는다. 그게 약물이든 비료든 수익이든 중독은 피할 수 없다. 이런 '시스템 트랩'은 많다. 일상에서도 이런 함정들에 빠지곤 한다. 흔히 우리는 이런 치명적인 결함을 바로잡으려는 모든 시도에도 오류가 교정되지 않으면 개인 또는 개별 사건에 책임을 돌린다. 하지만 문제의 원인은 시스템의 구조 자체에 있다.

도넬라 메도즈는 《생각의 한계Die Grenzen des Denkens》라는 책에 '시스템 트랩'에서 자주 나타나는 특징을 정리한 뒤, 이 함정이 어떻게 작용하며, 어떻게 해야 벗어날 수 있는지 묘사한다.[8] 앞으로 나는 이 특징들을 좀 더 자세히 살피면서 지구에서 우리가 살아가는 방식, 서로 교류를 하며 경제활동을 하는 방식에 어떤 영향을 미치는지 알아보고자 한다. 어째서 오늘과 같은 지경에 이르렀는지, 어떻게 해야 상황을 바꿀 수 있을지에 초점을 맞출 생각이다. 시스템 트랩이 어떻게 작용하는지 알아낸다면, 악순환에 사로잡히는 일도 막을 수 있지 않을까?

"시스템 트랩은 피할 수 있다."

도넬라 메도즈가 쓴 글이다. 시스템은 기존의 흐름을 그대로 지속하려는 관성을 지닌다. 하지만 동시에 이 관성 때문에 변화의 가능성이 생겨나기도 한다. 무엇이 '함정'인지 그 정체를 알아낸다면, 우리는 '기회'를 잡아낼 수 있다.[9]

모노폴리 안에 도사린 시스템 트랩을 살펴보자. 메도즈는 이 함정을 'Success to the Successfull', 즉 '성공한 사람이 성공하기'라고 표현한다. 이런 시스템은 승자 독식 구조와 다르지 않다. 승자는 자신이 이룬 성공으로 미래에도 더 빛나는 승리를 거둔다. 한쪽은 계속 강해지는 반면, 다른 쪽은 그럴 기회조차 막혀버린다. 이득은 계속 증식하며, 패자의 손실 역시 계속 늘어난다.

탈출구가 있을까? 메도즈는 이 함정을 무력하게 만들 몇 가지 전략을 제시한다. 우선 패자에게 이 의미 없는 경쟁에서 벗어나 새 출발을 할 기회를 공동체가 열어주어야 한다. 말하자면 다각화 전략이 필수다. 승자가 전체 파이에서 차지할 몫의 크기를 제한하는 것도 하나의 전략이다. 이것이 공정거래법을 탄생시킨 배경이다. 또는 승자 독식 구조로 빚어지는 불평등을 끊임없이 손질해 격차를 해소하는 전략도 있다. 이 전략은 교육정책이나 상속세와 같은 수단으로 구체화할 수 있다. 상속세가 없다면 기회 평등은 무너질 수밖에 없다. 어떤 전략이든 시스템 트랩은 시스템이 작동하는 규칙을 바꿔야만 탈출할 수 있다. 그래야만 승자 독식 구조가 깨진다. 엘리자베스 매지도 이미 이런 이치를 읽어냈다.

'임대인 게임'의 초창기 버전에 매지는 '단일세' 규칙을 첨가했다.[10] 똑같은 보드를 이용하지만, 이 버전은 땅을 빌려 쓰고 내는 임차료를 임대인이 아니라 정부에 낸다. 국고로 들어온 돈으로 정부는 기차역을 사들여 무료 대중교통 체계를 만든다. 또 국토의 일정 부분은 국가가 소유해 학교를 세우고 무상교육을 시행한다. 또 주사위를 던져 특정 칸에 도달하면 임금도 인상해 준다. 매지는 이 칸의 이름을 특이하게도 '어머니 지구Mother Earth'라고 지었다. 감옥에 도달한 참가자가 돈을 내고 풀려나는 규칙은 삭제되었다. 공원과 같은 칸에 자리 잡은 빈민가 역시 없앴다. 게임은 여전히 같은 내용이지만, 규칙을 바꾸어 이제는 전혀 다른 결과를 낳았다. 게임의 원래 버전과 마찬가지로 이 변형 버전에서도 여전히 독점권은 남았지만, 이제는 모든 게임 참가자가 돈을 벌었다.

1904년 '임대인 게임'의 특허를 취득하고 난 뒤 매지는 이를 게임업체 '파커 브라더스Parker Brothers'에 팔려고 했다. 하지만 업체는 게임이 너무 복잡하고 정치적이라며 거부했다.[11] 하는 수 없이 매지는 게임을 직접 출시했다. 물론 판매는 저조했다. 그러나 몰래 만든 복제판이 암암리에 거래되면서 계속 다른 버전이 개발되었다. 필라델피아대학교의 한 교수가 그중 하나를 학생들에게 자본주의를 설명하는 교재로 썼다. 미국 북동부의 퀘이커 공동체 안에서 유행한 버전도 있다. 1933년에는 난방기구 외판원으로 일하다가 해고당한 찰스 대로Charles Darrow가 이 복제본 하나를 발견했다. 오스트리아의 기자 미하엘 프뤼러Michael Prüller가 표현했듯, 대로는 이 게임이 가진 잠재력을 한눈에 알아보았다. 대공황에 시달리던 사람들은 이 게임으로 단 몇 분이나마 부자가 된 기분을 맛보았기 때문이다.[12] 대로는 게임을 새롭게 디자인해서 파커 브라더스에 팔았다. 이때부터 '모노폴리'는 세계를 정복하기 시작했다.

출시 첫해에 게임은 거의 28만여 개가 팔렸으며, 이듬해에는 여섯 배로 매출이 폭등했다. 모노폴리는 오늘날까지 2억 5천만 개를 팔아 시대를 통틀어 가장 높은 수익을 올린 보드게임이다.[13] 찰스 대로는 게임 개발자로는 전 세계에서 최초로 백만장자가 되었다. 매지는 경제 불평등이 어떻게 생겨나는지 다룬 교재와도 같은 자신의 게임이 마침내 대중의 손에 들어갔다는 사실만으로 기뻐했고, 파커 브라더스에게 500달러의 저작권료를 받기로 합의했다. 그녀가 어떤 의도로 게임을 제작했는지는 세상에 알려지지 않았다. 그러다가 1970년대에 미국의 한 경제학 교수가 그 함의를 명확히 살린 게임을 만들어 '안티 모노폴리Anti-Monopoly'라는 이름을 붙였다. 이내 저작권 침해로 고소당한 교수는 이 게임이 만들어진 배경을 추적하다 그 원작자가 매지임을 알아냈다. 그리고 탐욕과 무자비한 돈벌이를 상징하는 이 게임이 본래는 우리가 세상을 변화시킬 수 있음을 보여주고자 했다는 것도 새로이 발견했다.

—┼—

인류의 미래를 지킬 방법은 우리 자신 안에서 찾아야 한다.
우리는 저마다 숨은 잠재력을 일깨워 이제부터 목적에 맞게
지혜롭게 활용하는 법을 배워야 한다.[14]

_아우렐리오 페체이Aurelio Peccei

책임 ─ 다르게 배우기

2009년 말 새천년의 첫 번째 금융 위기는 유럽에 도달하기 전 이미 미국을 사정없이 뒤흔들었다. 처음에는 그리스가 문제의 원인을 제공한 것처럼 보였지만, 이내 이 위기는 유로화 위기라는 이름을 얻으면서 일부분이 아니라 전체의 위기로 밝혀졌다. 유럽의 고위 정치가들은 위기를 해결하기 위해 숨 가쁘게 오가며 정상회담을 거듭했다. 뉴스는 국채, 신용 평가, 긴급 구제 자금 따위의 단어로 도배되다시피 했다. 몇몇 국가의 재정 파탄을 막기 위해 천문학적 규모의 돈이 바삐 오갔지만, 본격적인 경제 위기를 막을 수는 없었다. 그리스와 스페인의 청년 실업률은 50%를 훌쩍 넘겼으며, 이탈리아와 포르투갈에서는 청년 세 명 가운데 한 명꼴로 일자리를 찾지 못했다. '잃어버린 세대'라는 말이 등장했을 정도다.[15]

이런 상황에서 유럽위원회는 '유럽 2020Europa 2020'이라는 전략을 들고나왔다. 향후 10년의 성장 의제를 스케치한 이 프로그램은 이른바 '일곱 가지 주력 사업'을 제시했다. 혁신, 산업 정책, 디지털화, 자원 효율성이라는 주요 분야 외에도 청년 문제를 적극적으로 해결할 의지를 위원회는 천명했다. '생동하는 젊음Jugend in Bewegung'은 무엇보다도 유럽에서 학교 중퇴자의 비율을 10%로 낮추며, 대학 졸업생의 비율은 40% 높이는 목표를 설정했다. 다음은 관련 문건에 나오는 표현이다.

"유럽의 복지를 안정적으로 유지하려면 우리는 젊은이들이 필요하다. 젊은이들의 능력과 전문성의 도움을 받아야만 2020년을 위해 설정한 목표, 곧 지능적이고 지속적이며 통합적인 성장을 이룰 수 있다."[16]

이 시기에 나는 브뤼셀의 '세계미래회의World Future Council'에서 일했다. 독일의 공익 재단인 이 단체는 전 세계의 다양한 사람들이 모여 지속가능한 발전을 위한 정책을 연구하고 공유 및 지원하기 위해 설립되었다. 이 공동 연구는 미래 세대의 권리를 지키는 데 초점을 맞춘다. 당시 우리는 어떻게 해야 미래 세대의 권리를 보살피고 보장할 장치가 현재 우리의 제도에 든든하게 뿌리내릴 수 있을지를 집중적으로 연구했다. 그래서 유럽위원회가 구상한 청년 계획이 공표되었을 때, 위원회의 대표들과 유럽의회의 몇몇 의원들을 초대해 단상 토론을 열기로 했다. 그 밖에 모든 정당과 많은 비정부기구 대표, 그리고 특별히 청년 단체 대표를 토론회에 초대했다. 결국 주인공은 미래 세대의 주인인 청년들이니까.

브뤼셀이라는 유럽연합의 심장부에서 우리처럼 비교적 작고 잘 알려지지 않은 재단이 행사를 개최한다는 것은 그야말로 혼을 쏙 빼놓는 경험이다. 브뤼셀에서는 끊임없이 행사가 열린다. 숨 돌릴 겨를 없이 돌아가는 이런 정치 무대에서 사람들의 관심과 주목은 더없이 희귀하고 소중한 자원이다. 어쨌거나 나는 행사를 준비하면서 간식과 음료를 무료로 제공하는 것, 더 정확히는 공짜 파이와 탄산음료를 제공하는 것이 매우 중요하다는 점을 깨달았다. 그리고 패널에는 유럽연합의 산하기관과 되도록 많은 정당의 대표가 포함되어야 한다는 것도 알았다. 그래야 미래 정의라는 주제를 관심 가지고 지켜보겠다는 약속을 받아낼 수 있기 때문이다.

토론회는 성황리에 열렸다. 내가 사회를 맡았으며, 정계와 재계를 대표하는 패널들은 앞다투어 청년의 '구직 능력'이 향상되어야 한다고 강조했다. 그들은 기업이 원하는 직무 능력에 되도록 딱 맞춘 교육이 학교와 대학교에서 이뤄져야 한다고 입을 모았다. 이를 위해서는 대학교와 기업의 긴밀한 협력이 필수라고도 했다. 그때 청중 가운데 한 젊은 여성이 손을 번쩍 들었다. 그녀는 자신을 청년 단체 대표라고 소개하면서 직설적으로 발언했다. 자신이야말로 청년 일자리 전략의 직접적인 당사자이지만, 토론을 들으니 도대체 무슨 말인지 잘 모르겠다고 그녀는 힘주어 말했다.

"선생님들이 어떤 세상에서 살고 있는지 모르겠네요. 현재 상황을 보면서 저는 전혀 다른 의문이 듭니다."

그녀는 기존 시장이 당장 필요로 하는 직업에 사람들을 맞추는 것이 교육의 과제로는 보이지 않는다고 말했다.

"그야말로 사방이 카오스예요. 이 카오스에 대처하도록 도와주는 것이 선생님들의 일이 아닌가요? 우리를 이 카오스를 만들어내는 시스템의 톱니바퀴로 키우는 건 아니잖아요."

좋은 미래, 불확실함이 덜한 미래를 열어갈 생각과 능력과 해결책을 찾게 해주는 것이 교육 본연의 과제가 아니냐고 그녀는 물었다. 이런 미래를 꾸려가려면 정치와 경제와 사회에 어떤 변화가 필요한지 읽어낼 수 있게 해주는 것이 교육이 아니냐고도 했다. 그러면서 자신은 바로 그런 능력을 배우고 싶다고 말했다.

그녀의 발언 이후 토론회장은 물을 끼얹은 듯 조용해졌다. 그녀의 말이 전적으로 옳았기 때문이다. 나는 정치와 학문과 대중을 이어주는 매개 역할을 하면서 이런 순간을 거듭 목격한다. 명확히 "아뇨!" 하고 부정을 하면 그 순간 사람들은 적잖은 충격을 받는다. 이성적인 세상이라면 이런 반론이 나왔을 때 특정 문제를 해결하고자 하는 정책이 소기의 목표를 달성할 수 있는지 함께 머리를 맞대고 토론의 장을 여는 게 마땅하다. 혹시 놓친 측면은 없는지, 있다면 어떻게 보완해야 좋을지 생각을 모아가는 토론은 매우 건설적이다. 그러나 우리 모두가 알고 있듯 현실은 다르다. 합리적인 의견 제시는 흔히 달갑지 않은 시선을 받는다. 사람들은 그저 일상으로 되돌아가고 싶은 마음에 갑자기 웬 코끼리가 나타났나 하는 뜨악한 눈빛으로 애써 외면할 따름이다. 당시 브뤼셀의 토론회에서도 사정은 다르지 않았다. 내가 사회자로서 그 젊은 여성의 질문 요지를 다시금 패널들에게 명확히 전달해 주었음에도.

유럽위원회의 고위 관료와 정당 대표는 맞춤형 직업 교육을 이야기하려 들었다. 그러나 그 젊은 여성은, 위기의 순간 그리고 불안하기만 한 미래에 맞설 진정한 학습을 원했다.

학습은 흔히 시행착오의 결과물로 간주되곤 한다. 문제가 있을 때 우리는 이를 해결하려 시도한다. 이 시도로 얻어지는 경험과 깨달음은 우리가 미래를 위한 결정을 하는 데 영향을 미친다. 예전에 효과를 보았던 것은 미래에도 통할 거라는 믿음으로 유지된다. 이런 식으로 인간과 단체 그리고 사회는 표준으로 삼을 교육체계를 만든다. 후세대를 위한 지식은 이 체계에 저장되어 전수된다. 즉, 미래를 대처할 방법을 과거로부터 배울 수 있다고 믿는다. 다소 오차는 있을지라도 미래는 과거로부터 유추할 수 있다고 여긴다.

그런데 이런 생각이 시대에 뒤떨어진 것이라면 어떻게 될까? 영국의 이론물리학자 스티븐 호킹Stephen Hawking은 밀레니엄으로의 전환기에 지난 세기가 물리학의 시대였다면 이제 맞이할 21세기는 생물학의 시대냐는 질문에 아니라고 즉각 대답하곤 이렇게 덧붙였다.

"다음 세기는 복잡계의 시대가 될 겁니다."[17]

이전의 그 어떤 세대도 자연과 문화와 사회라는 이름의 시스템이 오늘날처럼 복잡하게 맞물린 세상을 경험하지 못했다. 자연과 문화와 사회가 촘촘하게 맞물려 복잡하게 반응하는 탓에 세계는 그야말로 한 치 앞을 알 수 없는 카오스다. 기후변화는 화석연료 사용이 개별 국가 차원에 국한하는 문제가 아님을 확인해 준다. 금융 위기 역시 대형 은행을 구제하려는 국가 차원의 공적 자금 지원만으로는 해결할 수 없음을 분명히 했다. 팬데믹은 보건을 글로벌 차원에서 다뤄야만 한다는 점을 일깨워 주었다. 예방접종이 잘 이뤄지지 않은 국가에서 바이러스가 변이를 일으킬 때 그 파급효과는 국경을 뛰어넘기 때문이다. 러시아가 우크라이나를 상대로 벌이는 전쟁에 미국을 중심으로 일부 국가들이 경제제재에 나서는 것 역시 세계가 네트워크로 맞물려 있음을 여실히 보여준다.

모든 것이 이처럼 복잡하게 얽혀 서로 영향을 주고받는다는 점을 우리는 최근 들어서야 배우기 시작했다. 예를 들어 금융자본이 끝을 모르고 덩치를 키운다고 해서, 상품과 서비스가 무조건 늘어나는 것은 아니라는 점을 부유국 국민들은 최근 들어 직접 체감하게 되었다. 돈이 부족한 게 아니라, 노동력과 자원의 부족이 빚어내는 현상이다. 농사는 풍년인데 수확할 인력이 팬데믹 탓에 턱없이 부족해 예외적으로 외국인에게 체류 허가를 주는 일이 일어난다. 또 국제적 차원에서 동맹을 통해 국가들이 이합집산하는 바람에 국경이 새롭게 조정되기도 한다.

"세계는 글로벌 차원의 국면으로 접어들었다."

미국의 물리학자 폴 래스킨Paul Raskin이 《대전환Great Transition》이라는 에세이에 쓴 문장이다. 그는 21세기 초에 다양한 분과의 학자들과 복잡성이 인류 문명의 미래에 어떤 의미가 있는지 알아내고자 했다.

"글로벌 시스템은 이전의 모든 시기와 근본적으로 다른 모습을 보여준다."[18]

대기권을 연구하는 학자 파울 크뤼천Paul Crutzen을 중심으로
한 연구진이 다듬어낸 '인류세Anthropocene'는 무엇이 문제의 핵심
인지 말해준다. 인류가 지구 환경 시스템에 큰 영향을 미친 시점부
터를 별개의 시대로 설정한 개념이 곧 인류세다.[19] 인류세에 직면
해 중요한 문제는 지금껏 당연하다고 여겨온 믿음과 전제를 시험
대 위에 올리고 정말 사실과 맞아떨어지는지 살피고, 의심스러운
경우에는 과감히 포기할 줄 아는 자세다.

"지구를 책임지는 자세는 충적세에 사로잡힌 우리의 정신 자
세를 업데이트할 것을 요구한다. 인간과 그 터전인 지구와의 관계,
자연에 맞추는 조화로운 결속을 최우선으로 삼아 단 하나뿐인 고
향을 지키도록 우리는 행동해야만 한다."

2021년 노벨상 수상자들이 '우리 별 우리 미래Our Planet, Our
Future'라는 이름으로 발표한 성명서에 나오는 구절이다.[20]

인류세라는 새로운 시대에 인간이 잘 살려면, 무엇보다도 함께
잘 어울려 살려면 어떻게 해야 할까? 어떻게 해야 인류가 인간이
살아가기 바람직한 세상을 만들어갈 수 있을까?

함부르크의 유서 깊은 커피 기업 '야콥스'의 창업주 가문 가운
데 한 사람이 설립한 스위스의 '야콥스 재단Jacobs Foundation'은
주로 청소년을 지원하고 장려하는 사업을 벌인다. 2020년 재단은
향후 우리의 생활 방식과 노동 방식이 어떻게 변화하며, 이에 대

비하기 위해 아동과 청소년이 어떤 능력을 갖춰야 하는지에 초점을 맞춰 연구를 진행했다. 연구 제목도 '미래 기술Future Skills'이라고 붙였다.[21] 이 연구가 집중한 주제는 미래가 어떤 모습일지 누구도 자신 있게 예측하기 힘든 지금 시대에 자라나는 세대에게 무엇을 가르쳐주어야 할까 하는 것이다. 연구는 이 질문의 답을 얻어내고자 네 가지 시나리오를 그렸다. 시나리오가 모델로 삼은 나라는 스위스다. 지구상에서 가장 부유한 국가 가운데 하나인 스위스는 2050년이면 어떤 모습을 보여줄까? 야콥스 재단은 특히 두 개의 카테고리를 중시했다. 북반구의 많은 산업국가는 부유함과 자유를 자랑한다. 여기서 물질적 풍요와 결핍, 자유와 제약을 교차 비교하면 네 가지 시나리오가 그려진다.

첫 번째 시나리오는 '쇠락'이다. 기후변화로 말미암아 세계는 급격한 파괴에 시달린다. 극단적인 기상이변은 전쟁을 야기하며 피난민을 발생시킨다. 전쟁은 다시금 국경을 폐쇄시키며, 무역을 불가능하게 만든다. 금융 시스템이 붕괴하며, 화폐가치는 떨어지고, 민족국가는 분열한다. 사람들은 외부세계와 단절된 채 살아간다. 여행은 에너지 부족으로 생각하기조차 힘들다. 관리가 되지 않는 인프라는 망가진 채 방치되며, 타인을 향한 불신도 크다. 지방에서 물과 나무와 흙 같은 중요한 자원을 더 쉽게 얻을 수 있는 탓에 도시는 텅텅 비고 만다. 생산은 거의 이뤄지지 않으며, 물류망이 무너져 많은 것을 고쳐 써야 한다. 이런 빈곤의 시나리오는 자유를 제한해 많은 일을 꿈도 꿀 수 없게 만든다. 생존에 중요한 능력은 그저 손재주에 국한된다. 그러나 본격적인 어려움은 약탈이나 전쟁과 같은 근시안적인 전략에 매달리지 않고는 생존에 필요한 최소한의 조건을 확보하기가 힘들어진다는 점이다. 그리고 약탈과 전쟁은 상황을 더욱 열악하게 몰아붙일 뿐이다.

두 번째 시나리오에 연구자들은 '긱 이코노미 프레카리아트 Gig-Economy-Prekariat'라는 이름을 붙였다. 비정규직 선호 경제, 곧 비정규직을 양산하는 경제를 뜻하는 'Gig Economy'와 불안정 계급을 뜻하는 'Prekariat'를 조합한 표현이다. 기술 발달이 대량 실업을 초래하는 상황을 두 번째 시나리오는 경고한다. 기계는 인간의 노동력을 노동시장도 복지국가도 감당할 수 없는 규모와 속도로 대체해 버린다. 기업은 디지털 기술을 이용해 지금껏 인력이 제공하던 서비스를 글로벌 플랫폼을 통해 구매한다. 이렇게 해서 디지털 일용 노동자가 폭발적으로 늘어난다. 이들은 부분적으로 예전과 동일한 노동을 하면서도 훨씬 더 적은 임금을 받는다. 같은 직군의 노동자가 너무 많아 경쟁이 극심하기 때문이다. 대부분의 노동은 전 세계 어디서나 처리되고, 이제는 가난한 국가들도 노동시장에 접근할 수 있어 국가 간의 빈부 격차는 줄어든 것처럼 보인다. 그러나 사회의 빈부 격차는 더욱 벌어진다. 많은 사람들이 그야말로 최저생계비로 허덕이며 살아간다. 돈을 버는 사람은 이를테면 인간의 노동을 대신하도록 기계를 만들거나, 개인 정보를 팔거나, 은밀하게 홍보와 광고를 하는 쪽이다. 자율성과 역동적인 시장의 변화에 그때그때 적응할 줄 아는 능력이 중요하다. 공익을 우선시하는 정부 산하의 공기업은 거의 사라졌으며, 대부분 민영화가 되었다. 상품의 거래, 결제 시스템, 노동시장, 커뮤니케이션의 흐름 등 모든 것을 단 하나의 인터넷 플랫폼이 장악해 버렸다. 인터넷 플랫폼은 지구의 디지털 운영 체계로 등극했다. 이 시나리오에서 자유는 공식적으로는 제한받지 않는 것처럼 보이지만, 현실에서는 극소수의 엘리트만이 누리는 혜택이다.

세 번째 시나리오는 기후변화에 대처해 지속가능한 대책을 찾는 것이다. 이 시나리오를 연구자들은 '넷제로Net Zero', 곧 '탄소중립'이라 부른다. 기후 문제를 기술적으로 해결할 수 없음이 분명해지면서 사람들은 더욱 엄격한 대책을 세운다. 세 번째 시나리오에서 사람들은 물질적으로는 부족할 게 없다. 하지만 오늘날 우리가 표준으로 여기는 몇몇 편리함은 포기되어야만 한다. 항공기를 타고 여행하는 것은 말할 것도 없고, 자가용도 대폭 줄어들어 기존에 있던 자동차를 서로 공유해야 한다. 전기는 태양과 바람으로 생산되며, 잉여 전기는 에너지 저장고 역할을 하는 수소를 생산하는 데 쓰인다. 국제 교역은 주로 최신식 범선으로 이루어진다. 하지만 전체적으로 인간과 상품이 이동하는 반경은 엄격히 제한된다. 많은 것이 지역에서 생산되며, 고쳐 쓰고 재활용된다. 어느 모로 보나 세 번째 시나리오가 그리는 세계는 '쇠락'의 시나리오와 닮았다. 결정적 차이는 자유와 물질적 풍요의 제한이 외부에서 강제되는 게 아니라, 인간이 의식적으로 선택한다는 점이다. 이런 강력한 대책에도 기후변화의 속도가 늦춰지지 않을 수 있다. 그럼에도 인내심을 가지고 대책을 꾸준히 밀어붙이면서 그 누구도 피해를 보지 않도록 하는 것이 이 시나리오가 품은 가장 어려운 과제다.

마지막으로 네 번째 시나리오는 '완전 자동화된 AI 시스템'이다. 이 시나리오에서 인간의 노동력은 기계가 완전히 대체한다. 그러나 몇몇 소수의 엘리트만 이득을 보던 앞의 시나리오와는 다르게 이 경우에는 모든 사람이 혜택을 본다. 디지털 독점이 생겨나지 못하도록 국가가 규제하기 때문이다. 데이터를 수집해 독점적으로 이용하는 플랫폼은 이 시나리오에서 존재할 수 없다. 오히려 탈중앙의 분산적 네트워크는 누구나 데이터에 접근하게 한다. 따라서 데이터는 상업적인 이용 가치를 잃는다. 이른바 '오픈 데이터 세계'에서는 누구도 돈을 벌기 위해 일하지 않는다. 인공지능 로봇이 생활에 필요한 근본적인 노동을 떠맡는다. 이제 물질적 소유는 더는 높은 신분의 상징이 아니다. AI가 해결할 수 없는 일에 창의력을 보이고, 그 성과를 다른 사람들과 공유하는 사람이 명성을 누린다. 이 시나리오는 자유가 제한을 받지 않으며, 풍요로움이 넘쳐나는 세계를 그린다. 이런 세계에서는 기술을 이해하고 활용할 줄 아는 지식이 중요하다. 하지만 바로 그런 까닭에 인간은 직접 모든 것을 해결하기보다 컴퓨터와 기계에 의존하게 되고, 그로 인해 인생의 의미를 찾기가 어려워진다. 모든 것을 기계가 대신해 주는 세상에서 인생의 의미는 무엇으로 채울 것인가.

어떤 것에 관심을 가지느냐에 따라 시나리오는 각기 다른 미래를 그려 보인다. 자유롭게 지어낸 유토피아와 디스토피아와는 다르게 각 시나리오는 오늘과 내일을 이어줄 길을 모색한다. 그럴싸한 미래를 찾아 떠나는 여행이랄까. 말하자면 유행의 흐름을 읽어가며 미래의 비전을 그려내고, 데이터를 기반으로 상상력을 펼쳐본 결과가 이런 시나리오들이다. 이에 맞춰 어찌 반응해야 좋을지, 어느 방향으로 유도하고 무엇은 피해야 하는지 함께 머리를 맞대고 생각을 모을 때 우리에게는 기회가 주어지리라. 물론 이 기회는 그 결과가 무엇인지 예측하고 위험을 미리 대비해 막으려는 실천적 행동으로만 찾아진다. 다양한 시나리오로 생각하면 시야가 확장되고 위기에 활용할 여러 가지 대안이 열린다. 어떤 대안이 현실적이고 긍정적인지 묻는 활발한 토론은 문제와 오류가 불거지기전에 예방할 수 있는 해법을 찾아준다.

이처럼 시나리오를 활용하면 보다 더 심오한 가치를 탐색하는 논의로 바람직한 미래가 설계될 수 있다. 또 현실적인 미래를 놓고 어디서 의견 차이가 빚어지는지도 확인해 볼 수 있다.[22] 장기적인 안목으로 우리 아이들의 세상이 무엇 때문에 취약해질지 예측하며 현재의 흐름에 변화를 주는 자세가 바람직하다. 위험 요소가 폭발적으로 늘어나거나 돌발적인 시스템 붕괴에 놀라 허둥지둥 대응하게 되면 피해는 걷잡을 수 없다.

피드백은 외부의 자극에 시스템이 보이는 반응이다. 다르게 배운다는 것은 피드백처럼 수동적으로 반응하는 게 아니라, 장기적인 안목으로 적극적 대비를 하는 능력을 갖춤을 뜻한다. 이는 곧 미래가 찾아오기 전에 미리 대비하고 준비함으로써 미래를 의식적으로 주도해야 한다는 의미다.

어느 시나리오가 들어맞을지, 어긋난다면 어떤 잘못된 전제에서 출발한 것인지 하는 질문의 답은 운명이 정해주는 것이 아니다. 그것은 사회의 변화에 달렸다. 다시 말해서 미리 준비하고 실천하는 자세가 우리의 운명을 결정한다.

영국의 경제학자 빌 샤프Bill Sharpe는 미래가 출현하는 사회적 과정과 이를 통해 미래로 나아가는 데 필요한 우리 자신의 역할을 이해하는 데 도움이 되도록 '세 가지 지평Three Horizons'이라는 모델을 제안했다. 이 모델은 변화가 이뤄지는 과도기에 어떻게 방향을 잡아야 할지, 내일을 위해 이런 변화를 어떻게 활용할지 알려준다.[23] 빌 샤프는 이렇게 서두를 꺼낸다.

"세 가지 지평은 현재에서 빚어질 미래를 가늠해 볼 세 가지 모델이다. 이 세 가지는 우리가 나누는 모든 대화, 모든 생각에 섞여 있다. 세 가지 지평을 인식하고, 집단, 공동체, 국가는 물론이고 우리 자신이 능숙하게 대처하는 능력은 얼마든지 배울 수 있다. 이런 능력은 완전히 열린 미래, 어느 정도 다가와 있는 미래에 대비해 어떤 행동을 해야 좋을지 가려볼 감각이다."[24]

'지평 1'은 현재의 지배적인 시스템, 곧 '현상 유지'를 뜻한다.[25] 이 지평을 잘 이해하기 위해서는 '관리자'의 지식, 곧 현재의 시스템이 어떻게 작동하며, 정상적인 작동을 위해 무엇이 필요한지 정확히 말해줄 전문가의 지식이 필요하다. 쉽게 말해서 현재 운영 중인 가게가 원활하게 돌아가려면 무엇이 필요할지 파악하는 것이다. 그러나 세계가 변화하는 정도에 따라 위기 상황이든, 혁신적 변화든, '현상 유지'는 안일하거나 적절치 않은 태도로 여겨질 수 있다. 어쨌거나 '바람직한 미래'라는 목적과는 맞지 않는다. 갈수록 선명해지는 시스템의 부적합성 탓에 두 번째 지평이 전면에 떠오를 수밖에 없다.

'지평 2'는 기존의 시스템이 더는 미래를 감당할 수 없음이 분명해지는 국면이다. 이 지평에서는 옛것을 개선하거나, 심지어 해체하는 게 좋지 않을까 고민하는 '기획자'가 출현한다. 이들의 혁신이 기존 시스템보다 작동을 잘한다면, 붕괴의 순간, 곧 '티핑포인트'가 무르익는다. 이 시점은 시스템의 현상 유지를 지켜낼지, 아니면 기존 시스템을 대체할 혁신에 투자해야 좋을지 결정해야 하는 지점이다.

꼭 필요한 혁신 외에도 과감하고 실험적인 혁신이 계획되고 시도될 것이다. 작은 규모로 시도되는 이런 테스트가 있어야만 혁신이 성공할 수 있다. 일반적으로 이런 테스트는 실험적 성격이 강하며, 우리가 '정상'이라고 여기는 기존 시스템과 달라 거부감을 일으키게 마련이다. 과감한 혁신 시도는 '선각자'에 의해 이루어진다. 이들은 근본적으로 다른 관점으로 생각하고 일한다. 기존의 것을 개선하는 것이 아니라 완전히 새로운 것을 창조하는 것을 목표로 구슬땀을 흘린다. 이들은 일상의 표면 아래서 오늘날 '정상'으로 통용되는 것을 혁파할 특성을 가진 '가능한 미래'를 일구려 노력한다. 이것이 바로 '지평 3'이다.

세 가지 지평은 미래를 보는 관점과 그에 따른 실천적 행동으로 나뉜다. 무엇보다 이 관점과 행동을 대상으로 삼는 연구는 미래 유형을 세 가지로 정리한다. '현상 유지의 미래'는 전환을 위한 노력 없이 '지평 1'을 고집할 때 생겨난다. '지평 2'는 나름 '설득력을 가진 미래'이며, 이는 전환을 위한 노력을 감행할 때 들어선다. 반대로 '바람직한 미래'인 '지평 3'은 목표를 분명히 설정하고 단계적으로 이루어가려 노력하는 자세로 시작한다. 비록 모든 해결책과 대책이 아직은 분명하지 않다 할지라도 목표를 설정하고 *꾸준히 이뤄가려는* 노력은 더없이 소중하다.[26]

우리는 누구나 이 세 가지 관점을 활용할 수 있다. 사회의 발달은 이 세 가지 관점이 생산적인 긴장 관계를 이룰 때 성취된다. 현재가 '바람직한 미래'로 나아가기 위해, 물론 '지평 1'과 완전히 절연되지 않고 나아가기 위해, 늘 관리자, 기획자, 선각자가 필요한 것은 아니다. 중요한 것은 현상 유지에 집착하는 것이 전향적 피드백을 옭아매지는 않는지, 이로써 빚어지는 단절이 새 출발을 막고 심지어 붕괴로 이어지는 것은 아닌지 유념하는 자세다.

요컨대 혼란스러운 과도기에 슬기롭게 대처하는 방법은 '지평 3'을 유념하는 것이다. '지평 3'을 주목하려는 첫 번째 체계적인 시도는 '로마클럽'의 학자들이 1972년에 발표한 연구 보고서로 결실을 보았다. 〈성장의 한계〉라는 이 보고서는 전 세계적으로 큰 반향을 불러일으켰다. 다만 이 연구가 컴퓨터 시뮬레이션으로 이뤄졌다는 점이 약간 아쉽기는 하다. 시뮬레이션은 다섯 가지 특정 흐름을 주목하면서 이런 흐름들이 장기적으로 어떤 결과를 불러올지 계산해 인류의 미래를 그렸다. 인구 증가, 식량 생산, 산업 생산, 재생 불가능한 연료 소비, 환경오염이 다섯 가지 특정 흐름이다. 연구팀은 이 다섯 요소를 기반으로, 인류가 지금껏 해오던 대로 계속하면 어떤 일이 벌어질지 계산했다. 열두 가지 시나리오 가운데 하나는 '표준 실행Standard Run'인데, 앞서 살펴본 '현상 유지'와 같다. '표준 실행'은 다섯 가지 흐름의 속도를 폭발적으로 끌어올려 21세기 초에서 중반 정도에 이르면 시스템 전체를 붕괴시킨다. 당시 알려진 자원 소비를 두 배로 늘려 잡은 시나리오는 붕괴 시기를 더욱 앞당기는 것으로 확인했다. 적극적인 정책이 없다면 붕괴는 막을 수 없다.

보고서가 다루는 열두 가지 시나리오 가운데 지속가능한 미래를 열어주는 것은 단 두 가지다. 이 두 시나리오는 흐름을 빚어내는 원인과 그 영향을 주목하며 적절한 정책을 실행한다. 주요 의제는 효율적 자원 관리, 지속가능한 농업, 인구 증가의 안정적 관리, 대체 에너지 개발, 식량의 공정한 분배 그리고 물질적 소비가 아닌 삶의 질로의 전환이다.

1972년부터 보고서를 겨눈 비판은 끊이지 않았지만, 보고서에 담긴 근본적 인식은 반박되지 않았다. 오늘날까지 지속가능성 문제를 다룬 모든 대규모 연구는 '현상 유지'만큼은 바람직한 선택지가 아니라고 한목소리로 확인해 준다. 그리고 이런 대규모 시나리오 분석은 미래를 정확히 예측하려는 것이 전혀 아니다. 오히려 관심의 초점은 변화가 어떤 유형으로 진행되는지, 배후에서 이런 흐름을 만들어내는 주요 동력이 무엇인지 밝혀내는 데 맞춰진다. 1972년에 글로벌 차원의 장기적 안목으로 설계된 이 분석은 정말이지 대단한 혁신이었다. 하지만 보고서가 이룬 진정한 성공은 그때까지 함께 묶어 생각하지 않았던 것을 하나의 맥락으로 정리해 냈다는 점이다. 이로써 "인구, 식량 생산, 에너지를 따로 떼어 바라보는 일은 절대 불가능해졌다." 로마클럽의 창설자 중 한 명인 아우렐리오 페체이가 자서전에 쓴 문장이다.[27]

지금 이 책에서 페체이의 말이 옳았는지 틀렸는지 평가하려는 것은 아니다. 물론 나는 로마클럽의 보고서 덕에 아직 개선의 여지는 있다고 기뻐하긴 했다. 지구의 밝은 미래를 위해 훨씬 더 중요한 것은 이 보고서로부터 중요한 결론을 이끌어내야 한다는 점이다. 보고서를 쓴 학자들은 사회와 정치가 전향적 변화에 관심을 가지려면 어떻게 동기부여를 해줘야 좋을지 자문했다. 사람들로 하여금 보고서의 진단을 진지하게 받아들이고 실천에 옮길 동력을 갖게 하려면 어떻게 해야 할까. 학자들은 7년 뒤 〈학습의 한계는 없다No Limits to Learning〉는 제목의 보고서를 다시 발표했다.[28] 국제적 명성을 가진 학자들과 정책가들이 벌인 품격 높은 토론 과정을 이 보고서는 고스란히 담았다. 성장의 외적 한계뿐만 아니라 인간이 바람직한 미래를 열어가기 위해 어떤 마음가짐을 가져야 하는지 그 내적 조건을 밝히려는 게 이 토론의 주제였다. 이 보고서에서 학자들은 '현상을 유지하고 지키려는 학습'과 '혁신을 위한 학습'을 대비시킨다.

학자들이 '유지보수 학습'이라고 부르는 것은 상대적으로 안정적인 피드백인데, '지평 1'이 위기에 빠지지 않게 관리하는 방식이다. 유지보수 학습은 크고 작은 문제가 생겨날 때마다 미리 정해놓은 절차, 실행 계획, 역할 또는 모델로 반응한다. 흔히 '매뉴얼'이라 부르는 것이 이런 대응 방식이다. 사람들이 익숙하게 여기는 덕에 사회적 협력이 잘 이뤄지는 것이 이 대응 방식의 강점이다. 이런 식으로 아무튼 가게는 그럭저럭 유지된다. 이따금 빚어지는 몇몇 소소한 오류는 그때그때 수리와 적응으로 통제되며, 시스템 전체는 안정적으로 돌아간다.

반대로 '혁신 학습'은 익히 아는 매뉴얼이 통하지 않거나, 아예 매뉴얼이 없을 때 그 진가를 드러낸다. 또는 기존 자원, 예를 들어 현상 유지를 위한 노동력과 원자재가 충분하지 않을 때도 마찬가지로 진가를 드러낸다. 혁신 학습은 진정한 변화를 준비하는 배움이다. 혁신 학습에 주력하는 기업가는 '지평 3'에 맞춰 방향을 잡는다. 알기 쉽게 말하자면 양초 제조업자가 양초를 아무리 개선한들 백열전구를 따라잡을 수는 없다. 러시아로부터 공급받는 가스 문제를 예로 들어보자. 그동안 러시아에서 수입하는 가스를 값싸고 편리한 에너지로만 여겨온 것이 정세 변화에 얼마나 취약한지 최근의 상황이 확인해 주고 있지 않은가. 재생에너지를 지금껏 거부하고 반대해 온 목소리는 일거에 힘을 잃었다. 재생에너지야말로 '자유 에너지'라는 사실이 분명히 드러났기 때문이다. 재생에너지의 개발은 더는 미룰 수 없는 우리 시대의 사명임이 자명해졌다. 화석연료에 의존하는 시스템의 티핑포인트가 드디어 찾아왔다. 이제 '지평 2'의 기획자들이 보다 효율적이고 적극적으로 협력할 수 있는 새로운 시스템이 구축되어야만 한다는 점은 부정할 수 없다.

로마클럽이 제시하는 혁신 학습은 표준화한 지표로 개인의 실력을 측정하며 비교하는 것이 아니다. 창의성을 키우고 협력할 줄 아는 사회성을 중시하며 미래의 비전을 읽어내는 능력을 키우는 것을 더 강조한다. 그래야 진정한 발전이 이루어진다. 꼭 필요한 경우 새로운 것을 만들어내는 능력을 장려하는 것이 혁신 학습이다.

현재에서 바람직한 미래로 어떻게 넘어갈 수 있을지, 그리고 이 이행 과정이 얼마나 오래 걸릴지는 구태를 떨치고 새로운 것을 얼마나 일관되게 추구하느냐 하는 자세에 달렸다. 물론 다시 석탄을 캐고, 보조금을 주면서 현재의 유류 공급 체계를 유지하며, 자동차를 계속 타고 다닐 수는 있다. 이렇게 해서 익숙한 소비 행동을 포기하지 않고 기후변화를 더욱 앞당길 수 있다. 이 반대도 가능하다. 우리는 얼마든지 에너지를 절약할 대안을 찾을 수 있다. 이를테면 전기 승합 택시를 이용하고, 이산화탄소를 절감하도록 사회 복지 체계를 갖추는 것이 그런 대안이다.

새로운 시스템의 개발과 구축은 충분한 예측을 통해 이루어지는 것이 이상적이다. 사회가 너무 오랫동안 '현상 유지'에 집착한다면, 미래를 대비할 능력과 자유는 지나치게 제한되고 위험을 자초하게 된다. 변화의 동기가 위기를 맞아서야 자극된다면, 숱한 가능한 대안은 체계적으로 다듬어지지도, 일찌감치 테스트를 거쳐 안착할 기회도 얻지 못하고 만다. 이렇게 되면 우리는 허겁지겁 학습할 수밖에 없다. 이른바 '충격으로 촉발된 혁신'은 조악한 결과로 이어지고 만다. 이런 혁신은 일반적으로 사전에 준비하고 계획적으로 추진해 온 혁신보다 훨씬 더 까다롭고 어렵다.[29] 그래서 학자들은 교육과 학술 연구 체계가 늘 충분한 혁신 학습을 전수할 수 있어야 한다는 결론을 내렸다. 물론 이 혁신 학습에는 자신의 역할을 충분히 숙지하고 협동하는 정신을 키우는 개인의 의식 함양이 반드시 포함되어야 한다.

브뤼셀에서 열었던 토론회에서 질문했던 젊은 여성은 바로 이런 요구를 했다. 그녀는 구습과 타성에 젖은 교육에서 벗어날 기회를 달라고, 그런 전략이 무엇이냐고 물었다. 그녀가 원한 교육은 상상력을 강조했던 중세 독일의 '빌둥가Bildunga'°다. 이미 플라톤은 '동굴'의 비유로 겉보기만 그럴듯한 가짜 지식을 버리고, 항상 배경을 묻는 자세가 중요함을 보여준 바 있다.

대체 무엇이 우리를 움직이게 만드는가? 그리고 장기적인 안목은 우리에게 무엇을 말해주는가?

2014년 처음으로 지속가능성 컨퍼런스에 참석했다. 이전까지는 주로 정치경제학과 국제관계 세미나에만 참석했는데, 아무튼 이때 나는 다채로운 행사에 신선한 즐거움을 느꼈다. 학술대회에서 흔히 보는 논문 더미와 포스터 외에도 음악 연주, 전시회, 모

○ 교육을 뜻하는 현대 독일어 'Bildung'의 어원이 되는 단어다. – 옮긴이

의 토론 등의 번외 행사까지 있었다. 나는 '스톡홀름 회복력 센터 Stockholm Resilience Center'가 젊은 학자들을 초대한 토론회에 참석했다. 스톡홀름 회복력 센터는 사회생태 시스템을 이해하고 지속 가능한 전환 대책에 어떤 것이 있는지 연구하고 제안하기 위해 설립된 기관이다. 지속가능성 문제는 개념 그대로 생태와 사회와 경제의 차원을 두루 살펴야 하기에 스톡홀름 회복력 센터는 학제간 연구에 주력한다. 하지만 이것은 이제 막 학자로 출발하려는 젊은 연구자들에게 걱정을 안겨준다. 학제간 연구는 석사 과정이든 박사 과정이든 까다로울 뿐만 아니라, 취업 전망도 좋지 않기 때문이다. 물론 늘 각종 연구 프로젝트가 이어지기는 하지만, 대개 시한이 정해져 프로젝트가 끝날 때마다 다른 일자리를 찾아야 한다. 게다가 학자로서의 경력에 중요한 장학금, 출판, 수상 등 단일 학제에서는 접하기 쉬운 기회도 학제간 연구에서는 얻기 어렵다. 이유는 간단하다. 사회적 통념은 학제간 연구가 전문성과 거리가 멀다고 보기 때문이다. 바로 그래서 사회는 학제간 연구자를 제멋대로 구는 반항아가 아닐까 의심한다. 이런 의심 탓에 연구자는 본래 극복하려 했던 경계 안에 사로잡히는 역설적 상황에 시달린다.

센터 소속의 여성 연구원 야밀라 하이더Jamila Haider는 동료들과 의기투합해 한편으로는 아웃사이더 취급을 받으면서, 다른 한편으로는 선각자로 받아들여지는 혁신적 학문 연구의 이런 딜레마를 본격적인 연구 주제로 삼아 프로젝트를 진행했다. 하이더는 무엇보다 중요한 문제를 연구함에도 엉거주춤하게 이도저도 아닌 대접을 받는 자신의 상황을 분명히 드러내 보였다. "많은 경우 학문과 연구에서 겪는 불편한 위치"를 무시하거나 체념하는 대신, 하이더가 중심이 된 연구팀은 설문조사를 실시해 얻어진 결과를 논문으로 정리해 발표했다. 이 논문은 시스템에서 차지하는 열악한 위치(교수가 되기 어려운 처지)뿐만 아니라, 시스템 자체(지식 생산에 충실한 학문)의 기존 규칙을 컨퍼런스에서 공식적인 의제로 올렸다.[30]

하이더와 동료들은 학자로서의 불안정한 입지 때문에 이런 비판을 시도한 게 아니다. 이들은 현재 시스템의 규칙이 과연 정당한지, 이런 규칙으로 미래와 관련한 중요한 문제를 감당할 수 있을지에 집중했다. 지속가능성 사회로의 전환이라는 정치적 의제는 이미 선명하게 선포되었다고 보고 이 문제는 거론하지 않았다. 도전적이고 저항적인 태도라 할지라도 친절한 미소를 잃지 않고 차분하게 비판을 이어갈 수 있다면, 현실과 일치하지 않는 편견에 어떤 것이 있는지 알아내고 적극적으로 지워나가는 일은 얼마든지 가능하다. 다시 말해 혁신 학습은 현실의 난제들을 허덕이며 뒤쫓는 게 아니라, 앞서 달리며 편견과 오류를 바로잡을 수 있어야 한다.

과학사학자이자 막스플랑크과학사연구소 소장인 위르겐 렌 Jürgen Renn은 20년이 넘게 비교연구를 해온 경험을 정리하여 펴낸 《지식의 진화The Evolution of Knowledge》에 이런 문장을 썼다.

"우리는 과학이라는 자동차의 엔진룸을 들여다볼 필요가 있다. 객관적이어야 할 과학을 이끄는 엔진도 온갖 선입견과 이해관계로 얼룩져 있기 때문이다. 인류세를 인간이 살아갈 가치 있는 환경으로 가꾸기 위해 우리는 이런 선입견이나 이해관계와 벌이는 일상의 투쟁에 참여해야 한다."[31]

학문 연구는 독창적인 아이디어를 계속 전수하면서 섬세하게 다듬는 작업처럼 보이지만 현상을 유지하려는 기득권의 횡포에 시달리게 마련이다. 야밀라 하이더가 분명히 말했듯, 학문 역시 시스템의 지배로부터 자유롭기 힘들다. 연구 성과는 언제나 해당 시스템의 구조와 규칙과 인센티브의 영향을 받는다.

"과학을 신뢰하는 가장 기본적인 측면, 곧 실험과 증명과 데이터와 객관성과 합리성조차 깊은 역사적 뿌리를 가진다."[32]

렌이 한마디로 요약한 결론이다. 한때는 객관적이고 합리적이라고 인정받았던 지식이 세월의 흐름과 더불어 근거 없는 주장이나 억측으로 밝혀져 역사책에 기록된 사례는 많다. 누가 이 역사책을 쓰고, 언제 누가 그 내용을 바꾸는가 하는 것 역시 그때그때 권력관계의 영향을 받는다. 가톨릭교회가 갈릴레이의 생각을 불편하게 여긴 끝에 그를 압박하고 핍박한 것이 대표적 사례다.

그래서 우리가 지식을 만드는 과정도 세심한 관리가 필요하다. 어떻게 만들어진 지식인지에 따라 해당 사회의 실천 잠재력이 달라지기 때문이다. 학문과 교육과 기술 개발은 사회와 떼어놓고 봐서는 안 된다. 오히려 철저히 사회와 연결지어 바라봐야 한다. 사회는 배움을 바탕으로 그 생명력을 이어간다. 그리고 배움은 항상 현재라는 맥락 안에서 성장한다. 시대가 변하고 있음에도 우리가 의문을 품지 않거나, 그저 약간의 관심만 보인다면, 늘 틀에 박힌 답만 얻을 뿐 진정한 혁신을 이루는 답은 기대할 수 없다. 질문이 그저 겉핥기 수준에 머무른다면, 그 배경을 캐물어 들어갈 수도 없다. 그래서 아웃사이더 취급은 불편하기는 하지만, 배경을 물을 수 있는 능력은 소중하다. 이런 능력이야말로 바람직한 미래로 방향을 잡아주는 첨경이다. 영국의 혁신 연구가이자 정부 자문을 맡는 제프 멀간Geoff Mulgan은 이렇게 분석한다.

"우리가 현재 느끼는 불편함은 어떤 미래가 바람직하며 또 가능한지 그 비전이 부족해서일 수 있다. 이런 불편함은 전 세계 도처에서 나타난다. 어쨌거나 미래 비전의 부족은 좌절감이나 상실감과 맞물려 미래를 보는 근심을 키운다."33

타나랜드의 대학생들과 다르게 하고 싶다면, 우리는 이 불편함을 근본적으로 파고들어야 한다. 그래야 미래를 새롭게 읽고 써나가는 법을 배울 수 있다. 이 문제에 도움을 줄 수 있는 자료로 2013년 유네스코가 발간한 〈사회학 리포트Social Sciences Report〉가 있다. 이 보고서는 '미래 문해력Futures Literacy'이라는 이름으로도 불린다.

"과거와 현재 시스템의 숨은 전제, 당연하다고 여기는 나머지 그 배경을 묻지도 따지지도 않는 전제를 과감하게 캐물으며 미래를 상상할 줄 아는 능력이다."34

미래 문해력은 특정 문제가 왜 빚어지는지 그 맥락을 정확히 읽어내고 정밀하게 묘사할 줄 아는 비판적 사고력이다. 바로 그래서 미래 문해력은 '지평 3'에 맞춘 학습 과정의 핵심 목표다. 가장 중요한 질문은 이것이다. 우리가 원하는 미래는 어떤 모습일까? 이 미래로 나아가지 못하게 우리 발목을 잡는 것은 무엇일까?

"미래 문해력을 갖춘 사람은 상상력을 이용해 아직 존재하지 않는 미래를 왜, 그리고 어떻게 현재로 끌어와야 하는지 설명할 수 있다."[35]

유네스코의 미래예측분과 위원장인 리엘 밀러Riel Miller가 쓴 문장이다. 우리는 잘 의식하지는 못하지만 이미 이런 능력을 사용하고 있다. 어떤 일을 하고 싶을 때 이 일이 가망이 있는지, 다른 사람들은 이 일을 어떻게 여길지 우리는 상상해 본다. 이런 상상은 우리가 내리는 결정뿐만 아니라 어떤 조건을 고를지 선택하는 데에도 영향을 준다. 그래서 미래를 선택하는 상상의 과정을 글로 써보는 것은 매우 중요하다. 생각이 명확하게 정리되면서 어떤 미래를 원하는지 더 명료하게 의식할 수 있기 때문이다.

실리콘밸리에서 산전수전 다 겪은 벤처기업은 미래 문해력의 중요성을 잘 이해하고, 자사의 상품이 가져올 환상적인 성과를 부풀려 이야기하는 데 탁월한 솜씨를 발휘한다. "Fake it till you make it."(해낼 때까지 꾸며봐.) 실리콘밸리의 벤처기업이 투자 기금을 따내려 경쟁할 때 마법의 주문처럼 쓰는 표현이다. 상상력을 동원해 멋지게 디자인한 상품이 가져다줄 미래의 수익에 오늘날 막대한 자본이 앞다투어 몰려든다. 정말이지 새로운 세상을 만들어내고도 남을 돈이다. 하지만 이렇게 생겨나는 현실의 모습은 어떨까? 나는 이 질문을 민주주의의 관점에서 생각해 봐야 한다고 생각한다. 그저 경제적 수익으로만 미래 문제에 접근해서는 안 된다고 본다. 돈이 열리는 나무만 심어 키우는 정원이 무슨 영양가 있는 의미를 우리에게 줄 것인가?

그러므로 사회의 혁신 학습은 무엇보다도 누가 '지평 3'을 정할까 하는 질문도 다루어야 한다. 관리자와 기획자의 관점뿐만 아니라, 사회의 모든 구성원이 두루 만족할 수 있는 미래 비전이라야 민주주의의 요구를 만족시킨다. 벤처 창업가와 번쩍이는 빌딩의 금융사가 미래 비전을 결정하는 유일한 주체일 수는 없다.

예를 들어 1972년 스톡홀름에서 '환경과 개발'이라는 주제로 개최된 첫 번째 국제회의를 마무리하며 유엔이 채택한 결의문을 함께 음미해 볼 필요가 있다.

"인간은 환경의 피조물인 동시에 창조자다. 환경은 물리적으로 인간을 떠받들어 주며, 지적이고 도덕적이며, 사회적이고 정신적인 성장을 이루도록 해주는 기반이다."[36]

이 창조 능력은 국제 교류를 통해 키워주는 것이 중요하다.

그로부터 15년이 흐른 뒤 노르웨이의 총리를 역임한 그로 할렘 브룬틀란Gro Harlem Brundtland은 유엔의 위탁을 받아 이 국제적 교류가 어떻게 이뤄져야 하는지 정리한 보고서를 제출했다.

"인류는 미래 세대의 생활을 위협하지 않고 현재의 욕구를 충족하기 위해 지속가능한 개발로 나아가야 한다."[37]

이 내용에 걸맞은 구호는 이런 것이리라.

"우리 공동의 미래."

그럼 오늘날은 어떨까? 오늘날 우리는 국민의 대표를 자처하는 정치가의 입에서 팬데믹이나 전쟁 같은 위기 상황이 벌어져야만 '공동의 연대'와 '운명 공동체'라는 말을 들을 따름이다. 환경보호에서 사회정의에 이르기까지 공동의 목표를 올바르게 추구하지 못하는 원인은, 아마도 개인과 거의 모든 분야를 장악한 자본이 미래를 공동체의 관점이 아니라 개인의 관점으로만 바라보도록 몰아붙인 탓이리라. 말하자면 공익은 사라지고, 모든 것이 민영화했다고나 할까.

"사회의 공동 목표가 개인의 야망으로 변모해 버렸다."

야콥스 재단의 연구는 이렇게 확인한다.[38]

몇몇 소수가 우리의 미래를 사유화하고, 대다수의 사람은 이에 끌려다니는 상황을 그냥 묵과해도 좋은가? 바람직한 미래는 되도록 많은 사람들이 함께 찾아 실천에 옮겨야 하지 않을까?

우선 좋은 소식부터 챙겨보자. 미래를 열어가는 데 필요한 능력 가운데 많은 것을 우리는 이미 교육으로 장려하고 있다. 호기심과 비판적 사고력은 물론이고 자신감, 다각적 관점, 협업 기술, 문화적 감성, 디지털 복원력, 소통 능력은 서로 조화를 이룰 정도로 뛰어나다.

많은 사람이 이런 교육 혜택을 누릴 수 있을 때 사회의 전환 능력은 그만큼 높아진다. 전환 능력이란 "현재의 시스템이 생태와 경제와 사회의 환경을 더는 감당할 수 없을 때, 예전에 없던 전혀 새로운 것을 과감하게 시도하는 능력"이다. 캐나다의 사회혁신 전문가인 프랜시스 웨슬리Frances Westley의 설명이다.[39]

전환 능력이 중시하는 원칙은 자신의 세계관을 있는 힘껏 방어하는 것이 강함이나 우월함의 증명일 수 없다는 점이다. 반대로 다른 의견에 귀를 기울이며, 자극을 받고 새로운 영감을 얻어내려 노력하는 자세가 전환 능력이다. 사회 학습은 교육기관에만 한정되지 않는다. 학습은 매일 어디서나 이루어져야 한다. 우리가 함께 어울리는 일상에서 끊임없이 배우려는 노력이 바람직하다.

지식과 의지와 실천, 이 세 가지가 맞물릴 때 책임감이 생겨난다. 미래를 열어가는 데 나의 작은 힘이나마 보태겠다는 다짐이 곧 책임감이다. 지식은 현재의 상황이 어떻게 생겨났는지 설명할 수 있는 능력이다. 의지는 미래가 마땅히 이러저러해야 한다는 당위성을 이야기하며, 어떤 수단이 이 희망의 미래를 열어줄 수 있는지 찾는 자세다. 실천은 새로운 미래로 나아갈 첫걸음을 떼며 이 여행을 기꺼이 감행하고자 하는 사회적이고 개인적인 능력이다.

버리고 놓을 줄 아는 자세 역시 혁신에서 빼놓고 생각할 수 없는 부분이다. 어떤 시스템이 수명을 다하면, 퇴임을 말해주는 지표는 많다. 그럴수록 새로운 시도는 더 빠른 속도로 일상에 자리를 잡아간다. 하나의 세계가 사라지고, 다른 세계가 나타난다. 우리 시대의 대전환을 성공적으로 이루기 위해 우리는 산파이자, 동시에 말기 환자의 고통을 완화해 주는 간병인의 역할을 맡아야 한다.

시스템 트랩 — 잘못된 목표 설정

어떤 시스템이 얼마나 잘 기능하는가는 어떤 목표에 맞춰 설계된 것인지 살펴보면 분명한 답이 나온다. 사회와 교육도 마찬가지다. 도달하고자 하는 목표가 명확하지 않다면, 시스템은 희망하는 성과를 내놓을 수 없다. 예를 들어 현재의 시스템에서 누가 또는 무엇이 가장 성공적인지에만 매달리는 사람은 '현상 유지'에서 벗어날 수 없다. 이렇게 되면 유연한 탄력성은 기대될 수 없으며, 혁신 역시 일어나기 힘들다. 되도록 많은 사람들이 책임감을 가지고 바람직한 미래로 나아가기 원한다면, 우리는 교육과 학문과 연구와 학습의 목표를 꾸준히 업데이트해야만 한다.

-¦-

그러나 본질상 무한할 수 없는 모든 발전을 보며
그 발전이 이뤄지는 운동 법칙만 추적하는 것은 아무 의미가 없다.
우리의 지성은 피하지 않고 더 나아간 질문을 던져야 한다.
대체 어떤 목적의 발전인가?
우리 사회가 산업 발전을 통해 추구하는 최종 목표는 무엇인가?
발전이 멈춘다면 인류는 어떤 상태에 남겨질 것인가?[40]

_존 스튜어트 밀 John Stuart Mill

능력 — 다르게 성장하기

골드만삭스Goldman Sachs는 그냥 단순히 투자은행이 아니다. 투자은행이 무엇인지 그 진수를 보여주는 기업이 골드만삭스다. 물론 월스트리트에는 보험사 또는 펀드사와 같은 대형 투자자를 위해 자산을 관리하며, 기업의 인수합병이나 주식거래를 대행하는 다른 금융사도 있다. 그러나 2008년 금융 위기가 불거지기까지 엄청난 성공을 거두어 '금광삭스Goldmine Sachs'와 같은 세간의 감탄과 두려움과 미움을 산 투자은행은 결코 없다. '금광삭스'는 그 실적을 인정해 업계에서 붙여준 별명이다.

2007년 증시가 일제히 폭락했을 때 경쟁사들은 수많은 직원들을 해고해야 했지만, 골드만삭스는 직원들에게 200억 달러라는 기록적인 성과급을 지급했다. 당시 대표였던 로이드 블랭크페인Lloyd Blankfein은 연봉 외에 7천만 달러에 가까운 상여금을 챙겼다. 지금까지 월스트리트에서 그보다 많은 상여금을 챙긴 사람은 없다. 그런데 그가 이런 막대한 돈을 챙길 당시, 미국 전역에서 사람들은 집과 일자리를 잃었다. 각국 정부는 은행의 부도를 막으려 막대한 구제금융을 지원하느라 국채를 마구잡이로 발행했으며, 글로벌 경제는 심각한 위기에 빠졌다. 그럼에도 블랭크페인은 나중에 자신이 한 일과 성과금을 이야기하며 양심에 아무 거리낌을 받지 않았다.

"우리는 기업에 자금을 조달하고 성장할 수 있게 도와줍니다. 성장하는 기업은 부를 창조합니다. 그리고 이 부는 다시 일자리를 만들어주죠. 이로써 더 큰 성장이 일어나고, 더 많은 부가 창출됩니다. 이렇게 해서 성공의 금자탑이 쌓이죠."

그가 《뉴욕타임스》의 기자를 상대로 한 말이다. 금융시장이 무너지면 모든 비즈니스가 무너질 수밖에 없으니 자신의 투자은행은 '사회적 목표'에도 충실하다고 그는 강조했다. 세상이 아무리 적대시하더라도 상관없다며, 자신은 신의 일God's work을 대리하는 은행가일 뿐이라고도 했다.[41]

어딘지 모르게 앞뒤가 맞지 않는 말처럼 들린다. 정확히 뭐가 이상할까? 블랭크페인이 하는 이야기를 간단하게 정리하면 이렇다. 성장이 곧 부를 부른다. 성장이 일자리를 지켜준다. 성장이 혁신을 이뤄주며, 그 반대의 경우도 마찬가지다. 성장이 시스템을 안정화한다. 대다수 은행가와 기업 대표 그리고 정치가의 입에서 흔히 듣는 이야기이기도 하다. 대학교의 경제학 강의에서 이렇게 가르치며, 신문의 경제란과 거의 모든 정당의 정강·정책에도 똑같은 논리가 등장한다. 그러니까 이 이야기는 자신은 실패라고는 모른다고 자부하는 오만한 은행가의 사견이 결코 아니다. 그가 허풍이나 일삼는 위인인 것도 아니다. 그는 자신의 지위가 일반인은 엄두도 못 낼 정도로 오르기 어려운 것임을 잘 알고 이야기했다. 골드만삭스라는 투자은행의 수장은 성장의 신화로 보호받는 자리이기 때문이다. 블랭크페인은 물론 오늘날 골드만삭스의 수장이 아니다. 하지만 이 투자은행은 여전히 '시스템을 이루는 주축 은행'이다. 이런 은행은 '파산하기에는' 너무 크다. 정부는 은행이 위기를 맞을 때마다 공적 자금을 투입해 구조해 준다. 심지어 이 위기가 성장만을 추구한 은행의 잘못으로 빚어졌음에도.

우리는 지금껏 시스템 전체를 이 성장 스토리 위에 세워왔다. 국가, 종교, 성별, 정체성 등 모든 차이를 넘어 인류를 공통으로 묶어준 유일한 스토리는 이것이다. 인류학은 이 성장 신화야말로 지구상의 모든 다른 동물종을 굴복시킨 인류 문화의 원동력이라고 본다.[42] 이 신화에서 벗어난다는 것은 간단한 일이 아니다. 그리고 성장을 긍정하고 받아들인 이상, 우리는 성장으로 빚어지는 모든 것 역시 긍정해야만 한다.

그렇다면 변화는 어디서부터 어떻게 시작되어야만 할까? 이 책은 1부에서 사람들의 용기와 시스템의 변혁이 그 방법임을 밝혔다.

2021년 2월 이제 막 골드만삭스에서 첫 직장 생활을 시작한 젊은 은행원 그룹은 합심해서 만든 파워포인트 프레젠테이션을 상사에게 보냈다. 이 프레젠테이션은 은행이 기업의 사업을 평가하는 보고서, 바로 골드만삭스의 보고서 그대로였다.[43] 차이가 있다면 이 프레젠테이션은 다른 기업이 아니라 바로 본사를 평가했다는 점이다. 젊은 은행원들은 골드만삭스에서 일하는 만족도와 관련해 조사했다. 결과는 그야말로 형편없다는 것을 확인해 주었다. 나중에 이 프레젠테이션이 공개되었을 때도 사람들은 큰 충격을 받았다. 젊은 은행원들은 일주일에 100시간이 넘게 일했으며, 잠은 다섯 시간도 못 잘 정도였는데도 주어진 업무를 다 처리해 내지 못했다. 요구받은 보고서 제출 기한을 이들은 한결같이 너무나 비현실적이라고 여겼다. 신체와 정신의 건강 상태를 입사 초기에 10점 만점에 10점이라고 했던 젊은 직원들은 이제 3점에도 못 미치는 열악한 상태였다. 심지어 삶의 만족도는 고작 1점일 정도로 '매우 불만'으로 확인되었다. 이런 근무 조건이 바뀌지 않는다면, 향후 6개월을 넘기지 못하고 퇴사할 거라고 골드만삭스의 많은 애널리스트가 밝혔다.

"아무것도 먹지 못하고 씻거나 다른 어떤 것도 하지 못한 채 아침부터 자정까지 오로지 일만 하는 나 자신이 어느 순간 보이더라고요."

오늘날 공개되어 누구나 읽어볼 수 있는 설문조사에서 직원 한 사람이 털어놓은 속내다.

"이런 식으로 계속 일만 하다가 내 몸이 어떻게 될까 생각하니 차라리 일을 그만두는 편이 낫겠더군요."

다른 직원은 자조 섞인 투로 이렇게 말했다.

골드만삭스에 취직한 청년을 보며 세상 사람들은 화려한 출세의 티켓을 거머쥐었다고 부러워하게 마련이다. 이 은행에 입사 지원서를 내는 청년만 해도 이미 미국 명문대학교 출신의 최고 엘리트로 인정받으면서, 투자은행계의 귀한 몸 대접을 받는다. 골드만삭스에서는 많은 돈을 벌 수 있을 뿐만 아니라, 정재계의 최고 인맥을 쌓을 기회가 주어진다. 특히 정치 쪽 인맥의 경우 골드만삭스를 따라잡을 수 있는 은행은 거의 없다. 최근 미국의 재무장관을 역임한 열 명 가운데 세 명이 이 은행 출신이다. 유럽 중앙은행의 총재 마리오 드라기Mario Draghi도 마찬가지다. 거꾸로 두 번 유럽위원회 위원장을 지낸 조제 마누엘 바호주José Manuel Barroso는 런던의 골드만삭스 인터내셔널로 자리를 옮겼다. 그때는 영국이 브렉시트Brexit 국민투표를 시행한 지 2주 지난 시점이었다. 《파이낸셜타임스Financial Times》를 상대로 그는 이렇게 말했다.

"브렉시트가 골드만삭스에 미칠 부정적 영향을 최소화하는 데 내가 할 수 있는 모든 것을 하겠다."[44]

직장 생활을 골드만삭스에서 처음으로 시작하는 청년은 익히 그곳의 경쟁이 치열하고 냉혹하다는 사실을 안다. 하지만 어느 지점에 이르러 젊은 애널리스트는 자신이 치러야 할 대가가 너무 가혹하다는 점을 깨닫는다. 이들은 물질적 풍요를 얻는 대신 기본 생활마저 포기하는 선택은 더는 할 수 없음을 분명히 했다. 인생에서 정작 중요한 것이 무엇인지 보는 관점이 바뀌었다. 이들은 돈이라는 위대한 신을 섬기는 신전까지 천신만고 끝에 오르기는 했지만, 신의 일을 대리할 믿음을 잃고 말았다.

오늘날 우리는 성장을 비판적으로 바라보면서도 주로 환경에 미치는 부정적인 영향을 거론한다. 그러나 해수면이 높아지거나, 가뭄이 극심하거나, 산불이나 태풍이 그야말로 초토화시키고 나서야 성장의 위험을 경고하는 건 아무 소용이 없다. 우리는 성장을 기꺼운 마음으로 가치 창조라 부르지만, 이 가치 창조에 비례해 해악도 있다는 점을 간과하는 사람은 의외로 많다. 물론 이 해악은 우리 인간의 경제활동이 자연이라는 시스템에 불러일으키는 폐해다. 우리는 경제성장을 최우선 원칙으로 삼는 시스템이 어떤 피해를 가져오는지 몸소 느끼고 있다. 매일 마시는 식수로 이미 체내에 높은 농도의 질산염과 미세플라스틱이 누적되었을 뿐만 아니라, 지독한 배기가스로 폐가 위협을 받고 있다. 번아웃, 우울증, 공황장애, 불안증과 같은 현상은 오늘날 워낙 다양하게 일어나 아예 '과부하' 또는 '불가항력'이라고 싸잡아 불리기도 한다. 이 모든 현상은 부유한 산업국가에서 이미 일상으로 자리 잡았다. 비만, 당뇨 또는 심혈관계 질환을 부르듯 아무렇지 않게 '문명병'이라 부르는 것 역시 마찬가지다. 그러나 이런 표현 자체가 이미 뭔가 단단히 잘못되어 가고 있다는 확실한 방증이 아닐까.

또한 우리는 이른바 '한계효용'이라는 것이 있다는 것도 안다. 특정 지점에 이르면 소유가 더 늘어난다고 해도 삶의 만족도는 올라가지 않는 것이 한계효용이다. 반면, 물질적 소유 대신 건강, 수면, 원만한 인간관계 그리고 어떤 상황에서든 자신의 인생을 스스로 결정할 줄 아는 능력이 매우 중요해진다. 독일에서 실시된 설문조사에 따르면 사람들은 하루에 3~4시간 정도 자신의 뜻대로 자유롭게 쓸 시간을 무척 중요하게 여긴다고 한다.[45] 물론 먹고 마실 충분한 물적 자원과 안락한 집이 필수 조건이기는 하다. 하지만 물적 기반이 탄탄한 산업국가에서 생활수준이라는 것은 상대적이다. 내가 부자인지 아닌지 정해주는 절대적인 기준은 없다. 다시 말해 이 정도면 충분하지 않을까 하는 질문은 객관적 기준이 아니라 사회적 기준에 따라 답이 정해진다. 하지만 어떤 것이 행복한 인생인지, 그리고 생활, 경제, 소비 방식이 어떤 연관 관계가 있는지는 거의 토론하지 않는다. 왜 우리는 꼭 물어야 하는 질문 앞에서 주저하고 꺼리기만 할까? 도대체 우리의 모든 것을 압도하는 강박의 정체가 무엇일까? 무엇이 무조건 성장하라고 우리를 몰아붙일까?

나는 강의를 하면서 청중에게 눈을 감고 원하는 미래가 어떤 모습일지 한번 느껴보라고 권한다. 말 그대로 느껴보아야 한다. 놀랍게도 원하는 미래가 제각각 다를 수는 있지만, 일상적인 경험이나 삶의 질에서만큼은 목소리가 서로 일치한다. 이어서 나는 청중에게 성장 신화의 몇몇 상징과도 같은 인물, 이를테면 테슬라의 일론 머스크Elon Musk, 메타의 마크 주커버그Mark Zuckerberg 또는 아마존Amazon의 제프 베조스Jeff Bezos를 떠올려 보라고 한다. 그런 다음 업적을 주가로만 계산해서는 안 되는 인물, 예를 들어 마하트마 간디, 넬슨 만델라 또는 마더 테레사를 생각해 보라고 권하면서, 앞의 성장 신화의 우상들과 이들 가운데 누구에게 국가의 지도를 맡겼으면 좋을지 옆자리의 사람과 의견을 나누어 보라고 권한다. 그리고 이런 선택과 함께 어떤 미래가 열릴지도 이야기해 보라고 한다.

이 생각 실험을 하노라면, '빨리 달려라', '더 많은 것을 바꿔라', '실적을 쌓아라' 따위의 요구를 하지 않을 때 우리가 느끼는 압력이 상당히 줄어드는 것이 체감된다. 부자가 될 수도 없고, 심지어 돈을 전혀 벌 수 없음에도, 소중하게 여겨지는 일을 신경 쓰고 돌보는 태도는 인류 역사에서 성공이나 성장 못지않게 중요한 요소다. 그리고 보람 있는 일의 성취는 삶의 만족도를 높여준다. 인간은 이기적이지만은 않기 때문이다. 우리는 꼭 필요하다면 자신을 희생할 줄도 알며, 남을 돌보고 소중히 여길 줄 아는 책임과 결속의 존재다. 그저 끝없이 밀어붙이는 성장만을 발전과 부의 동의어로, 인간이 자연적으로 부여받은 사명으로 여기는 일방적 주장에 나는 할 말을 잃을 때가 많다.

경제활동의 핵심이 무엇인가 하는 질문은 물론 새로울 게 없다. '행복한 인생'은 어떻게 사는 것을 말할까? 250년 전 산업화 초기에 이름 있는 사상가들은 이 답을 찾으려 고민했다. 그중 한 명이 영국의 법학자이자 철학자 제러미 벤담Jeremy Bentham이다. 벤담은 인간이 두 가지 근본적인 감정, '기쁨'과 '아픔'에 지배당한다고 보았다. 무슨 생각과 행동과 의지를 가지든 간에 인간은 더 큰 기쁨을 맛보고 아픔은 되도록 줄이려 한다고 본 것이다.

"옳고 그름의 기준도, 원인과 결과의 연쇄 고리도 모두 기쁨은 늘리고 아픔은 줄이려는 원칙에 지배당한다."[46]

사회 개혁가로서 강력한 영향력을 가졌던 벤담은 행복을 최대화하고 불행은 최소화하려는 것이야말로 인간의 본능이자 인생의 목표라고 보았다. 그에 따르면 어떤 행동의 평가는 도덕이 아니라, 오로지 '유용성utility'을 기준으로 삼아야 한다. 그래서 유용성을 원칙으로 삼는 벤담의 철학은 '공리주의功利主義'라는 이름을 얻었다. 공리주의에서 어떤 행동의 순효용은 사회의 행복에 기여하는지의 여부에 따라 정해진다.

공리주의의 "최대 다수의 최대 행복"이라는 원리는 오늘날까지도 많은 경제 모델이 중시하는 것이다. 이 모델에 따른 경제정책은 효용과 이득을 선호한다. 벤담 이후의 신고전주의 경제학은 화폐가치를 이득의 반영으로 본다. 이 논리에 따라 더 높은 화폐가치는 더 높은 이득을 나타낸다. 이득의 반영이 아니라면 돈을 지불할 이유가 사라지는 셈이다. 다시 강조하지만 벤담에게 있어서 공리주의 사회의 상위 목표purpose는 "최대 다수의 최대 행복"이다. 바꿔 말하면 그 사회의 경제가 올바른 노선을 가고 있는지 없는지는 그 안에서 통용되는 화폐의 총량이 얼마인지로 가늠된다.

하지만 자유주의경제의 선구적 사상가인 존 스튜어트 밀은 몇십 년 뒤 단순히 부의 크기만 강조하는 공리주의로 경제의 모든 문제가 해결될 수 없음을 주목했다. 그래서 1848년 한 가지 중요한 질문을 제기했다. 이미 다른 사람보다 부자인 사람이 그 재산을 두 배로 늘린다고 해서 그것이 과연 성공의 확실한 증표가 될 수 있을까? 이렇게 증식된 재산이 그저 부의 과시 이외에 아무런 이득을 가져다주지 않는다면? 특히 밀은 그처럼 팽창되고 진을 빼는 성장 위주의 경제활동이 자연과 농촌에 어떤 영향을 주는지 관찰했다. 그에게 자연은 더없이 소중했기 때문이다. 관찰 끝에 밀은 물질적 성장이 강하게 일어나는 단계는 일시적이며, 더 많은 물질적 풍요로움이 발전의 목표일 수 없음을 분명히 깨달았다.

"천박한 정신의 소유자들은 천박한 자극을 필요로 하니, 갖고 싶다면 가지게 하자. 그동안 인류 발전의 이 초기 단계를 궁극적으로 보지 않고, 상대적으로 무심하게 지켜본 사람들은 천박한 정신의 소유자가 아닌 것으로 드러났다. (……) 이 초기 단계는 그저 생산과 축적의 순전한 증가일 따름이다."[47]

'행복한 인생'은 밀이 보기에 균형 상태를 이룬 사회에서야 비로소 구현된다.

"누구도 가난하지 않고, 누구도 더 가지고 싶어 하지 않는 사회, 오로지 앞만 보고 뛰는 경쟁으로 남에게 뒤처지는 게 아닐까 걱정할 이유가 없는 사회"[48]가 균형을 이룬 사회다. 밀은 안정적인 인구 증가와 노동시간의 단축이 필수적이라고 보았다. 그래야 인간이 가진 잠재력이 충분히 발현될 공간이 확보되기 때문이다. 그는 경제성장 자체가 목적일 수는 없다고 이해했다. 물론 경제성장 덕에 누구든 부를 늘릴 수는 있다. 하지만 밀은 물질적 필요를 넘어서서 잠재력을 마음껏 펼쳐 삶의 자유를 실현하는 것이 사회의 궁극적 목적이어야 한다고 보았다.

20세기의 가장 중요한 경제학자 중 한 명인 존 메이너드 케인스John Maynard Keynes는 80년 뒤에 정확히 밀의 이런 관점을 그의 에세이 〈우리 후손을 위한 경제 가능성Economic Possibilities for our Grandchildren〉[49]에서 스케치했다. 이 글에서 케인스는 늦어도 100년 뒤에 인간은 근본적인 물질 욕구로부터 완전히 해방되는 시대를 맞이할 거라고 썼다. 물론 전제 조건은 인구의 수가 안정적이어야 한다는 점이다. 기술의 발달과 금융자본이 생산성을 끌어올려 "경제 문제는 (……) 해결된다"고 케인스는 보았다. 그가 말하는 경제 문제의 해결이란 모든 사람이 물질적 안정을 누리는 것을 뜻한다. 기본적인 의식주를 해결하기 위해 2030년에 사람들은 평일에 세 시간만 일해도 충분할 것으로 케인스는 예상했다. 그의 말대로만 된다면 우리는 그렇게 얻어진 많은 시간을 어떻게 활용해야 "지혜롭고 편안하며 잘 사는 인생"이 될지 고민해야만 한다.

케인스는 흥미롭게도 "지혜롭고 편안하며 잘 사는 인생"이라는 표현을 썼다. 존 스튜어트 밀이 자신의 책을 발표했을 때, 하루 동안의 집필 작업은 컴퓨터를 쓰는 오늘날과는 매우 다른 성과를 냈을 게 틀림없다. 그럼에도 그 많은 책들을 쓴 것으로 보아 하루에 상당한 시간을 집필에 매달렸으리라. 존 메이너드 케인스가 에세이를 발표한 1930년에 세계는 경제위기의 한복판에서 몸살을 앓았다. 이런 위기 속에서 대다수 사람들은 물질적 풍요가 넘칠 때를 대비해 인생의 의미를 고민해야 한다는 케인스의 말은 자신들과 전혀 상관이 없는 한가한 소리로 여겼으리라. 하지만 그동안 90년이라는 세월이 흘렀으며, 생산성과 성장을 두고 케인스가 한 예언은 심지어 지나치게 조심스러운 게 아니었나 하는 의문이 들 정도로 맞아떨어졌다. 북반구의 물질적인 생활수준은 케인스가 예언한 8배가 아니라 17배나 더 높아졌다.[50] 기본욕구를 충분히 감당하고도 남을 정도다.

케인스의 예언대로라면 연간 노동시간은 1/3까지 줄어들 수 있으며, 또 그래야만 했다. 그러나 북반구에서 연간 노동시간은 당시에 비해 2/3 수준이다. 그런데 묘한 것은 북반구 국가들에서 생업 활동에 종사하는 인구는 1960년과 비교해 오늘날 10% 더 늘어났다는 점이다. 국내총생산에 종사하는 인구 비율이 약 100년 전과 비교해 더 높다는 말이다.[51] 하루 세 시간 노동은 우리에게 아직도 요원한 꿈이다. 그럼 도대체 우리가 생산성 향상으로 얻어냈다는 그 많은 시간은 다 어디로 간 것일까?

오늘날의 사회는 성장 기계다. 조부모 세대와 비교해 우리는 훨씬 더 풍요로운 생활을 하고 더욱 활발한 사회적 교류를 나누며, 자주 이사를 다니고, 장거리 여행은 예전보다 훨씬 더 자주 다니면서, 배우자와 직업을 바꾸는 빈도를 늘렸다. 활용할 수 있는 정보와 저장된 데이터의 양은 갈수록 기하급수적으로 늘어난다. 반면, 상품과 유행이 그 가치를 잃어버리는 반감기는 점점 더 빨라지고 있다. 케인스 시대에 지구상에 살았던 인구 규모의 두 배 되는 사람들이 오늘날 비행기를 타고 여행을 다닌다.[52] 얼마나 멀리 떨어져 있는지, 또는 얼마나 오래 걸리는지 감지하는 우리의 감각 또한 끊임없이 업데이트된다. 이미 오래전부터 주식시장에서 어떤 주식이 거래될지는 사람이 아니라 알고리즘이 결정한다. 1초를 잘게 쪼갠 찰나의 결정이 중요하기 때문이다. 인간이 스마트폰이라는 단 하나의 기계로 세계를 쥐락펴락하는 일은 예전에는 전혀 볼 수 없었다. 그런데도 우리는 2년마다 새로운 기기로 바꿔야 직성이 풀린다. 아무튼 뭔가 더 빨라지고 성능이 향상되기 때문이다.

영국의 작가이자 강연가인 줄리아 홉스봄Julia Hobsbawm은 2017년에 출간한《완전한 연결Fully Connected》에서 기하급수적으로 이뤄지는 기술 성장이라는 기적이 과연 온당한지 함께 고민해보자는 뜻에서 몇 가지 키워드를 정리했다. '정보 비만Information obesity', '시간 고갈Time starvation', '기술 확산Techno-spread', '탱글 네트워크Network-tangle', '조직 비대Organizational bloat' 그리고 '생명 정체Life gridlock', 이렇게 다섯 가지가 그 키워드다. 속도와 기가바이트로 대변되는 성장에 놀라는 대신 홉스봄은 갈수록 불안해지는 것, 곧 '사회의 건강'을 주목한다.

"동기부여가 되지 않거나, 꽉 막히고 억눌리며 잘못 관리되는 상태, 또는 제대로 기능하지 않는 환경에 처했다고 느낄 때 우리는 생산적일 수 없다. 그러나 대다수의 노동과 정치는 안타깝게도 정확히 이 기능장애 현상을 보여준다. 우리가 잃은 것은 사회의 건강이다."[53]

혹시 어떻게 지내느냐는 질문에 이렇게 답한 적이 있는가?

"아주 잘 지내, 지금 좀 바쁜 거 빼면."

숨 가쁘게 살면서 잘 지내본 적이 언제인지 기억조차 까마득한 사람들이 적지 않을 것이다. 그렇다면 5년 뒤에는 달라질 수 있을까? 오히려 더욱 바빠져서 옛날이 더 편했다고 한탄하지 않을까? 대체 어느 정도나 되어야 충분히 만족할 만한 발전인가? 끊임없이 새로운 기준이 만들어지고, 이만하면 충분하다고 자족할 때는 절대 찾아오지 않을 것처럼 보인다.

시스템 이론의 관점으로 바라본 현대사회는 구조적으로 균형을 잃어버린 시스템이다. 안정적 균형을 이루기 위해 시스템은 바깥에서 에너지를 끌어들이고 더 빠르게 작동한다. 시스템은 갈수록 더 복잡해지며 갖은 생태 파괴와 사회 혼란을 빚어낸다. 그럴수록 시스템은 성장에 치중한다. 다시 말해서 더욱 빨라지고 복잡해지면서 이런 문제들을 가리려 한다. 루이스 캐럴Lewis Carroll의 소설《거울 나라의 앨리스》에서 붉은 여왕이 앨리스에게 한 말이 떠오르는 대목이다.

"여기서는 힘껏 달려야만 이곳에 겨우 머무를 수 있어."[54]

제자리에 있고 싶으면 죽어라 뛰어야만 한다고 성장 위주의 시스템은 다그친다. 성장에 집착하는 현대사회에서 인간은 발을 헛디뎌 휘청거려야만 숨을 고를 수 있을 따름이다. 오로지 가속화와 생산 증가만이 정상으로 인정받는다. 이 논리에서 빠져나오지 못하는 한, 성장으로 생겨나는 모든 문제를 해결하려는 시도는 겉만 그럴싸하게 꾸민 속임수에 지나지 않는다. 성장 위주의 사회에서 우리는 쳇바퀴 안을 달리는 다람쥐처럼 아무리 뛰어봐야 제자리에 붙잡혀 있을 뿐이다.

발전이라는 게 무엇인지는 대체 누가 정하는가? 인간인가, 아니면 성장에만 치중하는 시스템인가? '행복한 인생'이라는 목표는 기술 발달의 꽁무니만 따라 뛰면 성취되는가? 이제 그만 달려도 된다고는 누가 정하는가?

물론 살아 역동하는 시스템은 늘 변화하게 마련이다. 그리고 우리는 이 변화에 적절히 반응해야만 한다. 하지만 어떤 반응이 적절한지는 시스템이 어떻게 작동하는지 그 역동성의 원리를 살펴봐야만 알 수 있다. 사람들이 기본적인 의식주를 해결할 수 없는 물질적 부족에 시달린다면, 생산량을 늘리는 것이 대단히 중요한 일이다. 그럼에도 여전히 우리를 사로잡고 놓아주지 않는 질문이 있다. 우리가 본래 이룩하고자 하는 목표가 무엇인가? 이 목표를 달성하기 위한 행동으로 환경은 어떤 영향을 받는가? 그리고 이 환경과 맞물려 일어나는 연쇄반응은 어떤 것일까?

어떤 시스템이 계속 속도를 끌어올리며 성능 향상에 몰두하다가 한계에 부딪힐 때 과부하가 생겨난다. 과부하란 시스템이 본래 가진 능력 이상으로 많은 것을 내놓느라 무리하다가 일으키는 현상이다. 단기적으로야 시스템은 과부하를 감당할 수 있다. 특히 자연과 같은 복잡계는 단기적인 부작용을 견뎌내는 데 있어 세계챔피언급의 실력을 자랑한다. 그러나 과부하로 입은 피해를 복구하고 재생할 시간이 주어지지 않는다면, 복잡계라 할지라도 견디지 못하고 심각한 손상을 입는다. 자연이 이럴진대 인간은 두말할 필요도 없다. 골드만삭스의 직원에게도 하루는 24시간일 따름이다. 그럼에도 왜 우리는 계속 성장에만 매달릴까?

영국 경제학자 프레드 허슈Fred Hirsch는 1976년에 펴낸《성장의 사회적 한계Social Limits to Growth》에서 바로 이 질문을 추적한다.[55] 본래 허슈는 이 책에서 케인스의 예측이 왜 전체적으로 맞아떨어지지 않았는지 그 원인을 찾고자 했다. 부자들은 이미 충분히 가졌는데도 어째서 더 가지려 들면서 안 그래도 허덕이는 사람들을 더욱 어렵게 만들까? 어째서 부유한 사회는 물질적 풍요를 누림에도 분위기가 암울하기만 할까? 때로는 부유한 사회가 가난한 사회보다 더 삭막하고 불만이 가득한 이유는 무엇일까?

허슈는 우리가 '성장'이라는 말로 떠올리는 전형적인 이미지부터 살피기 시작했다. 성장은 재화와 서비스, 그리고 이런 것이 인간에게 가지는 가치를 포괄한다. 직접적인 이용 가치는 간단하다. 이가치는 소비 상황, 곧 겨울을 따뜻하게 나게 해주는 난방, 배고픔을 해결해 주는 빵, 나의 능력치를 끌어올리는 한 시간의 교육처럼 나의 생활과 직접적으로 맞물린다. 그러나 허슈는 경제학의 고전적 관점을 넘어서 사회학의 관점에서 이런 가치가 어떤 의미가 있는지 관심을 가졌다. 사회학의 관점이란 이미 재화와 서비스가 충분히 많음에도 그것들을 더 만들어내는 것이 어째서 더 나은지 사회 전반에 비추어 정확히 이해하려는 노력을 뜻한다.

　허슈가 찾아낸 답은 사회적 이용 가치가 올라갈 것으로 기대하기 때문에 우리가 성장에 매달린다는 것이다. 사회적 이용 가치는 해당 재화나 서비스의 소비가 개인적 취향과 맞는 것과는 상관이 없다. 사회적 이용 가치가 중시하는 핵심은 다른 사람도 그것을 가지고 있는가다. 다시 말해 그 소비가 나에게 사회적으로 특별한 위상을 확보해 줄 때 재화나 서비스도 사회적 가치를 지닌다. 나에게 더 좋은 기분을 선물해 주는 이 재화를 허슈는 '위상 재화'라 부른다. 그는 위상 재화가 우리로 하여금 성장에 매달리게 한다고 주장한다. 성장의 다른 동력과 마찬가지로 위상 재화는 평소 별다른 문제를 일으키지 않는다. 다만, 기하급수적으로 늘어나는 동력이 목표를 넘어서서 과잉 성장을 불러일으킬 때 위상 재화는 전체 시스템의 균형을 무너뜨린다. 허슈는 이렇게 해서 '사회적 결핍'이 초래된다고 진단한다. 이렇게 볼 때 성장 사회는 최대 다수의 최대 행복을 결코 만들어낼 수 없다. 오히려 서로 밀치고 다투는 무한 경쟁이 나타날 뿐이다.

　누구나 더 많이 가지려고 하는 통에 지구라는 한정된 공간에는 물리적 협착이 나타난다. 갈수록 더 많은 사람이 더 많은 자동차를 탄다는 것은 자유가 아니라 정체를 빚을 뿐이다. 한편으로 경쟁이 우리의 유전자에 각인되면서 하루 세 시간 근무는 정신 나간 소리가 되고 만다. 어떤 재화는 대다수 사람이 접근하기 힘들 때에만 사회적 위상이 결정된다. 그러므로 예전에는 엄두도 내지 못한 물건을 가질 기회는 오로지 경제성장만이 제공할 수 있는 것처럼 보인다. 장기적인 안목으로 이런 경제성장이 무엇을 뜻하는지는 쉽사리 드러난다. 우선, 물질적으로 부족한 게 없음에도 어떤 재화는 서로의 생활수준을 비교할 때만 사회적 위상을 상징할 수 있다. 둘째, 이로써 나의 위상이 더 낫다고 여길 수 있는 기준은 계속 올라간다. 더 좋은 것을 더 높은 위상으로 누린다는 말은 사회적으로 다양한 측면에서 결핍을 피할 수 없음을 뜻한다. '사회적 결핍'은 결국 최대 다수를 위한 최대 행복이 말이 되지 않는 논리임을 확인해 준다.

공간 협착의 예로 호숫가의 토지를 살펴보자. 그런 땅은 규모가 제한적인 탓에 그 가치가 두 배로 높다. 지자체가 그 땅을 팔아 재정을 메우려 한다면, 이내 호숫가에는 남은 땅을 찾아보기 힘들 정도로 건물이 들어설 것이다. 대다수 사람은 이 땅에 접근조차 하기 힘들다. 땅값은 갈수록 비싸지고 사람들이 여가를 즐길 공간은 턱없이 부족해진다. 그런 땅을 살 여력이 없는 사람은 물론이고, 필요한 돈을 어렵게 마련한 사람도 큰 좌절감을 느낄 수밖에 없다.

사회적으로 협착이 일어나는 '사회적 결핍'의 예는 고액 연봉의 직업이나 뜨거운 관심을 받는 배우나 가수 같은 직업에서도 나타난다. 이런 자리도 매우 제한적이다. 하지만 사람들은 앞다투어 이들 직업에 필요한 교육을 받고 치열하게 준비한다. 경쟁은 이루 말할 수 없이 냉혹해진다. 경쟁 끝에 극히 소수만 선택받고 대다수는 탈락하는 가혹한 상황은 사회가 성장한다고 해도 절대 나아질 수 없다. 호숫가 땅이 귀하다고 해서 성장에 매진해 지구를 네 개 더 복제하고 무수히 많은 호수를 만들 수야 없는 노릇 아닌가. 허슈는 이렇게 핵심을 정리한다.

"경쟁에서 이긴 승자가 높아진 구매력으로 얻는 이익이야 분명하다. 하지만 사회 전체의 구매력을 총합해 보면 그 이득은 0이다. 개인의 발전과 사회 전체 발전 사이의 결합은 끊어져 버렸다."[56]

사회적 위상을 둘러싼 경쟁은 결국 사회를 무너뜨릴 갈등의 도화선이 된다. 너의 늘어나는 재산은 언제나 나의 손실이니까.

부의 성장은 몇몇 소수의 부는 늘릴지라도, 사회 전체는 갈수록 더 어려운 상황을 겪게 하는 역설이다. 위로 올라가려는 부단한 노력이 이 역설을 해결해 줄 수는 없다. 나도 위로 올라가고 말겠다는 불타는 의지는 도박에 빠져 판돈만 키울 뿐, 도박 자체를 끝내지 못한다. 위상을 중시하는 사회에서 사는 사람은 판돈을 높이는 쪽이 합리적이거나 불가피한 선택으로 보인다. 그리고 러닝머신에서 끊임없이 달리면서 갈수록 높아지는 성장 압력에 결국 선수는 나가떨어지고 만다. 높은 위상에 오르면 자유롭게 살 수 있으리라던 기대는 박살이 난다. 대다수 사람은 "원하는 것을 얻기 위해 그게 어떤 것이든 해야 한다고 여긴다"[57]는 허슈의 진단은 간단히 말하자면 사람들이 갈수록 도덕을 등진다는 뜻이기도 하다. 성장 사회가 내거는 행복과 자유의 공약은 실현될 수 없는 공염불이다. 사회적 결핍 현상이 왜 빚어지는지 살펴보면 이런 결론은 피할 수 없다.

무엇인가 긍정적인 변화가 이뤄지려면, 인간 자체가 바뀌어야만 할까? 허슈는 자신을 다른 사람과 비교하고 이들을 능가하고자 하는 인간의 자연적인 성향을 억지로 수정할 수는 없다고 여겼다. 그 대신 다른 사람과 나누고 협력할 자세를 키워주는 교육이 이뤄져야 한다고 봤다. 인간은 경쟁하면서도 협력할 줄 아는 존재이기 때문이다. 그래서 오히려 이러한 인간의 성향 중 어떤 성향에 의지하고 사회구조에서 이를 촉진할 것인가를 더 중시해야 한다.

시장경제는 초창기에 역설적으로 그 이전의 강력한 사회 풍조 덕분에 성공적으로 안착할 수 있었다고 허슈는 설명한다. 이전의 풍조는 상호 배려를 강조했다. 그러다 시간이 흐르면서 개인의 이해관계를 강조하는 것이 보편적 규범이자 조직 논리로 자리 잡았다. 체계론적으로 말하자면, 상호 배려를 약화하면서 행동 방식의 균형을 무너뜨리고 개인의 이기심을 강조한 것이 시장경제다.[58] "경쟁을 최소화하고 개인의 선택 가능성을 보장해 주는" 강점은 세월이 흐르면서 개인에게 "자신의 입지를 극대화하는 것만이 최선"이라는 그릇된 인식을 각인시키는 약점으로 변모했다.[59] 이로써 누구나 노력만 하면 자신의 위상을 극대화할 수 있다는 환상이 생겨났다. 하지만 현실에서 이런 극대화는 극소수의 인물에게 한정될 수밖에 없다.

성장의 사회적 한계는 허슈에 따르면 오스트리아의 경제학자 프리드리히 하이에크Friedrich Hayek와 영국의 경제학자 에드먼드 버크Edmund Burke도 경고했다. 허슈는 이 두 사람이 보수적 자유주의자임에도 이런 시각을 가졌다며 놀라워한다. 전체는 부분의 총합이 아니다. 개인의 가치 평가를 죽 늘어놓고 합산하면 늘 왜곡된 측정값이 나온다. 개인의 가치 평가를 비판적으로 걸러도 왜곡은 피할 수 없다.[60]

그럼 어떻게 해야 전체를 정확히 가려볼 안목을 회복할 수 있을까? 허슈는 부를 추구하는 개인의 성향과 사회 발달의 방향이 어떻게 맞물리며 작용하는지 보는 관점의 변화를 촉구한다. 사회적 목표를 염두에 두면서 각종 지표를 살피고 개인 간의 갈등을 해결할 방안을 찾을 때 전체는 조화로워지기 때문이다.[61] 사회가 경계를 설정하고 그것을 유지하기 위해 공개적·민주적으로 논의하지 않는다면, 사회적 결핍은 극복될 수 없다. 실제로 부유한 산업국가에서 결핍은 경제적 문제가 아니라, 사회적·문화적으로 풀어야 하는 과제다. 전체를 바라보는 관점은 그러므로 개인의 선호도는 물론이고 타인의 상황까지 함께 살피는 것으로 변화해야 한다. 이런 관점을 지켜나갈 때 어느 경우에 어떤 행동이 적절한지 판가름할 윤리적 지침이 마련된다. 경쟁이냐, 연대냐 하는 식으로.

"자유주의경제가 지배적인 힘을 발휘하며 저지른 죄악 가운데 하나는 두 경우 간의 경계가 무엇인지 개인이 더는 알지 못하게 가려버린 것이다."[62]

이런 통찰은 밀과 케인스도 선보였다. 케인스는 만족하기 위해서는 일에만 매달려야 한다고 했던 "우리 안의 옛 애덤"이 힘을 잃으려면 적지 않은 세월이 필요할 것이라고 봤다. 그가 말하는 '옛 애덤'은 애덤 스미스다. 케인스는 애덤 스미스의 관점대로 경제적 보상 시스템과 사회구조를 꿰맞추는 것은 의미가 없다고 보았다. 사회적 위상을 둘러싼 힘겨루기만 강조하는 관점으로는 만족한 지점을 절대 찾을 수 없다.

경쟁을 강조하는 사회에서는 반대의 질문만 난무할 따름이다. 다른 사람들은 왜 저렇게 많이 가졌을까? 2005년《내셔널지오그래픽》은 장수 비결을 알아내고자 주민들이 특히 오래 사는 전 세계 다섯 지역을 찾아다녔다.[63] 이른바 '블루존Blue Zones'은 사르디니아, 그리스, 일본, 코스타리카, 캘리포니아 이렇게 거의 모든 대륙에 고루 분포되어 있다. 문화는 저마다 다르지만, 이 지역들의 주민은 몇 가지 공통점을 보여준다. 연구자들은 이 공통점에서 그들이 다른 지역 주민보다 어째서 훨씬 더 오래 살고 건강한지 원인을 찾아낼 수 있을 것으로 짐작했다. 먼저 블루존 지역 주민들은 모두 가족을 중시한다. 다시 말해 가장 가까이 있는 사람을 소중하게 여긴다. 그리고 공동체를 위해 뭔가 이바지할 수 있는 일에서 삶의 의미를 찾고 충족감을 느낀다. 자신이 공동체의 일원이라는 점에서 이들은 자부심을 느낀다. 그리고 모두 적절한 신체 활동을 빼놓지 않았다. 과식하지 않고 적당량을 즐기며, 야채류를 주로 먹고, 담배는 피우지 않지만, 이따금 와인을 한잔 즐기며 스트레스를 다스릴 방법을 알았다.

이 사람들이 만족한 인생을 사는 게 놀라운 일일까? 아니, 나는 놀랍다고 생각하지 않는다. 건강하게 오래 사는 비결은 아무래도 속도에 치중하지 않고, 한 가지 일에만 너무 매달리지 않는 활동인 모양이다. 규칙적으로 생활하고 운동을 충분히 하며 건강한 식생활과 주기적으로 챙기는 기념일, 그리고 만족스러운 교류는 생활이 단조로움에 빠져 우울해지는 것을 막아준다. 그렇다고 해서 이런 사회에 성장과 발전이 없는 것은 아니다. 다만 성장과 발전의 규정이 다를 뿐이다. 블루존의 주민들은 자기 뜻을 펼치려 인생을 살지만, 자신의 위상을 다른 사람보다 높이려 하지는 않는다. 이렇게 해서 성장하는 것은 인생이라는 시간이며, 건강과 의미다. 이렇게 창조되는 가치는 경제학자가 성장을 측정하는 화폐가치로는 측량할 수 없는 것이다. 다르게 성장한다는 것은 다르게 측정함을 뜻한다. 물적 성장에 치중하는 가치로는 우리가 추구하는 목표가 이뤄졌는지 그렇지 않은지를 전혀 알 수 없다. 숫자도 이야기를 들려주게 마련이다. 지폐에 적힌 숫자가 아닌 의미가 부여된 숫자, 이를테면 여유롭게 보낸 시간의 숫자, 친구의 숫자를 중시하면 이야기가 바뀐다. 바뀐 이야기에는 혁신, 기술, 규칙, 협업이 뒤를 따르며, 세계와 나를 다르게 체험할 수 있게 해준다.

헝가리 출신으로 미국에서 활동한 심리학자 미하이 칙센트미하이Mihály Csíkszentmihályi가 말한 '몰입 이론Flow Theory'을 잠깐 떠올려 보자. 그는 1970년대에 도전 과제를 성취한 사람의 마음은 어떨까 하는 의문을 품었다. 환희에 가득 찬 이런 순간은 다들 알듯이 아주 잠깐 황홀경에 빠지는 순간이다. 일단 이 감정을 맛본 사람은 계속해서 그와 같은 상태에 도달하려 추구한다. 칙센트미하이는 이런 상태를 '플로우'라 불렀다.[64] 그의 실험에 참여한 예술가, 운동선수, 학자는 그런 순간에 마치 물 위에 떠서 부드럽게 흘러가는 듯한 느낌을 받았다고 한다. 이런 경지의 황홀감은 당사자의 인격과 도전 과제와 상황이 조화를 이루면서 생겨난다. 꾸준한 훈련으로 다져진 실력과 침착함을 유지할 줄 아는 여유로 게임을 즐기듯 하면서도 최선을 다하는 자세가 황홀감을 맛볼 수 있는 기초다. 중요한 것은 맡은 과제가 지나치게 쉽거나 어렵지 않아 집중과 헌신, 기쁨과 성취감이 생길 수 있도록 하는 것이다.[65]

어떤 일에서든 사람과 일이 서로 잘 맞고, 요구되는 과제와 능력이 조화를 이룰 때 플로우가 생겨난다. 혼자든, 팀으로든. 재화와 서비스를 만들어내는 활동 영역만 그런 게 아니다. 이를 소비하는 일에서도 플로우는 생겨난다. 다만 골드만삭스처럼 일주일에 100시간이 넘는 근무는 플로우를 맛볼 리 만무하다. 또는 늘 인력 부족에 시달리는 요양 병동 혹은 오지의 교사는 일에 치여 지치게 마련이다. 생활에 쪼들려 근심이 끊이지 않고, 다른 사람이 어떻게 평가할지 두려워하는 상태는 플로우를 확실하게 틀어막는다. 칙센트미하이는 이렇게 운을 뗀다.

"진화에는 서로 대립하는 두 흐름이 있다. 그 하나는 조화를 이루어내는 변화다. 예를 들어 협력으로 새로운 힘을 일구며, 소진된 에너지를 되살리거나 그 힘이 배가될 수 있게 하는 것이 그런 변화다. 반대로 엔트로피를 유발하는 변화도 있다. 엔트로피란 이기적으로 다른 유기체를 착취하여 에너지를 생산함으로써 초래되는 갈등과 혼란을 일컫는다."**66**

밀, 케인스 또는 허슈와 마찬가지로 칙센트미하이는 인간 사회가 양적 팽창에만 매달리는 것을 어떻게 막을 수 있을지 그 답을 찾고자 노력했다. 그리고 그 답을 플로우에서 찾았다. 플로우의 중요한 특징은 일 자체가 좋아서, 일에서 자아실현의 기회를 읽어내어 몰입할 줄 아는 열정이다. 시스템 안에서 자신의 위상만 끌어올리려는 꼼수로는 플로우를 전혀 맛볼 수 없다. 플로우는 좋아하는 일 자체로 얻어지는 행복감이다. 연봉, 신분 상승, 권력을 놓고 벌이는 드잡이를 플로우는 깨끗이 잊게 해준다. 이렇게 해서 드물지 않게 독창적인 성과가 얻어진다. 재능이 찬란하게 빛을 발하며, 생산성이 자연스럽게 올라가고, 스트레스를 이겨내는 능력이 키워져 자존감이 높아진다. 칙센트미하이는 개인에게서 관찰한 이런 특성을 공동체의 차원으로 끌어올린다. 개인이 자신과 맞는 일을 하며 조화로운 인생을 살 때 공동체는 경쟁이 줄어들며 협력과 협업으로 일이 물 흐르듯 매끄럽게 진행된다. 밖에서 억지로 심어주는 동기가 아닌, 내면에서 우러나는 동기부여가 기꺼이 일할 분위기를 만들어주기 때문이다.

"다른 누구도 아닌 자신과의 싸움을 이겨내고 이루는 성장, 그리고 생소한 장애물이라도 두려워하지 않고 넘어서는 자신감으로 우리는 기쁨을 맛본다. 이 기쁨은 괴테의 파우스트가 적확하게 표현해 낸 '영원한 불만'의 긍정적 대항마다."

칙센트미하이가 쓴 문장이다.**67**

누군가 당신에게 어떤 능력을 갖췄느냐고 묻는다면, 자신과의 싸움을 이겨내고 플로우를 맛보는 순간을 우리는 떠올릴 수 있을까? 아마도 가장 먼저 은행 계좌, 정기적금 또는 주식부터 떠올리면서 암산해 보기 바쁘리라. 또는 자동차, 집, 땅, 아파트의 시세를 떠올릴 것이다. 상대방이 그런 게 정말 당신이 가진 능력 전부냐고 묻는다면, 우리는 아마도 앞으로 벌어들일 연봉 또는 임대 수익 따위를 주워섬기리라. 그리고 지금 가진 재산만으로도 '중요하다고 여기는' 재화와 서비스를 충분히 누릴 수 있다고 호언장담하는 사람도 없지 않으리라.[68] 시장 중심의 사회에서 돈이 많다는 것은 일반적으로 그만큼 자유를 구가할 수 있다는 뜻이니까.

하지만 주변 환경에 어떤 이바지를 할 수 있느냐는 질문에는 무엇부터 떠올릴까? 우리가 안전하고 편안하게 잘 살 수 있도록 공공 인프라와 공공재를 만들고 관리하느라 힘쓰는 사람은 적지 않다. 이들의 수고를 생각해 본 적이 있는가? 우리가 매일 당연한 것처럼 누리는 자연의 서비스에는 어떤 것이 있을까?

이에 대한 답을 찾아보려는 시도는 세계를 보는 시야를 열어주는 데 큰 도움을 줄 것이다. 더 많이 소유하고 소비하고자 우리가 들이는 수고가 자연과 인간에게 심각한 피해를 안긴다는 점은 그동안 여러모로 분명해졌기 때문이다. 더 많은 소유와 소비로 얻는 이득은 이 피해를 결코 상쇄해 줄 수 없다.[69]

그동안 국내총생산GDP을 보완해 사회적 행복, 이른바 '웰빙Wellbeing'을 포착하려는 시도는 다양하게 이루어졌다. 어느 한 시점에만 국한하지 않고, 미래의 안녕을 다져줄 기반을 살피는 안목까지 키우려는 것이 이런 시도다. 예를 들어 국제적 표준을 정하는 '경제협력개발기구OECD'는 사회의 생활수준을 가늠해 볼 개념으로 네 가지를 이용한다.

첫째는 인간이 만든 자산과 금융 자산을 포괄하는 '경제 자본 Economic capital'이다. 두 번째 개념은 자연 자원과 토지 이용, 생물 다양성을 아우르는 '자연 자본Natural capital'이다. 여기에는 '생태계 서비스Ecosystem service'도 포함되는데, 이는 자연이 우리에게 베푸는 혜택, 이를테면 공기와 물의 정화, 영양분의 순환, 생물 서식지 및 종 다양성, 경관 및 미학적 가치를 뜻한다. 세 번째 개념인 '인적 자본Human capital'은 각 개인의 능력과 건강을 살핀다. 네 번째 개념인 '사회 자본Social capital'은 사회의 규범, 구성원이 공유하는 가치, 그리고 협력을 장려해 주는 제도 및 기관이다. 이 네 가지 개념은 사회가 가진 능력, 곧 정보와 기술과 자원과 투자가 함께 어울려 흐르는 사회의 자산이다.

인간의 욕구를 만족시키는 방식을 개선하게 되면 사회의 자산을 갉아먹는 경제가 아니라, 재생하고 질적으로 더 나아질 수 있게 활용할 잠재력이 키워진다.

자산 개념을 이처럼 확장시키는 것이 매우 바람직하다는 점은, 특히 영국 경제학자 파르타 다스굽타 경Sir Partha Dasgupta이 영국 정부의 위탁을 받아 작성한 생물다양성 연구 보고서가 확인해 준다.[70] 다스굽타 경은 국제적인 인맥을 이룬 연구팀과 함께 쓴 600

여 쪽의 방대한 보고서에서 우리 인간 사회의 신진대사, 곧 자원의 소비와 순환이 자연으로부터 얼마나 큰 덕을 보고 있는지 설명한다. 연구팀은 생태계 서비스의 종류를 세 가지로 정리한다.

우선 생각할 수 있는 것은 물질과 에너지의 '공급'이다. 음식, 식수, 생화학 물질, 약제 및 유전자 자원을 우리는 자연 덕분에 매일 누릴 수 있다. 자연은 우리 일상에서 이런 자원을 '조절하고 보존해' 준다. '지구위험한계선' 같은 개념이 포착하려는 이 지구 시스템은 예를 들자면 이산화탄소의 순환, 물의 정화, 쓰레기 분해, 산소의 생산 및 영양분의 순환을 포괄한다.

더 나아가 연구팀의 보고서는 '문화' 서비스는 화폐가치처럼 숫자로 나타낼 수 없는 것이라고 강조한다. 지친 몸과 마음을 달래는 휴식, 번뜩이는 영감, 종교의식, 정신과 영성의 고결한 체험이 선사하는 가치를 어찌 돈으로 측정할 수 있을까.

자원의 조절과 보존이든 문화 서비스든 자연이라는 복잡계는 모든 것이 막힘없이 흐를 수 있을 때, 곧 플로우할 때 가장 안정적이다. 자양분이 어느 한곳으로 집중되지 않고 순환을 이루면 에너지가 고루 발산되기 때문이다. 이처럼 자연은 인간의 삶을 위해 헤아릴 수 없는 풍요로움을 베풀어준다. 물론 자연의 리듬은 고급 자동차나 호화 주택 또는 돈으로 자신의 위상을 과시하려는 인간의 욕구와는 맞지 않는다. 오로지 생명체가 새 생명을 잉태하고 번식하며, 분해하고 걸러내어 씻기며, 다른 곳으로 옮기거나 새로운 생명으로 태어나는 속도에만 리듬을 맞춘다.

이런 생명 순환의 과정을 숫자로 된 지표가 없다고 해서 이해하지 못하는 사람이 생명의 소중함을 어찌 알까. 전 세계 사람들의 소득이 1992년을 기준으로 할 때 2014년에 두 배로 늘어난 것을 두고 성장주의자는 그것 보라며 거들먹거린다. 하지만 같은 기간에 자연이 인간에게 베푸는 자원은 40%나 줄어들었다는 점은 외면당했다. 다스굽타 경의 연구 보고서에 있는 문장이다.

"지금 우리는 모든 시대를 통틀어 최고의 시절과 최악의 시절을 살고 있다."[71]

그럼 이에 대처하는 우리의 정치 전략은 무엇일까? 러시아가 우크라이나를 상대로 벌인 전쟁이 촉발한 곡물 부족 문제를 예로 들어보자. 이 문제를 보며 정치가들은 무어라고 말하는가? 생물다양성 보호라는 목표를 제쳐두고 당장 농사를 짓도록 토지를 활용해야 한다고 그들은 목청을 높인다. 하지만 농사를 짓는다고 육류 생산이 줄어들어서는 안 된다고도 한다. 독일에서 수입하는 곡물의 70%는 가축에게 먹일 사료로 쓰인다. 전 세계적으로 농토의 70%에 해당하는 면적이 사료를 얻기 위한 경작지로 쓰인다.[72] 1kg의 소고기를 얻기 위해서는 옥수수, 콩, 건초 등 약 25kg의 사료가 필요하다. 이런 사료에 포함된 단백질은 소를 거쳐 인간으로 오는 과정에서 94%가 손실된다. 칼로리로 계산해 본 에너지 가치에 비추어 곡물에서 소로, 다시 인간으로 옮겨오는 이 과정은 정말 비경제적이다. 원래 사료에 포함된 열량의 고작 1.8%만이 요리된 소고기로 우리의 식탁에 오른다. 이 곡물이나 채소를 우리가 직접 먹거나, 가난한 나라의 굶주리는 사람들을 위해 수출하면 어떨까. 이렇게 하면 기후와 동물 보호 그리고 우리의 건강에 훨씬 더 큰 이득이지 않을까.

자산이라는 개념을 21세기에 알맞은 의미로 이해하려면 일단 무엇이 얼마나 오랫동안 성장할 수 있는지 살펴봐야 한다. 배기가스와 오염 물질을 어떻게 다시 정화해 자연의 순환 과정으로 되돌려 보낼 수 있을까? 그래서 자연 자산을 더 면밀하게 파악하고 평가하려는 단체와 기업과 지자체와 경제학자가 빠르게 늘어나 함께 힘을 모으는 것이 중요하다. 또한 수량적 측면에만 집착할 게 아니라, 오염이 빚어지고 있는 배경에서 자연이라는 복잡계는 어떤 방식으로 작동하며, 그 재생력을 어떻게 회복시킬 수 있을지를 중요한 의제로 다루어야 한다. 이렇게 해야 미래에 대처할 우리의 능력이 키워진다. 경제적 측면에서도 이를 지지해 준다. 예를 들어, 임야의 경우 1달러를 투자하면 7~30달러의 부가가치를 창출할 수 있다.

인간의 경제활동이 생태계의 존립과 순환에 초점을 맞추는 '자연 친화적 경제'가 2030년까지 10조 달러 이상의 부가가치를 얻어낼 수 있다고 세계경제포럼도 발표한 바 있다.[73] 그리고 3억 7500만 개의 새로운 일자리가 만들어진다. 이런 일자리로 인간은 자연의 재생 네트워크를 더 잘 이해하고, 지구상의 다른 생명체를 존중하며 더불어 살 능력을 배울 수 있다.

정치가 이를 뒷받침하기는커녕 절뚝거리며 보조도 맞추지 못한다면 어떻게 될까? 정치가 제 역할을 다할 수 있도록 사회가 감시하고 어느 방향으로 나아갈지 방향성을 제시해야 한다. 그래서 미래에 어떤 자산이 성장해야 하는지, 이를 위해 어떤 노선을 채택해야 하는지 명확히 해야만 한다. 물적 성장이 아니라 자연과의 조화를 추구하는 경제 운동 '웰빙 이코노미Wellbeing economy'는 이미 어떻게 해야 이런 방향으로 나아갈지 설득력 있게 보여주었다.[74] 기업이 제품 생산에 쓰는 비용과 이로 얻는 이득을 명확히 공개함으로써 이 생산과정이 시장가격을 넘어서서 사회 전반에 어떤 영향을 미치는지 알아내는 것은 우리 모두의 책임이다. 기업이 돈은 벌지 못하더라도 매우 높은 가치를 창조하는 사례 역시 우리는 주목해야만 한다. 이렇게 할 때 경제의 다양한 주체들이 자연 친화적 경제를 이루어가려 힘을 쏟는 환경이 조성된다.

오늘날 우리 문화는 돈과 재화를 성공의 척도로 섬긴다. 현재 금융시장과 투자자가 더 높이 평가하는 지표에 대한 논쟁 역시 돈을 많이 버는 것이 지속가능한 가치 창출과는 거리가 멀다는 점을 보여준다.[75] 따라서 우리는 사회와 인간과 생태의 자산이 어떻게 해야 재생할 수 있을지 명확히 보여주는 해결책을 찾아야만 한다. 아웃사이드 인Out-side-in 전략이 필요하다.

이런 관점에서 본다면 자산과 능력은 단순한 명사가 아니라 생명력을 가진 동사가 된다. 뭘 소유하는 게 아니라, 무엇인가를 할 수 있는 실천 능력이 중요하다. 실천하며 함께 열어가는 미래, 이얼마나 좋은 소식인가. 이는 '지평 1'에서 '지평 3'으로 넘어가는 첫

걸음을 뜻한다.

그럼 우리는 자본주의를 폐지해야 할까? 내가 이 질문을 올바로 이해했다면, 지금의 맥락에서 지엽적인 문제라고 생각한다. 우리는 먼저 모든 주의와 주장이 우리의 발목에 채워놓은 족쇄에서 풀려나는 작업부터 시작해야 한다. 그저 구호에 지나지 않는 개념, 한쪽은 그 뒤에 숨어 방벽으로 삼고 다른 쪽은 듣기만 해도 흥분해서 주먹을 을러대는 식으로 전선을 확 긋는 개념은 사회를 통합해 주는 가교 구실을 절대 할 수 없다.

물론 단 하나의 자본주의만 있는 것은 아니며, 우리의 시장경제는 지난 40년 동안 빠른 속도로 변해왔다. 가장 중요한 질문은 왜 오늘날의 경제 시스템은 우리에게 한 약속을 지킬 수 없을까 하는 것이다. 어떤 결함이 있어서라면, 그것을 찾아내 바꿔야만 하지 않을까? 고장 난 부분을 찾아내는 일이 우리가 할 일이다. 자본주의의 결함을 찾아내는 것은 '자본주의 비판'이다.[76] 또는 '발전 의제Progress agenda', 곧 더 나은 발전을 위한 해법을 모색하는 의제라고도 할 수 있다. 나는 '발전 의제'를 선호한다. 이 표현은 '지평 3'을 가려볼 시야를 열어주기 때문이다.

가장 중요한 것은 맑은 머리로 뭐가 문제인지 의식하고, 배움의 자세로 앞을 향해 나아가는 태도다. 미래는 하늘에서 뚝 떨어지는 게 아니라, 우리의 현재가 만든다. 미래는 어떤 고정된 상태가 아니다. 어떤 미래가 찾아올지는 우리의 태도에 달렸다.

시스템 트랩 ― 의존성

사회가 어떤 문제를 해결하려 할 때 그 증상에만 땜질식으로 대처할 뿐 심층적인 원인을 찾아내는 데 소홀히 한다면, 증상을 일시적으로 달래는 수단에만 의존하게 된다. 번아웃을 예로 들어보자. 건강에 문제가 있다고 몸이 보내는 신호를 솔직하게 받아들이지 않는다면, 우리는 건강을 회복하고 다시 균형을 되찾을 만한 처방을 찾을 수 없다. 뭐가 문제인지 가려볼 안목은 흐려지고 만다. 결국 문제는 뿌리째 뽑히지 않는다. 증상만 일시적으로 가라앉히는 대증요법에 매달려 허겁지겁 뛰어다니면, 우리 사회는 계속 더 약해지고 의존성은 커진다. 언젠가 사회가 뒤집히는 것을 막고자 한다면, 땜질식 대처가 아니라 장기적인 변혁에 초점을 맞춰야만 한다.

-¦-

기술을 중시하는 사회는
목표에 유혹당하지 않고 탐욕스러워지지 않도록
강력한 정신력을 갖추어야만 한다.[77]

_요제프 바이첸바움Joseph Weizenbaum

연결 — 다르게 활용하기

2017년 페이스북의 운영자들은 예상하지 못한 흐름을 발견하고 불안에 빠졌다. 여전히 이 소셜네트워크는 전 세계적으로 20억 명의 이용자를 자랑하는 세계 최대의 인터넷 플랫폼이며, 계속 성장하고 있기는 하다. 그러나 통계적으로 봤을 때 사람들이 페이스북에서 벌이는 활동은 예전처럼 활발하지 않았다. 사람들은 새로운 글을 올리거나 댓글을 달지 않았다. 아예 로그인을 하지 않는 회원도 갈수록 늘어났다. 이제는 페이스북에 관심이 식어버린 것처럼 보였다. 운영자는 원인을 알아내려 골치를 앓았다. 뭔가 대책을 세워야 한다는 것만큼은 분명했다.

페이스북은 회원들에게 무료로 제공하는 네트워크로는 돈을 벌 수 없다. 주 수입원은 회원이 이용하는 페이지에 올리는 광고다. 페이스북에 광고를 올리는 기업은 이용자의 관심뿐만 아니라, 어떤 상품을 선호하며 구매 결정은 어떻게 내리는지 등의 정보도

활용할 수 있으리라 기대한다. 이 정보야말로 페이스북이 취급하는 상품이다. 이 수익 모델로 회사는 2017년에만 170억 달러를 벌었다.[78] 페이스북의 이런 비즈니스를 두고 '관심 경제'라 부르는 것은 아주 적합한 표현이다.[79]

이용자의 관심이 줄어들자 화들짝 놀란 운영자는 페이스북의 심장이라 부를 수 있는 부분에 변화를 주기로 결정했다. 그것은 곧 알고리즘이다.

어떤 이용자가 로그인을 하면 페이스북은 이 이용자가 관심을 가지거나 중요하다고 여길 만한 사항을 추천한다. 이른바 '뉴스피드Newsfeed'라고 하는 이 목록은 일종의 개인 맞춤 저널이다. 페이스북은 뉴스피드를 이용자마다 만들어놓고 끊임없이 업데이트한다. 뉴스피드는 사진, 동영상, 광고로 이어지는 링크, 친구 또는 가족이 달아놓은 댓글을 두루 망라한다. 이용자 각자에게 맞춰 알고리즘이 수집하고 분류해 만든 것이 뉴스피드다. 페이스북이 수집한 이용자의 데이터를 가지고 알고리즘은 무엇을 눈에 띄게 드러낼지, 무엇을 가릴지 결정한다. 이로써 어떤 것은 널리 퍼지고, 어떤 것은 숨겨진다. 뉴스피드 알고리즘이야말로 페이스북의 영업비밀 1호이자 심장이라고 해도 과언이 아니다. 이 알고리즘이 어떻게 작동하는지, 무슨 기준으로 정보를 취사선택하는지 외부인은 전혀 알 수 없다. 수십억 명의 사람들이 세계를 어떻게 바라보는지 그 관점에 결정적 영향을 주는 도구가 이처럼 비밀 투성이라는 점은 문제가 아닐 수 없다.

2017년 페이스북의 책임자들은 알고리즘을 대폭 변화시켰다. 목표는 이용자가 수동적으로 미디어와 기업이 제공하는 동영상이나 뉴스를 소비하는 것보다 더 오래 플랫폼에 머무르도록 유도하는 것이다. 그러자면 이용자 사이의 교류가 활발해야만 한다. 페이스북이 찾아낸 방법은 '이모티콘'이다. 이모티콘은 작은 얼굴에 기쁨, 슬픔, 놀라움 또는 분노와 같은 감정을 표현하는 것이다. 페이스북은 알고리즘을 프로그래밍해서 이용자가 올린 글이나 사진을 이모티콘으로 평가하도록 했다. 이 방법으로 기존의 '엄지척'이나 '좋아요'보다 다섯 배는 더 많은 반응을 이끌어낼 수 있을 것으로 기대했다. 댓글과 공유 역시 예전보다 늘어날 것으로 평가했다. 이용자들 사이에서 활발한 토론이 벌어지면, 알고리즘은 뉴스피드에 관련 글과 사진을 자동으로 업데이트했다.

"나는 우리 생산부서에 제시하는 목표를 바꾸었다. 이 변화는 이용자들을 도와 더욱 의미 있는 교류를 나누게 하며, 더 깊은 결속을 느끼게 하여 외로움을 덜어줄 수 있다. 우리는 이 서비스가 즐거움을 줄 뿐만 아니라, 인간의 평안에 이바지하게 만들 책임을 느낀다."

페이스북의 대표 마크 저커버그가 당시 포스팅한 글이다. 얼마 후 페이스북의 변화는 효과를 보이기 시작했다. 이모티콘이 달린 포스팅은 빠르게 뉴스피드로 올라왔다. 동시에 페이스북의 데이터 분석가는 이 포스팅 가운데 많은 것이 '가짜뉴스', '음모론', '증오를 부추기는 글'로 얼룩졌음을 알아차렸다. 미디어 기업들은 페이스북에 빗발치는 항의를 하면서 왜 폭력적이고 극단적인 내용의 글에 자사의 이름이 붙었는지 해명해 달라고도 했다. 정당은 이제 예전보다 더 큰 소리를 내며 정적을 공격해 댔다. 자극적인 표현과 행동을 해야 페이스북에 뜨거운 반응이 올라오기 때문이다. 물론 알고리즘이 부정적인 내용의 포스팅에 보상을 주도록 프로그래밍된 것은 아니다. 알고리즘은 그저 감정을 우선적으로 부각할 뿐이다. 하지만 우리는 긍정적인 뉴스보다 부정적인 것에 더 쉽게 움직인다. 부정적인 이야기는 흥분, 두려움 또는 분노를 맛보게 해 준다. 자극적인 포스팅일수록 엄청나게 많은 댓글이 달리며, 논란을 부를수록 알고리즘은 선호할 수밖에 없다. 실제로 사람들은 플랫폼에 더 오래 머무르며, 서로 목청을 높여가며 시시비비를 일삼았다. 저마다 자신이 옳다고 악다구니를 쓰며, 공격과 따돌림이 늘어났다. 인간의 평안에 이바지하겠다던 약속과는 반대로 페이스북은 감정의 골만 더욱 깊게 만들며, 대립을 고조시켰다. 안녕 대신 분노가 급상승했다. 데이터 분석가도 이런 변화를 모른 척 눈감을 수는 없었다.

2019년 페이스북의 한 직원이 두 명의 가상 인물로 실험을 진행했다. 두 명 모두 40대 초반의 여성이고, 자녀가 있으며, 노스캐롤라이나에 거주하고, 정치에 관심이 많은 것으로 설정했다. 그는 이 가상 인물에 캐롤Carol과 카렌Karen이라는 이름을 각각 붙였다. 두 여성의 유일한 차이는 정치 성향이다. 캐롤은 공화당에 큰 호감을 보였으며, 도널드 트럼프와 그의 아내 멜라니아 그리고 '폭스뉴스’를 팔로잉한 반면, 카렌은 민주당을 좋아했으며, 좌파 상원의원 버니 샌더스Bernie Sanders를 팔로잉했다. 그런 다음 직원은 두 여성에게 극단적 정치 성향을 가진 내용을 알고리즘이 추천하게 했다. 보수적이기는 하지만 극우 성향은 아닌 캐롤에게 직원은 2017년 미국에서 조직된 극우 음모론 단체인 ‘큐어넌QAnon’의 주장을 추천하게 했다. 큐어넌은 버락 오바마를 중심으로 한 소아성애자들이 엘리트 집단을 이루어 세계를 지배한다고 주장한다. 반대로 진보적인 카렌에게는 반트럼프 성향의 사이트, 일부 혐오를 불러일으키는 사진, 물론 조작된 사진으로 꾸며진 사이트가 제시되었다.

처음에는 비록 정치 성향은 다를지라도 온건한 중도에 가까웠던 두 여인은 불과 며칠 만에 완전히 대립하는 세계에 각각 사로잡혔다.[80] 두 여인의 사례는 페이스북에서 ‘반향실 효과echo chamber effect’, 곧 특정 정보에 갇혀 새로운 정보를 받아들이지 못하는 현상이 어떻게 생겨나는지 보여준다. 이런 현상은 다른 소셜 네트워크에서도 익히 보는 것이다.

이 실험 보고서는 2021년 프랜시스 호건Frances Haugen이 언론에 은밀히 흘림으로써 세상에 알려졌다. 페이스북의 데이터 분석가였던 호건의 폭로 덕분에 세상은 그때까지 전혀 알 수 없었던 페이스북의 내밀한 속사정을 들여다볼 수 있었다. 호건은 페이스북에서 공개적으로는 ‘가짜뉴스’와 ‘선동’을 적발하고 규제하는 부서에서 일했다. 그러나 그녀는 이런 중대하고도 과중한 업무에도 회사는 그저 구색만 맞추었으며 부서 인력도 늘 부족한 데다, 공개적으로 천명한 입장과 다른 모습을 보여주는 수뇌부에 실망하지 않을 수 없었다고 말했다. 2020년 미국 대통령 선거가 끝나고 부서가 해체되었을 때, 호건은 내부 고발자로 나서기로 결심했다.

"나는 오늘 페이스북의 상품이 분열을 부추기고 민주주의를 약화함으로써 우리의 자녀들에게 심각한 해악을 끼치고 있다고 믿기에 이 자리에 섰습니다."

2021년 미국 상원의 위원회가 개최한 청문회에서 호건이 한 말이다. 호건은 기업의 수뇌부가 어떻게 하면 네트워크가 더 안전하게 작동할 수 있는지 정확히 안다고 증언했다.

"그러나 수뇌부는 꼭 필요한 조치를 취하지 않습니다. 사람들의 안전보다는 상품으로 얻는 막대한 수익을 우선시하기 때문입니다."[81]

알고리즘이 사회를 분열시키며, 자극적인 내용으로 페이스북의 성공과 성장을 도모하도록 작동한다는 사실을 알아낸 직원이 프랜시스 호건 단 한 명인 것은 아니다. 직원들은 알고리즘의 이런 실태를 어떻게 바로잡을 수 있는지 기회가 있을 때마다 제안해 왔다. 대통령 선거에서 낙선한 트럼프의 추종자들이 선거를 도둑맞았다며 워싱턴의 의사당을 급습하기 전에 이미 직원들은 내부적으로 선거 결과를 승복하지 않는 운동이 네트워크를 통해 급속히 번질 수 있다고 경고하며, 대책을 세워야 한다고 요구했다. 직원들은 세계에서 가장 강력한 커뮤니케이션 시스템의 내부에서 문제가 빚어지는 원인을 속속들이 알았기 때문이다. 이런 강력한 시스템이 몇몇 소수의 인물이 원하는 대로 작동한다니, 이 얼마나 놀라운 일인가. 아무튼 직원들은 기업의 공식적인 목표, 곧 페이스북이라는 플랫폼에서 사람들이 서로 잘 어울려 지내게 하려는 목표를 이룩하고자 한다면, 어떤 흐름을 어떻게 막아야 하는지 알았다. 그러나 동시에 직원들은 고용주가 실제 추구하는 목표가 다 르다는 점도 알았다. 직원의 입장에서 고용주의 뜻을 거스르는 행동을 한다는 것은 결코 쉬운 게 아니다. 공언한 목표와 실제 목표 사이의 틈새를 줄일 결정을 할 수 있는 사람은 페이스북의 창설자이자 대표이며 최대 주주인 마크 저커버그뿐이다. 하지만 그는 흐름에 제동을 걸 생각을 하지 않았으며, 많은 시간이 지나서야 비로소 마지못해 알고리즘을 수정하게 했다.

"결국 모든 책임은 마크에게 있습니다."

프랜시스 호건은 상원의 청문회에서 이렇게 말했다.[82]

어떻게 해서 단 한 사람이 거의 30억 명의 소통과 세계관을 주무를 위치에 오를 수 있을까? 그사이 '메타Meta'라고 이름을 바꾼 기업은 '인스타그램'과 '왓츠앱'까지 거느리며 몸집을 키웠다. 과연 저커버그는 자신이 무슨 일을 벌이는지, 또 이게 어떤 영향력을 발휘하는지 정확히 알기는 할까? 알고리즘의 이런 해악은 무엇보다도 그 이용자들과 대중이 정확히 알아야만 한다.

이런 해악이 기술 발달의 피할 수 없는 결과일까? 얼마든지 다르게도 할 수 있지 않을까? 오늘날 사람들은 기술로 가득한 환경 속에서 산다. 워낙 종류도 많고 실생활과 밀접하게 맞물린 탓에 우리는 기술이 근본적으로 무엇인지 생각하는 일조차 없다. 그저 기술이 문제를 해결하는 데 도움을 준다고 여길 뿐, 기술이 문제를 만든다는 측면은 대개 놓친다. 놀라운 일은 아니다. 오늘날 우리가 앞선 세대보다 더 부유하고 안전하며 편안한 생활을 누리는 것은 분명 기술 덕분이기는 하다. 기술의 발전 수준이야말로 조부모와 부모와 우리의 세계를 확연히 구별해 주는 것이다. 기계는 인간의 물리적인 힘을 증폭시키고, 이동하는 속도를 끌어올릴 뿐만 아니라, 오늘날 우리가 다루는 정보의 양과 처리 및 연결 속도를 몇 배나 높인다. 예전에는 거대한 산업 복합체가 우리의 얼을 빼놓았다면, 요즘은 네트워크로 연결된 작은 기계들이 어마어마한 성능을 자랑한다.

나는 '독일 글로벌환경변화 자문위원회WBGU'의 사무총장으로 일하면서 디지털 기술과 지속가능성 문제를 다룬 평가 보고서를 쓴 적이 있다. 당시 우리의 기술 전문가는 현실을 들여다볼 때 이른바 '기술적 영역'을 이해해야 한다고 강조했다. 그녀가 말한 기술적 영역은 "인간이 만든 기술 시스템 전체이자 이와 맞물린 자연의 변화 가능성"을 가리킨다.[83]

인류 역사를 기술적 성취 위주로 써본다면, 돌도끼에서 시작해 양자컴퓨터까지 이어지는 가파른 상승세가 여실히 드러난다. 이 역사에서 인간은 학습 속도가 매우 빠르고, 대단히 높은 창의력을 발휘해 왔다. 무엇보다도 삶의 형편을 더 낫게 개선하고자 인간은 끊임없이 노력해 왔다. 문명 발달에 초점을 맞춘 역사는 다소 의아하게 여겨질 정도로 난맥상을 보여준다. 노예제 폐지, 여성의 동등한 권리, 정치체제로서의 민주주의는 어떤 경우에도 확실하게 확보되지 않았으며, 거듭 위협을 받고, 심지어 퇴행하는 모습까지 보인다. 법과 제도와 도덕규범이라는 사회적 기술은 늘 우리의 적극적인 돌봄과 지킴의 손길이 가야만 한다. 서로 역할과 책임을 나누며 관계를 꾸려갈 때 민주주의와 도덕규범은 지켜진다. 그리고 이런 대오에서 이탈하고자 하는 사람은 내버려 두기도 해야 한다. 그것이 민주주의니까. 인간 사회라는 시스템이 자동화한 기계 시스템과 결정적으로 다른 차이는 이런 다양성을 품는 관용이다. 기술적 성취가 인간 사회보다 더 견실해 보이는 이유도 이런 차이에서 찾아야 하리라. 기술 구조는 물질로 고정되기 때문에 더 안정적으로 보이는 것일 수도 있다.

역사를 보며 풀리지 않는 의문 가운데 하나는, 전쟁이 대결의 효과적인 수단이 아니라는 점을 사람들이 계속해서 잊어버린다는 사실이다. 반대로 컴퓨터를 어떻게 프로그래밍해야 하는지는 절대 잊어버리지 않는다. 사람들은 기술 발달이 문명 발달과는 그다지 상관이 없다고 믿는 모양이다. 기술은 언제라도 써먹을 수 있는 물건처럼 든든하며, 사회적 측면은 신경 쓰지 않아도 된다고 믿는다. 기술은 그저 중립적인 도구일 뿐이라고, 기술이 인간 사회 자체를 바꾸지는 않을 것이라고 믿는다. 정말 그럴까?

독일 태생으로 미국에서 활동한 기술철학자 알버트 보그먼Albert Borgmann이 1980년대 중반에 이 물음에 골몰했을 때만 해도 오늘날 일상으로 여겨지는 혁신들은 '사이언스 픽션'처럼 뜬구름 잡는 이야기였다. 하지만 보그먼의 분석은 오늘날 들어도 섬뜩하리만큼 정확하다. 보그먼이 보기에 인간이 기술에 기대하는 것은 물질적 풍요와 자유다. 기술이 이런 기대를 충족시켜 줄 수 있는 이유는 단 하나, 활용 가능성이다. 활용 가능성은 "원할 때마다 언제 어디서나, 안전하고 간편하게" 쓸 수 있어야 함을 뜻한다. 이런 기술을 구현해 주는 수단을 보그먼은 '디바이스Device', 곧 '장치'라고 불렀다.[84]

중앙난방도 디바이스다. 조절기를 돌리기만 하면 중앙난방은 집 안 곳곳에 온기를 공급한다. 위험하지 않으며, 아이도 다룰 만큼 조작이 쉽다. 중앙난방이 어떤 원리로 작동하는지 알아야 할 필요는 없다. 반대로 벽난로는 땔감이 있어야만 한다. 장작을 사서 운반하고 도끼로 패는 번거로운 수고를 치러야만 벽난로에 불을 피울 수 있다. 또 불을 피운다고 당장 온기가 퍼지지도 않는다. 먼저 불을 제대로 피우고, 혹시 불똥이 튀는 것은 아닌지 지켜보며, 계속해서 장작을 넣어주는 수고가 필수적이다. 게다가 벽난로는 단 하나의 공간만 따뜻하게 만들어준다. 중앙난방은 이런 수고를 덜어준다. 아무튼 지금까지 열기를 만들어내기 위해 치러야만 했던 모든 중간 과정을 중앙난방은 생략해 준다. 나무를 장만하러 가지 않아도 되며, 불을 지켜볼 필요도 없다. 지금껏 저마다 역할을 나누었던 가족 구성원은 각자 자기 일에 몰두할 수 있다. 중앙난방이 집 안 곳곳을 따뜻하게 해주기 때문에 가족들이 불 앞에 모이지도 않는다. 이렇게 해서 개인이 환경을 체험하는 방식은 확달라졌다. 중앙난방은 냄새도, 분위기도, 장작 타는 소리도 없다. 벽난로 앞에 모여 앉아 불을 피우고 오순도순 대화를 나누는 일은 거의 찾아볼 수 없다.

우리는 지금 디바이스가 패러다임 구실을 하는 세상에서 살고 있다고 보그먼은 진단한다. 기술이 인류 역사의 중심을 이루었다는 뜻이다. 상품과 서비스는 기계 덕분에 볼 수 없는 곳에서 만들어지고 제공된다. 이로써 인간은 여러모로 상당한 부담을 덜게 됐다. 생산을 기계가 대신해 주는 덕에 위험에 노출되는 일도 줄어들고, 무엇보다도 자유를 누리기 때문이다. 하지만 바로 그런 까닭에 세상을 보는 인간의 감각이 달라지며, 세계를 사실과는 다르게 이해하기도 한다.[85] 한마디로 디바이스는 우리의 일상을 송두리째 바꿔놓았다.

그래서 어쩌라고? 우리의 일상을 편리하게 해주는 디바이스를 모두 버리자는 말인가? 혹자는 이렇게 반문할 수 있다. 눈에 보이지 않는 중앙난방이 우리의 단란한 대화를 빼앗아 갔으니 다시 모닥불이라도 피우자는 주장을 하려는 것은 물론 아니다. 하지만 중앙난방 덕에 하지 않아도 되었던 일을 다시 할 때, 이를테면 캠핑 가서 모닥불을 피우고 친구들과 둘러앉아 나누는 대화가 소중하고 의미 있다는 것 역시 부정할 수 없는 사실이다.

보그먼은 '사물'과 '디바이스'의 결정적 차이를 말하며, 사물은 우리를 환경과 연결하고 디바이스는 그렇지 못한 것으로 봤다. 사물을 이용해 원하는 환경을 만들기 위해서는 그 특성을 이해하고, 알맞은 것을 선택하며, 다듬고 가꾸고 정리할 줄 아는 솜씨를 가져야 한다. 디바이스는 그럴 필요가 거의 없다. 원하는 목표를 이루는 데 필요한 자원과 그것을 얻는 과정을 이용의 순간과 깔끔하게 떼어놓는다. 그래서 기술은 편리하며, 우리에게 자유를 준다. 재료를 고르고 다듬고 만드는 모든 수고에서 우리를 해방시켜 주기 때문이다.

스마트폰을 쓰면서 우리는 그것이 어떤 원리로 작동하는지 꼭 알 필요는 없다. 또 어떤 노동 조건 아래서 스마트폰이 조립되는지, 얼마나 많은 희귀 광물이 채굴되어야 하는지, 거기 저장된 정보를 불러내려고 할 때 그 프로세서가 얼마나 많은 에너지를 잡아먹는지 알지 못해도 그만이다. 구글에서 검색을 할 때도 그 결과가 어떻게 걸러지는지, 또 우리가 남겨놓은 데이터로 구글이 무엇을 하는지 우리는 알지 못한다. 아마존에서 물건을 주문하면서도 왜 다른 회사가 아니라 하필 이 회사 제품이 추천 목록에 뜨는지 우리는 알 수 없다. 택배 상자를 받으며 이것이 어떤 경로를 거쳐 왔는지는 수에즈운하를 컨테이너선이 가로막거나 물류센터에서 직원들이 임금을 인상해 달라고 파업을 벌여야만 알 따름이다. 그야말로 없는 게 없는 인터넷 쇼핑몰에서 물건을 주문하면서 왜 중소기업의 제품은 찾아볼 수 없는지, 어째서 시내의 작은 가게들이 하나둘 사라지는지 우리는 알지 못한다.

우리는 무슨 일이든 먼저 소셜미디어 앱, 곧 전 세계적인 소통을 위한 조그마한 입구부터 찾는다. 이 앱은 '월드와이드웹World Wide Web'으로 들어가는 개개인의 입구다. 이 작은 입구가 없다면 수집된 데이터가 제아무리 막대해도 우리는 이용할 수 없다. 그런 데 이 입구를 몇몇 소수 기업이 장악하고 통제하고 있다. 약간만 주의를 기울여 보면 이런 실태는 쉽게 알 수 있다. 어느 웹사이트 를 들어가든 아마존의 주문 버튼이 우리의 눈을 사로잡는다. 저마 다 다른 서비스를 제공하는 사이트에 들어가려 할 때도 구글이나 페이스북 또는 애플 계정만 이용해도 충분하다. 해당 계정으로 이 용하는 사이트가 많아질수록, 그 계정의 기업은 우리의 일거수일 투족을 낱낱이 읽어낸다. 그렇다고 해당 계정을 삭제할 수도 없다. 들어가는 사이트마다 회원 가입해야 하는 것이 성가셔 사람들은 감시당하는 줄 알면서도 이용한다. 이런 것을 두고 '네트워크 효 과'라고 한다. 상품이나 서비스의 가치가 이를 사용하는 소비자의 수에 의존해 높아지기 때문이다.

이런 식으로 자유롭게 쓸 수 있는 무료 인터넷이라는 원래의 원대한 포부는 여전히 전설처럼 사람들 입을 오르내리거나, 메타 버스Metaverse, 곧 가상현실 플랫폼으로 새롭게 연출된다. 그러나 이 세계에서 노는 것은 공짜가 아니다. 배후에서 은밀하게 이뤄지 는 개인정보 거래라는 대가를 치러야 한다. 개별적인 디지털 기술 의 개발이 모여 전 세계를 포괄하는 가상 국가와 같은 기술 영역 이 생겨난다. 하지만 이 세계는 몇몇 소수 기업의 손에 장악되고, 이로써 그 기업들은 어마어마한 돈을 벌어들인다.

그동안 인터넷은 세계의 가장 큰 디바이스가 되었다. 사람들은 디스플레이를 들여다보며 그 풍족하고 화려한 세계를 자신도 얼마든지 누릴 수 있다고 믿는다. 문제는 디스플레이가 보여주는 화려함 뒤에 숨은 이해관계의 얽힘을 읽어내지 못한다는 사실이다. 아울러 우리의 소비 방식이 이 네트워크와 지구 자원에 어떤 영향을 끼치는지도 모른다. 디지털에 대단히 친화적인 일본에서조차 인간이 환경을 무차별적으로 소비하는 행태를 가리는 이런 '디지털 커튼' 효과를 두고 "의도하지 않은 부작용"을 우려하는 목소리가 나온다.[86]

알버트 보그먼은 사물인터넷이 떠오르기 전에 책을 썼음에도, '디바이스 패러다임'이 오늘날 우리 문명의 핵심적인 특징으로 자리 잡을 것을 정확히 예언했다. 기술과 문명의 발달이 연주하는 멜로디에 맞춰 춤을 출지 말지 결정할 수 있으려면 우리는 디스플레이의 배후를 들여다보아야만 한다.

기술로 우리는 과연 어떤 발전을 추구하는 것일까? 2019년 미국의 디지털 연구가 앤드루 맥아피Andrew McAfee는 한 권의 책을 펴내면서 기술 발전과 국내총생산 성장을 함께 연관 지어 생각하는 것이 중요하다는 점을 입증하려 했다. 이윤 추구는 언제나 가장 효율적인 해결책을 찾아내기 때문에 결국 환경을 지킬 효과적인 방법도 분명히 찾아내리라고 굳게 믿었던 모양이다.[87] 맥아피는 미국을 예로 들어 기술에 기댄 해묵은 꿈에 다시 생동감을 불어넣으려 했다. 여전히 세계 최대 규모의 경제를 자랑하는 미국은 기술 발전과 끊임없는 비용 절감을 중시하는 자본주의 덕분에 천연자원의 소비를 줄이면서 경제성장을 계속 이룰 수 있다는 것이 그의 주장의 핵심이다. "적은 것으로부터 더 많이More from Less", 책 제목이기도 한 이 구호가 품은 뜻은 책의 부제 "더 적은 자원을 적절히 이용하는 법을 배운 놀라운 이야기 — 다음에는 무슨 일이 일어날까"가 잘 풀어준다.

맥아피가 열거하는 사례는 인상적이다. 실제로 미국 경제는 밀레니엄에 접어든 이후 주요 광물, 이를테면 알루미늄, 니켈, 구리, 철, 금 따위의 소비를 줄였음에도 계속 성장세를 과시했다. 시멘트와 모래, 석재, 목재 그리고 종이도 마찬가지다. 연방 관청인 '미국지질조사국US Geological Survey'은 자국에서 소비되는 천연자원 72가지의 총 사용량을 조사하고, 그 가운데 66가지의 소비량이 이미 정점을 찍고 점차 줄어드는 추세임을 확인했다. 아무튼 부유한 국가는 앞으로 더 깨끗해질 게 분명해 보인다.

예전에는 크고, 무겁고, 부정확하고, 지저분하고, 에너지 집약적이었던 것이 오늘날에는 작고, 가볍고, 정밀하고, 효율적인 것으로 변모했다. 맥아피는 발전의 이런 추세에 비추어 볼 때 환경문제를 너무 걱정할 건 없다고 낙관한다. 물론 환경을 바라보는 대중의 의식을 계속 키워가며 문제가 있을 때마다 빠르게 반응하는 정부가 필요하기는 하지만, 지금까지 해온 대로 발전에만 주력하면 모든 문제가 저절로 풀리리라는 것이 그의 낙관이다. 맥아피가 쓴 문장을 한번 보자.

"우리는 경제와 사회질서의 조종간을 뜯어내고 완전히 새롭게 고칠 이유가 없다. 그냥 가속 페달만 계속 밟아주면 된다."[88]

정말 귀가 솔깃해지는 이야기다. 하지만 이 이야기는 결정적인 함정을 간과하고 있다. 맥아피는 그저 자신의 디스플레이를 미국의 풍요가 유지되는 데 필요한 자원 소비와 생산과정이 잘 드러나지 않게 설정한 탓에 그렇게 보는 것일 뿐이다. 이게 무슨 말인지는 '적은 것으로부터 더 많이'의 대명사라 할 만한 '아이폰'을 예로 들면 분명해진다. 기술 발전의 상징이라 할 수 있는 아이폰은 대부분 남반구에서 생산된다. 아이폰을 만드는 데 필요한 원자재와 노동력을 남반구 국가들이 제공하기 때문이다. 그러나 판매 수익은 고스란히 미국 국내총생산으로 잡힌다. 반면, 대량생산의 폐해는 고스란히 남반구가 떠안는다.[89] 북반구의 많은 국가는 환경보호에 앞장서는 모양새를 연출하지만 그 실상은 가치 사슬의 더러운 고리를 가난한 나라에 떠넘기는 위선이다. 이런 실태를 '외주화'라고 한다.

디스플레이를 특정 국가에 맞추지 않고 세계 전체의 상황을 볼 수 있게 설정한다면, 인류가 자연을 망가뜨리지 않고 경제성장을 할 수는 없다는 점이 분명하게 드러난다. 전 세계적으로 이뤄지는 천연자원 채굴만 해도 2000년 이후 50%나 더 늘어났다. 이는 지구 자원의 지속가능한 관리가 허용하는 것보다 두 배나 더 많은 소비량이다.[90] 금속, 비금속, 화석연료 그리고 바이오매스의 소비 곡선은 가파르게 올라간다. 물과 에너지의 전 세계적인 소비도 마찬가지다.⁹¹ 미국의 자원 소비는 국민 1인당 평균 32톤으로, G20 국가들의 자원 소비보다 훨씬 높다. 글로벌 평균보다는 세 배, 아프리카대륙보다는 열 배나 많다.[92]

어떤 국가가 자원 소비를 더 늘어나지 않게 관리하는 것은 물론 성공으로 볼 수 있다. 그러나 자원 소비의 전 세계적인 불균형에 비추어 다른 나라들이 미국처럼 한다면, 국민 1인당 자원 소비의 적정한 수준은 얼마나 되어야 할지 의문이 든다.

맥아피의 책을 두고 미국과 유럽의 언론은 극찬을 아끼지 않았다. 그의 이야기는 부유한 나라가 '선도적 위상'을 다시 확립하는 데 필요한 서사를 제공했기 때문이다. 선도적 위상이란 물질적 풍요를 누리면서도 신분 상승과 경쟁 욕구에 사로잡혀 소셜미디어를 통해 자신을 과시하고 실시간으로 소비를 부추기는 분위기를 그럴싸하게 포장한 말이다. 이런 분위기 속에서 시장은 이미 포화 상태임에도 사람들은 앞다투어 지갑을 연다.

2020년 전 세계적으로 디지털 광고에 투입된 비용은 1400억 달러다. 이 막대한 금액 가운데 3분의 2에 해당하는 액수를 10여 개의 대기업이 투자하고 있다. 미국에서 온라인 광고로 벌어들이는 수익의 절반가량은 페이스북과 구글이 차지한다.[93] 이처럼 디지털 기술혁명은 소비 수준을 끌어올리는 데 상당히 비중이 큰 역할을 한다. 결국 기술이 선물하는 효율성 제고는 환경의 부담을 덜어주기보다 소비를 더 늘리는 결과를 낳을 뿐이다. 이런 효과를

'리바운드 효과Rebound effect'라고 한다. 어떤 것이든 원하는 대로 당장 쓸 수 있어야 한다는 욕구가 매년 커지는 한, 환경이 받는 부담 역시 계속 커질 수밖에 없을 것이다.

이런 사실은 부유한 산업국가에서 일어나는 공급 병목현상에서 관찰할 수 있다. 미국은 팬데믹 봉쇄 기간 동안 정부가 지출을 늘리고, 저금리 대출을 해주는 등 경제 살리기에 안간힘을 썼다. 마침내 봉쇄가 끝나고 그동안 풀린 돈으로 소비가 늘어나면서 2년 만에 미국의 재화 공급은 17%나 성장했다. 유동성 증가가 경제에 심각한 타격을 입힐 수 있다는 점을 언론은 공급망에 구멍이 생겨날까 봐 우려한 나머지 거의 보도하지 않았다. 오히려 운전기사와 화물차와 컨테이너를 더 효율적으로 활용할 방법을 찾는 것이 시급하다고 보았다. 공급망이 원활하게 돌아가야 경기는 계속 살아날 수 있기 때문이다. 이 방법을 찾느라 심지어 양자컴퓨터까지 동원되었다.

훨씬 더 간단한 해결책, 물론 디지털 기술과는 거리가 있고, 사회적이고 문화적인 혁명을 요구하는 해결책의 핵심을 미국의 칼럼니스트 아만다 물Amanda Mull은 이렇게 정리했다.

"쇼핑 좀 그만하자. 미국은 쓰레기를 그만 사고팔아야 한다."[94]

영국의 경제인류학자 제이슨 히켈Jason Hickel도 이에 대해 한마디를 보탰다.

"기술혁신이 자원 확보와 생산의 '확장'을 위한 지렛대로 이용되는 시스템에서 마법처럼 정반대의 결과, 곧 환경보호라는 결과를 불러올 수 있으리라는 기대는 품지 않는 것이 좋다."

그가 발표한 책의 제목《적을수록 풍요롭다Less is More》는 앞서 우리가 살펴본 앤드루 맥아피의 책《적은 것으로부터 더 많이》를 겨눈 반론처럼 읽힌다. 히켈은 성장을 전혀 다르게 정의하는 것으로부터 논의가 시작되어야 한다고 주장한다. 국내총생산 대신 우리가 건강하고 행복하며 만족스럽게 살려면 무엇이 정말로 필요할지 다시 물어야 한다.[95]

기술이 어떤 목적에 이바지해야 하는지 늘 다시금 새기는 자세가 없다면 우리는 기술이 어떻게 설계되는지 알 수 없을 뿐만 아니라, 기술이 응용되는 방식을 통제할 수도 없다. 에너지 시스템을 예로 들어보자. 수력발전을 제외하면 재생가능한 전기를 대량으로 생산할 방법은 오랫동안 못 찾았다. 1950년대 말에 태양 전지판이 발명되기는 했지만, 이 기술은 오로지 우주항공 분야에만 쓰였다. 이런 상황은 1970년대 말에 등장한 석유 위기로 비로소 변하기 시작했다. 당시 미국 대통령 지미 카터는 백악관 지붕에 태양열 집열기를 설치하게 하고, 태양열 시대를 열자는, 오늘날 들어도 대단히 원대한 구호를 외쳤다. 이 집열기는 고작 온수를 공급하는 정도의 성능만 가졌음에도.[96]

그러나 카터의 후임 로널드 레이건은 다시 집열기를 치우게 했다. 석유 위기를 그럭저럭 넘겼고, 기후변화는 아직 예감하지 못해 구조를 바꿔야 한다는 압력은 슬그머니 사라졌다. 풍력발전의 경우도 비슷하다. 풍력으로 전기를 생산하려는 진지한 시도는 그때까지 덴마크에서만 이뤄졌다. 그러나 이 시도는 시험 단계를 넘어서지 못했다. 세계 최대 규모의 풍력발전기는 1980년대 초에 독일 정부 산하 연구부가 산학협동 프로그램을 이용해 세운 것이다. 이 풍력발전기는 슐레스비히홀슈타인에 설치되었으나, 단지 몇백 시간 돌아가고는 고장이 나버렸다. 강력하게 떠도는 풍문은 풍력발전에 미래가 없다는 것을 보여주려 당시 에너지 생산업체들이 담합해 그런 설비를 만들었다고 한다.[97]

2006년 세계미래회의 재단에서 일하며 포스터를 만들었던 기억이 지금도 생생하다. 이 포스터는 재생에너지 개발이 단순히 전기료 문제 그 이상의 것이며, 기후 위기를 해결할 필수적 선택임을 보여주려 제작되었다. 먼저 우리는 재생에너지가 가져다줄 여러 강점을 목록으로 정리했다. 이를테면 전력 생산 시설의 분산으로 공급 과정의 손실을 줄인다든지, 화력발전을 하지 않은 대신 연료비 절감으로 전기료가 인하된다든지 등이 재생에너지의 강점이다. 더욱 중요한 강점은 에너지의 생산과 공급에 시민이 참여해 과정을 투명하게 만드는 점이다. 소비자가 곧 생산자이기도 하다면, 몇몇 독점 기업이 에너지 가격을 조작하는 일은 불가능해진다.

잊지 말아야 할 또 하나의 강점은 에너지의 생산과 공급이 풍부한 자원을 가진 국가에 더는 의존하지 않게 된다는 사실이다. 그러나 정치는 특히 2010년 이후 이처럼 일거에 다양한 문제를 해결할 해법에 별반 관심을 가지지 않는다. 정부에서 공개적으로 에너지 전환을 선언하지 않는 이유야 간단하다. 거대한 에너지 생산업체, 강력한 영향력을 자랑하는 기업의 로비를 받아 에너지 전환을 외면하기 때문이다. 기득권에 안주하는 '지평 1'을 우리는 얼마나 오랫동안 고수할 수 있을까? 이런 식이라면 새로운 시스템으로의 전환은 요원하지 않을까?

시스템이 약속한 것을 제공해 주지 못한다면 어떻게 해야 할까? 공개적으로 천명한 목표, 말하자면 에너지 전환 또는 저커버그가 강조하는 사회적 상호 교류 등의 목표가 '최대한의 이윤 추구'라는 현실의 목표와 정말 맞아떨어질까? 이상적 목표와 현실적 목표 사이에 간극이 너무 큰 나머지 인간과 사회의 자산이 전혀 예상하지 못한 엄청난 피해를 본다면, 그때는 어떻게 대처할까? 이를 누가 책임질 수 있을까? 우리 사회의 소통과 협력이라는 신경 회로를 몇몇 소수의 기업이 장악하도록 내버려두는 것이 과연 현명한 선택일까? 이득에만 눈이 어두워 공공의 안녕은 아랑곳하지도 않는 게 그들이다. 상품과 서비스가 전혀 마음에 들지 않음에도 그 기업이 너무 거대해서 우리가 다른 선택지를 갖지 않는 게 과연 정상일까? 또 이런 독점적 상황, 기득권을 지키기 위해 강력한 로비를 하는 행태를 우리는 그저 수수방관해야 할까?

물론 기술 영역에서도 이런 의문을 제기하는 목소리는 계속 들려온다. 그중에는 예전에 기술 영역에서 활동한 사람도, 지금 활발하게 활동 중인 사람도 많다.

"기술 의존성, 양극화, 분노·혐오 문화, 어떻게든 남의 관심부터 끌고 보려는 '마이크로 셀럽 문화'가 보여주는 허영 가득한 난장 판 등은 서로 떨어져 생겨나는 별개의 문제가 아니다. 이 모든 것 은 거대 기술 기업이 우리의 관심을 끌기 위해 벌이는 경쟁으로 생 겨난다."

예전에 구글에서 일한 바 있는 기술윤리학자 트리스탄 해리스 Tristan Harris의 진단이다. 이런 식으로 활용하는 기술은 강점이 아 니라 약점을 키울 뿐이라고 그는 우려한다. 이렇게 빚어지는 결과 를 해리스는 '휴먼 다운그레이딩Human downgrading'이라 부른다. 인간의 품격이 키워지기는커녕 외려 추락하는 이런 현상을 두고 그는 '문화의 사회적 기후변화'라고도 표현했다.[98] 상당히 비관적 으로 들리는 이야기가 아닐 수 없다. 하지만 실리콘밸리의 다른 대 기업 출신 기술 전문가들의 판단도 비슷하다.[99] 그리고 인간의 협 력과 건강한 사회를 이루는 데 있어 '관심'의 역할을 연구하는 전 문가들 역시 현재의 흐름을 걱정스러운 눈길로 바라본다.[100]

그럼 차라리 기술을 모두 폐기하는 선택이 나을까? 물론 그건 아니다. 우리는 기술을 다르게 설계하고 활용해야 한다. 다음은 영 국 경제학자 브라이언 아서Brian Arthur가 쓴 문장이다.

"새로운 기술은 물리적으로 구성되기 전에 먼저 정신적 구성을 거친다. 이 정신적 구성을 주의 깊게 연구해야만 한다."[101]

요컨대 생각과 지향하는 바가 바뀌어야 우리를 세계와 이어주 는 '앱'이 변화한다. 기술에 앞서 먼저 생각하는 법을 우리는 배워 야만 한다. 이런 의식을 키우기 위해 알버트 보그먼은 '디바이스 패러다임'을 극복할 패러다임을 찾아보자고 제안한다. 나는 이 패러다임을 '포커스 패러다임'이라 부르고 싶다.

"어떤 것에 초점을 맞출까, 또는 초점 안으로 받아들일까 결정하는 것은 핵심을 명확하고 분명하게 만든다는 뜻이다."

보그먼이 쓴 문장에 맞춰 본 '포커스 패러다임'은 우리가 카메라로 촬영할 때 조리개를 잘 조절해야 하는 이치를 그대로 담아낸 표현이다. 보그먼이 말하는 '초점'에 충실하게 해주는 것은 고전적인 의미의 도구, 곧 우리 인간이 직접 몸과 힘을 써서 활용하는 도구다. 이런 도구는 우리가 처한 상황이 어떤지 확실하게 알려준다. '포커스 패러다임'은 그래서 언제나 '쌍방향 소통'의 상징처럼 여겨진다. 보그먼은 이를 두고 '초점 실천Focal practice'이라 한다. 우리가 이런 실천에 힘쓰면 자원 이용과 이로 얻는 이득 사이에 어떤 관계가 성립하는지 명확히 알아볼 수 있을 뿐만 아니라, "경제적 이득과 삶의 만족도 사이의 관계를 제대로 읽어내며, 몸과 정신과 세계가 하나로 맞물려 있음을, 나와 다른 사람이 하나의 세상에서 살아가고 있음"을 가려볼 안목이 키워진다.[102] 보그먼이 미하이 칙센트미하이와 '플로우'를 놓고 대화를 나누었는지 나는 알지 못한다. 하지만 디지털 기술 영역이 계속 성장함에 따라 균형 잡힌 '포커스 패러다임'은 물리적 현실과의 연관성에 대한 시각과 감각을 잃지 않는 데 확실히 도움이 될 것이다.

자신이 무슨 색안경을 쓰고 세계를 바라보는지 자문하는 태도는 꼭 필요하다. 그래야 디스플레이 뒤에서 어떤 프로세스가 진행되고 있는지, 디바이스가 어떤 가치를 가지는지 확실하게 가려볼 수 있다. 기술 발달이야 세계 도처에서 늘 이루어진다. 다만 몇몇 소수의 독점적 기업이 관심 경제에 부채질하려 지어내는 거창한 미래 전망은 이런 기술 발달과는 거리가 먼, 말 그대로 전설일 뿐이다. 인간과 환경을 두루 배려하는 투자가 실제로 성공할 수 있음을 온라인으로 설득력 있게 보여주는 사례는 네덜란드에 본사를 둔 트리오도스은행Triodos Bank이다.[103] 또 독일 베를린에 기반을 둔 검색 엔진 에코시아Ecosia는 완전한 탄소 중립을 기업 목표로 선포하고, 45번째 검색이 이루어질 때마다 나무를 한 그루 심는다. 45번 검색하느라 소비한 에너지를 나무로 상쇄한다는 의지가 이렇게 표현된 것이다. '글로벌 공유재 동맹Global Commons Alliance'이라는 이름의 국제 프로젝트 역시 눈여겨볼 만하다. 이 네트워크는 새로운 센서, 드론, 데이터뱅크 그리고 시뮬레이션 모델을 활용해 생태계를 더 잘 이해할 방법을 꾸준히 찾는다. 현장의 농부와 기업은 이렇게 얻어진 정보로 생태계를 더욱 잘 지켜나갈 수 있다.[104]

나는 개인적으로 브라이언 아서와 알버트 보그먼 그리고 오드리 탕Audrey Tang(탕펑唐鳳)이 한자리에 모여 서로 대화를 나누면 어떨까 생각만 해도 가슴이 뛴다. 오늘날 타이완의 디지털 장관인 오드리 탕은 사회와 기술의 발달이 서로 어떻게 박자를 맞출 수 있을지 아주 인상 깊게 보여준 인물이다. 그녀는 여덟 살에 프로그래밍을 배우기 시작했으며, 열네 살에는 아예 학교를 그만두었다.

그녀의 뛰어난 재능을 학교 교육은 잘 살려주지 못했을 뿐만 아니라, 오히려 경쟁을 부추기는 숨 막히는 분위기로 억압했기 때문이다. 오드리 탕은 온라인으로 영어를 배우고, 전문 학술지의 기사를 빠짐없이 읽으면서, 자신보다 나이가 두 배 많은 전문가와 화상 토론을 벌이곤 했다. 열아홉 살에는 아예 자신의 회사를 차렸다.[105] 그녀는 미국으로 건너가 애플과 위키피디아 재단과 협업했으며, 기업들의 디지털 자문을 맡기도 했다. 서른세 살에는 은퇴할 계획을 세웠다.

그러다 2014년 타이완에서 거센 저항의 물결이 일었다. 특히 젊은 층은 타이완 정부가 친중국 노선을 시도하며 중국으로부터 많은 재정적 지원을 받는 것에 큰 반감을 품었다. 새로운 교역 협정을 맺으려 협상이 진행되었을 때 수백 명의 대학생과 학자들은 의사당을 점거했으며, 나중에는 행정부 앞에서 시위를 벌였다. 이들은 무엇보다도 모든 의사 결정 과정을 공개적으로 투명하게 보여줄 것을 요구했다.

오드리 탕은 "민주주의가 나를 필요로 한다"며 곧장 귀국했다.[106] 그녀는 시위대에 가담한 뒤 몇십 미터의 데이터 케이블과 모니터를 들고 의사당으로 들어가 시위 현장을 전 세계에 중계했다. 이것이 바로 타이완의 '해바라기 운동'이 탄생한 순간이다. 이 운동은 민주적 의사 결정의 투명성과 효율성을 전면에 내세웠다. 이 운동 덕에 타이완은 어떤 목표를 추구해야 할지 뜨거운 논란이 벌어질 때마다 디지털 기술에서 해결책을 찾고 돌파구를 열었다.

오드리 탕은 다양한 플랫폼과 단체가 참여한 협력 과정을 '상황적 응용'이라 부르며, 그 핵심을 "디지털 공간의 사회적 상호작용을 위한 설정"이라고 설명한다. 플랫폼의 성격은 참가자들이 직접 결정한다. 플랫폼에서 정리된 데이터와 프로그램은 오픈소스로 제공되는데, 투명성과 포괄적 담화 및 이해관계자 참여와 같은 규범이 뒷받침되어야 한다.

오드리 탕은 공룡 기업이 꾸며내는 거창한 이야기에 조금도 흔들리지 않았다.

"나는 반사회적이고 이윤만 추구하는 자본 경제의 인프라에 맞서 친사회적인 시민사회의 인프라를 위주로 생각하려고 한다."[107]

'생명에 이바지하는 기술 영역'이라는 자신의 포부를 오드리 탕은 다음과 같이 묘사한다.

"'사물인터넷'을 보며 우리는 그것으로 '존재 인터넷internet of beings'을 만들어야 한다. '가상현실'을 보며 우리는 함께 '공유하는 현실'을 만들어 나가야 한다. '인공지능 학습'을 보면서 '협력적인 학습'을 이끌어내야 한다. '사용자 경험'은 '인간적인 경험'으로 가꿀 수 있어야 한다. '특이점이 온다The singularity is near'는 말을 듣는다면 우리는 '평범한 다수가 여기 있다'고 기억해야 한다."[108]

2016년 타이완 선거에서 승리한 민주진보당은 오드리 탕을 디지털 장관으로 임명했다. 그러나 그녀는 자신을 정부의 일원이라고 생각하지 않았으며, 결정권자와 주권자와 운동가 사이를 매개해 주는 중개역을 자처했다. 시민 탕은 민주주의야말로 문제를 해결하는 사회적 기술이라고 확신했다. 물론 프로그래머 탕은 민주주의의 작동 방식에 만족할 수 없었다. 그녀는 왜 시민이 4년을 참고 견디다가 선거에서만 의사 표시를 해야 하는지 이해할 수 없었다. 사회를 더 살기 좋은 곳으로 바꾸어가는 과정에 애초부터 시민은 적극적으로 참여해야 마땅하지 않을까. 더 나아가 문제를 파악하고, 해결책을 찾는 과정에서 어째서 정치가만 발언권과 결정권을 가지는지도 도무지 이해할 수 없었다. 그녀는 국민 개개인이 선거에서 찬성이나 반대 또는 기권할 권리만 가지는 정치는 말이 되지 않는다고 보았다. 그런 정치야말로 국민의 소중한 잠재력을 허비하는 무능함이다.

오늘날 타이완의 시민단체 가운데 4분의 1 이상은 젊은이들이 주도해 만든 디지털 민주주의 플랫폼에 참여한다. 이 플랫폼은 사회가 안고 있는 문제들을 진단하고, 비판적 목소리를 내는 사람들을 직접 해결책 모색에 나서도록 판을 마련해 주는 역할을 한다.[109] 그 역할 가운데 하나는 디지털 기술과 민주주의를 시민들이 공부할 수 있게 교육 기회를 제공하는 것이다. 이 교육은 단말기 쓰는 법이랄지 프로그래밍 언어를 배우는 게 아니다. 어떤 플랫폼에서는 논쟁적인 주제를 놓고 활발한 토론이 벌어지고, 청원이나 탄원을 할 수 있는 플랫폼도 있다. 가짜뉴스를 신고하는 플랫폼도 있다. 플랫폼 운영의 핵심은 의제 설정, 디지털 사회 공간의 공동 창조, 책임감 공유 등이다. 책임감이란 디지털 장관이 제안한 교육 프로그램에 참여한 사람들이 저마다 주인이라는 의식을 가지는 것을 뜻한다.

타이완은 중국으로부터 극심한 견제를 받는다. 중국은 타이완을 어떠한 일이 있어도 독립국가로 인정하지 않으려 하기 때문이다. 그래서 중국은 소셜미디어를 활용해, 특히 선거철에 타이완의 여론에 영향력을 미치려 한다. 중국발 가짜뉴스에 대응하는 타이완의 구호는 이렇다.

"유머로 루머를 누르자. humour over rumour."

이 구호 아래 심지어 학생들도 일군의 '팩트 체크' 전문가들이 참여해 만든 소프트웨어로 가짜뉴스를 걸러내 단 몇 시간 만에 익살스러운 촌평으로 대응한다.

"독기를 풍기는 메시지에 단 몇 시간 만에 촌철살인의 개그로 대응하면 사람들은 유쾌하게 웃어넘긴다. 보복이나 차별 또는 복수가 아니어도 우리는 악성 댓글에 얼마든지 여유롭게 대처할 수 있다. 훨씬 더 기분 좋게."[110]

이 경우에도 감정이 영향을 미치지만, 페이스북과는 정반대의 방향으로 우리를 안내한다.

탕과 시민운동 단체들은 어떻게 해야 국민이 그저 한 표를 행사하는 수동적인 자세를 벗어나 적극적으로 목소리를 내며 문제를 풀어가는 주권자로 변할지 매우 인상적으로 보여주었다. 또 정치가들 역시 정책 결정과 의회 활동이 갈수록 투명하게 공개됨으로써 지금까지와는 전혀 다른 모습을 보여주기 시작했다. 내각 각료와의 모든 만남, 의회에서 벌인 토론, 시민과 정부 대표 사이의 협상 등 모든 것이 꼼꼼히 기록되고 온라인으로 공개되었다. 오드리 탕은 매주 수요일마다 자신의 집무실, 타이베이의 '소셜 이노베이션 랩Social Innovation Lab'에서 시민과의 만남을 가진다. 원하는 사람은 누구든 참가해 최대 40분까지 대화를 나눌 수 있다. 다만 조건이 있다. 대화는 낱낱이 기록되어 온라인으로 공개된다. 이런 식으로 2주마다 온라인 기록은 타이완의 네 개 인터넷 포털에 올라가 사람들이 자유롭게 열람한다. 말하자면 사회 혁신의 최신 아이디어가 이렇게 모이고 논의된다.[111]

그럼 유럽은 어떨까? 유럽연합위원회는 문자메시지와 메신저 서비스 제공업체들로부터 개인정보 보호를 구실 삼아 투명성 조례, 곧 지속가능한 경영을 위해 관련 자료를 투명하게 공개하기로 한 의무에서 제외해 달라는 요구를 받고 협상을 벌이고 있다. 문자메시지와 메신저로 이메일과 거의 같은 양의 텍스트가 오가기에 정보 보호가 시급하다나? 하지만 이런 식으로 정보 공개를 막는다면, 유럽연합위원회 위원장은 백신 제조업체와 수십 조에 달하는 거래를 해도 대중은 그 정확한 내용을 알 길이 없다.[112]

약 2350만 명의 인구를 가진 타이완을 두고 《이코노미스트The Economist》는 독일과 스위스보다도 앞선 안정적 수준의 민주주의 국가라고 평가했다.[113] 외교 전문 매거진 《포린폴리시Foreign Policy》는 오드리 탕을 지구상에서 가장 강한 영향력을 자랑하는 우리 시대의 선구적 사상가 중 한 명으로 꼽았다.

탕이 구현하고자 하는 목표는 페이스북이 이용자를 위해 만들어내겠다고 천명한 "의미 있는 사회적 상호작용"과 다르게 들릴까? 나는 그렇지 않다고 본다. 그렇지만 같은 목표를 추구함에도 양쪽이 구축하는 인프라는 전혀 다르다. 오드리 탕은 디지털 기업의 파괴적인 발전 성향을 왜 우리가 병든 오리처럼 절뚝거리며 따라가야 하는지 강한 의문을 제기한다.

아무래도 사기업은 공공선에 방향을 맞춘 목표를 외면하고 너무 빨리 치고 나가는 게 아닐까. 어쨌거나 도넬라 메도즈는 밀레니엄으로 접어들 때 일어났던 첫 번째 '닷컴버블'을 보며 이렇게 확인했다.

"어떤 기술이든 문제는 누가, 어떤 목적으로 그것을 밀어붙이느냐 하는 것이다. (자본주의 기업은) 시장에서 최대한 이득을 올려줄 상품을 만드는 데 치중하느라, 완전히 다른 목표, 전혀 다른 선택 기준에 매달릴 수밖에 없다."[114]

대기업이 어디에 초점을 맞추어 생각하는지 우리는 자세히 살펴볼 필요가 있다. 실리콘밸리의 유명한 구호 "빠르게 움직이고 낡은 것을 파괴하라Move fast and break things"는 디지털 기업이 얼마나 공격적인 경영을 하는지 여실히 보여준다.[115] 이처럼 공격적인 경영은 그만큼 막대한 자본을 활용할 수 있어서 가능하다. 일차적으로 빠른 증식에 매달리는 금융자본은 공공의 안녕이나 자연 보호에는 관심을 가지지 않는다.

자본을 빨리 불리기 위해서는 고객에게 갈수록 더 커지는 편리함을 구매하게 해야 한다. 이제 주기적으로 디바이스를 교체하는 일은 너무도 당연하게 여겨진다. 매출 신장이 이뤄지지 않는 기업은 주가가 내려가거나, 적대적 인수합병의 위협을 받는다.

악순환처럼 들린다고? 아니다. 빠져나갈 길 없는 악순환은 아니다. 그저 우리는 다시금 시스템의 함정에 사로잡혔을 뿐이다. 오늘날 우리가 누리는 기술 대부분이 서로 얽혀 만들어내는 이런 함정은 자연법칙이 아니다. 지구위험한계선을 넘어서지 않으려면 우리는 제한된 자원을 지켜내고 관리하는 데 어떤 기술이 적합한지 솔직하고도 과감하게 토론을 벌여야 한다. 최근 우리가 직면한 공급망 문제는 이런 토론을 벌일 좋은 기회를 제공한다. 이 문제가 그저 일시적인 것이라고, 조금 참고 있으면 다 해결될 거라고 하는 안일한 자세는 금물이다. 컴퓨터 칩 제작업체가 태양열발전 설비업체보다 게임 산업에 먼저 칩을 공급하는 게 과연 옳은 태도일까? 단지 게임 산업이 더 많은 돈을 준다는 이유만으로?[116]

"의미 있는 사회적 상호작용"은 다양한 방식으로 이뤄질 수 있다. 무슨 소리인지 알아들을 수 없는 기술 또는 금융 전문 용어에 위축될 필요는 전혀 없다. '메타버스'니 '최적화'니 하는 말을 주워섬기며 으스대는 전문가에게 끌려다닐 이유는 더욱 없다. 가속화, 포장박스 쓰레기, 멀티태스킹 따위보다는 인간적인 만남을 즐기는 인생을 살아야 하지 않을까. 기술 기업이 '사회적 허가Social License to Operate'를 지금처럼 거리낌 없이 누려도 괜찮은지에 대해서도 논란은 뜨겁게 불붙고 있다. 사회가 비공식적 또는 암묵적으로 기업에 용인해 주는 영업권을 뜻하는 '사회적 허가'는 공익을 등한시하거나 아예 등을 돌리는 기업에는 허용되어서는 안 되기 때문이다. 대안이 될 만한 사업 모델, 이를테면 협동조합이나 '개방형 혁신 플랫폼' 또는 '목적재단Purpose Stiftung'이 공개적으로 표방한 '책임 자산'과 같은 모델을 추구하는 것도 좋은 방법이다. 지속가능한 경제를 목적으로 천명한 목적재단은 회사의 소유주가 경영에 투표권과 참여권을 가지기는 하지만 이익 배분에는 관여하지 않는 기업 형태로 '책임 자산'을 제안한 바 있다. 이는 기업이 주주의 이익 추구에 봉사하는 게 아니라, 지속가능한 목적의 실현에 주력하는 경영 방식이다. '책임 자산'은 무엇보다도 투자자의 특수 이해관계가 목적 추구를 어렵게 만들지 않도록 경영진과 직원을 보호해 준다.

이렇게 보면 법과 제도도 일종의 기술이다. 사회를 조직하는 기술이랄까. 본래 '테크닉Technique'이라는 말은 고대 그리스어의 '테크네téchne'가 어원이다. '테크네'는 솜씨, 장인정신, 기교 등을 의미한다. 주어진 물음에 적절한 답을 찾는 것이 곧 '테크네'다. 그리고 사안의 핵심을 명확히 가려볼 안목이기도 하다. 오늘날의 페이스북이 답이라면, 원래 질문은 무엇이었을까? 원활한 인간관계 중개가 그 질문이었다면, 분명 아직 개선해야 할 여지가 있다.

시스템 트랩 — 경쟁과 독점

건강하고 활발하게 작동하는 시스템은 상위 차원의 문제 제기에 대응해 다양한 해결책을 각각 담당하는 여러 하부 시스템으로 이루어진다. 물론 이 하위 시스템들이 서로 충돌하고 배척한다면, 협력적 경쟁은 파괴적 경쟁으로 치닫는다. 독과점이 그래서 위험하다. 독점적 지위는 다양성을 짓누르며 극단을 초래하면서, 다르게 꾸며볼 자유를 제한한다. 아마존을 비판적으로 보면서도 자신의 상품을 팔 때 이 플랫폼에 의존할 수밖에 없다면, 독과점 추세는 더 강해지고 만다. 탈출구는 이런 일방적인 시장 체제를 문제 삼거나 상위 차원에서 더 나은 규칙을 정해 시장 질서를 새롭게 바꿀 때 찾아진다.

-¦-

이익단체와 집단이 정치에 행하는 압력이 커질수록,
개인의 이기주의가 고삐 풀린 것처럼 기승을 부릴수록,
공공의 안녕을 돌보는 일에 모든 책임자들이 힘을 모아야만 한다.[117]

_루트비히 에르하르트Ludwig Erhard

행동 — 다르게 조직하기

파리는 유럽에서 인구밀도가 가장 높은 도시다. 베를린의 8분의 1
보다 작은 면적에 200만 명이 넘게 산다. 매년 도시를 찾아오는
수십만 명의 관광객이야 높은 인구밀도에 신경도 쓰지 않으리라.
그러나 파리와 그 근교에 사는 주민에게 높은 인구밀도는 매우 심
각한 문제다. 높은 인구밀도는 그만큼 도시 공간이 협소함을 뜻한
다. 모든 것이 비싸질 수밖에 없다. 파리 시내에 주거 공간을 찾는
사람은 매달 1m²에 약 30유로의 임대료를 내야 하고, 구매할 경우
에는 약 1만 3천 유로를 내야 한다.[118] 이런 비용을 감당할 수 있
는 사람은 극소수이며, 가능하다 하더라도 직접 주거하기보다 투
자 용도로 활용할 따름이다. 파리는 유럽에서 인구밀도가 가장 높
은 도시일 뿐만 아니라, 세계에서 두 번째로 물가가 비싼 곳이다.
이 대도시 권역에 사는 인구만 1200만 명이다. 결국 1천만 명은
교외, 즉 외곽순환도로가 에워싼 고층 아파트에 거주한다. 이들은

매일 그곳에서 출퇴근을 하며, 1년에 7일을 정체 속에서 허비한다. 이것 역시 유럽에서 최상급이다. 또는 교외선이나 지하철을 이용하기도 한다. 대중교통은 늘 만원이라, 말 그대로 몸을 욱여넣어야 한다.

"메트로, 불로, 도도Métro, boulot, dodo"는 많은 파리지앵이 이들의 단조로운 일상을 삼박자로 부르는 표현이다. "지하철, 일, 잠"이라는 뜻의 이 말은 프랑스 작가 피에르 베아른Pierre Béarn이 1950년대에 쓴 시에서 따온 것이다. 직장과 주거 공간이 아주 멀리 떨어져 출퇴근과 수면 이외에 다른 것은 생각조차 할 수 없는 단조로운 생활 리듬은 어느 모로 보나 깨기 힘들어 보인다.

유럽의 도시들이 본래 추구하는 이상은 시민이 서로 가까운 거리에서 활발하게 교류할 수 있는 환경이다. 이 이상은 파리에서 이미 오래전에 무너졌다.[119] 다른 대도시의 사정도 비슷하다. 바로 그래서 지속가능성의 목표를 17가지로 설정한 '글로벌 의제' 가운데 하나가 도시를 지속가능하게 꾸미는 것이다. 이 목표를 위해서는 무엇보다 도심의 밀집 지역에서 사회와 생태와 문화와 경제의 흐름이 분명히 드러날 수 있어야 한다. 더 나아가 '라이프치히 헌장Leipzig Charta' 2007과 2020은 유럽의 도시들이 추구해야 할 목표로 공공의 안녕에 초점을 맞춘 '통합 도시'를 선정했다.

"공공의 안녕에는 시민이 안전하고 쾌적한 생활환경을 누릴 수 있게 해주는 신뢰할 만한 공공 서비스 및 사회, 경제, 생태, 공간 등의 요소에서 새로운 형태의 불평등이 빚어지지 않게 예방하고

감독하는 것이 포함된다. 우리의 공동 목표는 유럽의 도시와 자치 공동체, 그리고 이와 기능적으로 연결된 공간에서 삶의 질을 개선해 유지해 주는 것이다. 이 문제에서 누구도 불이익을 당해서는 안된다."[120]

선언문의 목표가 실제로 생명력을 발휘할 수 있을지는 인간에게 달린 문제다. 여러분도 이미 짐작했겠지만, 핵심은 서로 힘을 모아야 하는 우리 자신이다.

파리 시장 안 이달고Anne Hidalgo는 2020년 재선 출마를 선언하면서 "15분 도시"라는 공약을 내걸었다. 이 공약은 시민이 시내에서 해결해야 할 모든 일을 15분 반경 안에서 처리하게 해주겠다는 내용이다. 쇼핑뿐만 아니라 병원 진료, 학교, 영화관, 극장 또는 체력 단련장에 일자리까지, 아무튼 모든 것을 자동차를 이용하지 않고도 해결할 수 있게 가까운 거리에 두겠다는 것이 이달고의 포부였다.[121] 그녀는 이미 시장으로서 첫 임기를 보내며 파리를 이 목적으로 개조하기 시작했다. 센강의 북쪽 강둑을 따라 있는, 도시를 동쪽에서 북쪽으로 가로지르는 자동차 전용도로가 폐쇄되었다. 그때까지 매일 7만 대 이상의 자동차가 왕래하던 곳에 이달고는 자전거 이용자와 보행자를 위한 공원을 만들었다. 오늘날 그곳에는 카페와 바와 작은 상점들이 있다. 자신이 재선된다면 공공 주차장 전체 면적의 절반, 대략 7만 대가 이용할 수 있는 공간을 녹지대로 바꾸겠다고 그녀는 공언했다. 도시 순환도로에서 한 사람만 탄 차량은 오로지 하나의 차선만 쓸 수 있게 제한하고, 나머지 차선은 공유 자동차와 버스와 자전거가 쓴다. 도심을 횡단하는 주요 도로 중 일부는 자전거 도로로, 몇몇 유명한 광장은 보행자 전용 구역으로 탈바꿈한다. 특정 주거지역의 도로는 폭을 좁혀 자동차가 추월할 수 없게 만들었다. 어차피 오늘날 파리는 거의 전역이 속도제한 30km/h의 적용을 받는다.

독일에서 정치가가 그처럼 큰 도시에서 이달고와 같은 공약을 내걸고 선거에 나선다면 어떻게 될까? 2019년 하노버에서는 벨리트 오나이Belit Onay가 도심을 자동차 없는 '보행자 천국'으로 만들겠다는 공약을 내걸고 시장으로 재선에 성공했다. 그러나 막상 공약이 실천에 옮겨지자 반대의 목소리가 힘을 얻기 시작했다. 사람들은 자동차를 타고 와서 쇼핑하는 걸 좋아한다고 상인은 볼멘소리를 했다. 차를 타든 걸어오든 손님은 모두 환영이라나.[122] 하지만 보행자 거리를 만드는 데 있어 진짜 어려운 문제는 도심의 교통량 자체를 줄여야 한다는 것이다. 보행자와 자전거 타는 사람이 자유롭게 다니려면 승용차뿐만 아니라 대중교통도 줄어야만 한다. 시민은 대중교통까지 줄이는 것은 거세게 반대했다. 어떤 상인은 걷거나 자전거를 타고 찾아오는 고객은 쇼핑을 많이 하지 않는다고 불평했다. 그러나 관련 연구는 한 번에 소량으로 사는 대신 더 자주 구매하는 성향이 있는 것으로 확인했다.[123]

그럼 베를린은 어떨까? 베를린의 상원 의회는 도심을 자동차 해방 구역으로 만드는 것을 주민투표로 결정하자는 안건을 부결시켰다. 문제가 된 것은 도심 구역의 거주자마저 차량 운행을 제한받게 상정한 법안이다. 이를테면 휴가를 갈 때 공항까지 승용차를 이용하거나 덩치가 큰 물건을 수송하는 것까지 제한한 것이다. 상원은 이런 규정이 시민의 자유를 지나치게 제한해 헌법정신과 합치하지 않는다고 판단했다.[124]

겉보기로 아주 중요한 문제라고 해서 너무 거기에만 신경 쓰면 우리는 다시금 '타나랜드'라는 이름의 함정에 빠지게 된다는 사실을 보행자 천국은 여실히 확인해 준다. "자기 눈에 중요한 동기라고 해서 너무 그것에만 매달리는 태도"는 더 큰 맥락을 시야에서 놓치는 우를 범한다.

안 이달고는 이런 함정에 빠지지 않았다. 무엇보다 시민에게 그냥 간단하게 승용차를 타지 말라고 하는 것은 제아무리 합리적인 근거가 있다 하더라도 무리한 요구라는 점을 알았다. 무조건 타지 말라고 하는 대신 자동차 없이도 일상을 훨씬 더 잘 소화할 대안이 제시되면 설득력을 발휘한다. 자동차가 없는 것이 스트레스도 받지 않고 더 아름답다는 점을 보여주어야 한다! '지평 3'을 명확하게 제시하고 시민과 소통할 때, 대안이 단기적으로 불편하고 거추장스럽다 할지라도, 결국에는 더 생산적인 목표 추구가 가능하다.

이달고는 2020년 시장으로 재신임을 받으면서 파리 근교의 교통망을 개선하고자 지하철 노선을 200km 더 연장하기로 했다. 자전거 도로는 1,000km 더 늘리기로 했다. 시 당국은 도시에서 자전거 이용자 수가 2019년을 기준으로 2020년에 두 배 늘어난 것으로 확인했다. 이처럼 이달고는 특정 교통수단을 상대로 싸우지 않았다. 승용차 사용을 반대하기보다는 그 대안을 제시해 주려 노력했다. 물론 그녀를 비판하는 쪽은 그래서 더 불만을 품었을지도 모른다. 이달고는 그저 단순하게 도시의 공공 영역을 확장해 모든 시민에게 개방했을 뿐이다. 그리고 도시를 가꾸어가는 일에 모든 시민이 참여할 수 있게 하면서, 사회적이고 생태적이며 공간적인 면에서 두루 평등을 누리도록 했다.

안 이달고가 자신의 정책을 펼쳐가며 참고한 것은 이른바 '리빙 스마트 시티living smart city'이다. 이 구상은 콜롬비아 출신으로 프랑스에서 활동하는 도시계획 전문가 카를로스 모레노Carlos Moreno가 처음으로 생각해 냈다.[125] 그는 현대의 대도시가 시민에게 시간과 공간을 보는 자연적 감각을 더는 키워주지 못한다는 관찰에서 이런 구상을 다듬었다. 공간은 갈수록 좁혀진다. 먼 거리를 다양한 교통수단이 쉽게 이동하게 해주면서, 도시의 구석구석을 연결해 주기 때문이다. 그러나 이 교통수단을 이용하면서 우리의 시간은 터무니없이 늘어진다. 출퇴근에만 우리는 매일 몇 시간을 자동차나 지하철에서 허비한다. 생활에 필요한 모든 것을 도보나 자전거로 15분 만에 해결하게 해주자는 발상으로 모레노는 시민에게 시간과 공간의 자연적 감각을 되돌려주고 싶었다. 도시는 시민의 욕구에 맞추어 조성되어야지, 시민이 도시에 맞추는 일은 없어야 하지 않을까.

'리빙 스마트 시티'가 궁금한 나머지 안 이달고가 카를로스 모레노에게 전화를 걸었을 때, 모레노는 이런 이야기를 전화로 말해 봐야 이름 없는 무료 배포 신문 한 귀퉁이에 조그맣게 기사가 나는 게 아닐까 의심했다고 나중에 털어놓았다.

"하지만 그녀가 시장인 걸 알고 깜짝 놀랐죠. 아무튼 시장은 제 구상에 본격적인 추진력을 실어주었습니다."[126]

그동안 《타임》은 안 이달고를 세계에서 가장 영향력 있는 100인 가운데 한 명으로 선정했다.[127] 그리고 파리는 도시의 생태적·사회적 개조가 어떻게 이루어져야 하는지를 보여주는 국제적으로 가장 흥미로운 사례 중 하나로 꼽혔다. 프랑스의 수도는 코펜하겐, 암스테르담, 빈, 취리히, 바르셀로나와 어깨를 나란히 하며 지속가능한 도시가 어떤 방향으로 나아가는지 보여준다. 이 도시들을 찾아 그 생동감에 감탄을 금치 못하는 관광객들은 도시를 특별하게 만들어주는 것이 문화라고 입을 모아 말한다. 도시 구조를 어떻게 바꾸느냐에 따라 생동감을 만들어내는 문화가 자연스럽게 자리 잡는다는 점을 이처럼 명확하게 확인할 수 있는 경우는 드물다. 이렇게 보면 도시의 인프라 역시 문화에 영향을 주는 중요한 요소다. 도시의 구조와 인프라는 만남과 관계가 이뤄질 무대를 만들어주고, 우리의 자연적 감각을 회복시키며, 건강한 사회관을 빚어주어 바람직한 행동을 하도록 유도한다. 아무튼 건강한 도시는 사람들의 선택과 행동에 큰 영향을 미쳐 바람직한 방향으로 이끈다. 그렇게 '지평 3'으로 향한 발걸음은 가벼워지고, 현상 유지에 매달리는 '지평 1'을 벗어날 수 있다.

도시 인프라의 설계, 곧 도로와 신호등과 주차장을 우선시하는 설계는 오랫동안 자동차 친화적인 도시를 지향점으로 삼았다. 도로교통 규칙은 마치 자연적인 권리처럼 자동차에 우선권을 부여했다. 자동차는 신호등의 녹색 신호를 연동시켜 되도록 방해받지 않고 물 흐르듯 달릴 수 있었으며, 어떤 경우든 자전거보다 더 빠르게 달리는 게 당연한 것처럼 여겼다. 마찬가지로 건축 허가를 내주고 도로를 관리하는 제도 역시 특정 형태의 이동성만 매력적이라고 여기는 시스템을 고집했다. 이로써 '정체'라는 현대 교통의 고질적 증상은 피할 수 없게 되었다. 운행 자동차 수, 도로, 자전거 전용도로, 주차장은 서로 얽히며 시간을 허비하게 만드는 상황을 초래했다. 신호등 체계를 고쳐 자동차보다 보행자와 자전거 이용자가 녹색 신호를 두 배 이상 길게 받게 한다면, 무슨 일이 벌어질지 상상해 보라. 엄청난 정체는 피할 수 없는 결론이다. A에서 B로 가려는 사람은 정체로 빚어질 시간을 함께 고려해야만 일정에 맞출 수 있다. 이는 곧 도시에서 활용할 수 있는 이동 수단이 상당한 제한을 받는다는 뜻이다.

'15분 도시'라는 목표 설정은 교통 규칙과 교통수단에 대한 사람들의 이해를 바꾸어준다. 이로써 완전히 다른 감각을 자랑하는 전혀 다른 도시가 생겨난다. 물론 이런 변화는 하루아침에 일어나지 않는다. 그러나 시간이 흐르면서 '지평 2'가 혁신을 통해 새로운 규정을 차근차근 다져나가면 변화는 분명히 찾아온다. 하나의 시스템 안에서 활동하는 개인들이 차츰 우리로 힘을 모아 새로운 해결책을 찾아가며 새로운 상위 목표를 이루기 위해 노력하는 것이 이 변화 과정이다. 요컨대 이것이 사회의 '혁신 학습'이다.

"시스템이 잘 작동하는지는 그 기능들의 조화에서 알아볼 수 있다."[128]

도넬라 메도즈는 이렇게 진단한다. 그녀는 이런 상황을 '계층 구조의 조화'라고도 부른다. 이 조화는 상위 시스템, 가령 시 정부가 전체의 안녕을 돌보려 노력하는 가운데 주택 관리, 노동 관리, 시장 관리, 여행객 관리 등의 하위 시스템이 각기 다른 요구를 자유롭게 조절하며 관철할 틀을 만들어줄 때 생겨난다. 하위 시스템의 조화는 상위 시스템이 추구해야 할 목표를 명확히 해준다는 점에서 무척 중요하다. '자동차 친화 도시'라는 목표가 더는 생태와 사회 환경과 경제 분야의 정의와 합치하지 않는다면, 새로운 상위 시스템이 필요하다. 새로운 시스템이 새 목표로 생명력을 발휘하면, 하위 시스템은 그 목표를 따른다. 교통 문제를 관할하는 시스템이 자원 보호, 주택 건설, 경제 장려 부문과 경쟁하지 않고 네 부문이 모두 머리를 맞대고 도시의 공간과 인프라와 도로를 어떻게 디자인해야 $1m^2$의 면적이 다양한 목적에 이바지할 수 있는지 해결책을 찾는 것이다. 분야별 사고방식에서 종합적 사고방식으로, 제로섬게임에서 멀티 해결책으로의 전환이다.

또 하나의 예는 독일 숲이다. 숲은 우리가 어려서 들었던 동화가 펼쳐지는 신비한 무대다. 우람한 떡갈나무와 너도밤나무가 고고한 자태를 자랑하며 신비한 분위기를 뿜내는 숲. 그러나 숲은 이미 오래전에 이런 분위기를 잃어버렸다. 오늘날 독일 숲은 가문비나무만 즐비하다. 마치 격자무늬에 심은 것처럼 나무가 촘촘하게 밀집해 있어 숲 바닥에는 햇빛이 거의 들지 않는다. 숲이 이렇게 변한 것은 우연이 아니라 계획적인 식목의 결과다. 오랫동안 가문비나무의 곧은 몸통은 높은 수익을 가져다주는 인기 높은 목재였다. 그래서 사람들은 의도적으로 묘목 사이의 간격을 좁게 잡았다. 일찍부터 나무가 위로 성장하도록 일부러 스트레스를 준 것이다. 이런 환경에서 묘목은 옆의 나무에 빛을 빼앗기지 않기 위해 빠르게 높이 자란다. 가문비나무와 같은 소나무류는 촘촘한 상태에서 옆 가지를 넓게 뻗지 않아 목재로 쓰기 좋은 매끈한 몸통을 자랑한다. 임업이 가문비나무를 선호하는 이유는 이것이다. 홀로 서 있는 가문비나무는 가지가 원뿔 모양을 이루는 반면, 촘촘하게 선 것은 울타리 말뚝처럼 자란다.

지나친 경쟁으로 소통과 협력을 거부하는 '사일로식 사고방식 Silo thinking'과 하나의 시스템을 지나치게 촘촘하게 구성하는 것이 서로 맞물릴 때 무슨 일이 벌어지는지 알고 싶은 사람은 독일 숲으로 가보면 된다. 변화가 엄습했을 때 이 구조에 무슨 일이 벌어지는지 두 눈으로 볼 수 있다.

2018년 기상이변으로 초강력 폭풍이 독일을 강타했을 때, 숲은 엄청난 타격을 받았다. 보통 바람을 맞아 부러진 나뭇가지는 곧장 치워진다. 부러진 나뭇가지와 꺾인 나무는 나무좀이 창궐할 이상적인 조건을 제공하기 때문이다. 나무좀은 임업의 강력한 적이다. 하지만 당시는 피해 규모가 너무 큰 나머지 숲을 청소하는 작업을 마무리할 수 없었다. 이듬해부터 본격적인 나무좀 침공이 벌어졌다. 소나무류는 이런 공격에 두 가지 방어 전략을 구사한다. 그 하나는 옆 가지를 무성하게 키워 햇빛이 들지 않게 줄기를 가린다. 나무좀은 온기를 좋아하기 때문에 햇빛을 가려주는 전략은 꽤 괜찮은 방어다. 하지만 촘촘히 심어져 옆 가지가 별로 없는 상태에서 이런 효과는 기대할 수 없다. 두 번째 전략은 송진이다. 나무는 나무좀이 파먹은 구멍을 송진으로 메워 막아버린다. 그러나 기후변화로 여름이 갈수록 뜨거워지고 건조한 탓에 소나무는 송진을 예전처럼 만들어내지 못했다. 게다가 기온이 높아 나무좀이 1년에 네 번이나 증식하면서 폭발적으로 늘어나 건강한 나무에도 심각한 위협을 가했다.[129]

자동차 친화 도시와 마찬가지로 목재를 대량으로 얻어내겠다는 목표는 숲이라는 시스템 전체를 지나치게 협소한 시각으로 바라보는 우를 저질렀다. 이로써 숲의 생태를 건강하게 지켜주기 위한 가능성은 인위적으로 지나치게 줄어들고 말았다. 숲의 건강을 목표로 설정했더라면 나무를 단일 종으로 그처럼 촘촘하게 심지 않고, 수종을 다양화했을 것이다. 그랬다면 활엽수의 이파리들이 지붕을 이루어 그늘을 만들어줌으로써 블루베리와 이끼류가 충분한 수분을 저장했으리라. 그 결과 나무는 덜 말라붙고 나무좀의 공격도 이겨낼 수 있지 않았을까? 본래 나무좀은 병든 나무를 분해해 숲이 신진대사를 원활히 하도록 돕는다. 죽은 나무는 곤충의 먹잇감이 되어 부패하면서 숲의 토양을 비옥하게 만드는 부식토가 되기 때문이다. 그러나 소나무류의 단일 종으로만 숲을 조성한 결과는 전후 역사상 최대 규모의 소나무 고사다. 그동안 독일은 보덴호Bodensee의 다섯 배나 되는 어마어마한 면적을 재조림해야만 한다.[130]

시스템은 늘 변화하며 앞으로도 변할 것이다. 변화의 이런 역동성을 늘 염두에 두고 문제의 해결책을 찾는 자세가 발전의 원천이다. 이런 자세는 상위 시스템을 망가뜨리는 일방적인 흐름을 예방하고 바로잡아 준다. 바람직한 전향적 자세의 연동이 부드럽게 이뤄진다고 할까. 이런 전향적 자세는 위기를 예방하며, 혹 위기에 빠지더라도 그 충격을 완화해 빠르게 빠져나오게 해준다.

2021년 초 독일은 팬데믹의 3차 파동 한복판에서 몸살을 앓았다. 독일 사회학자 안드레아스 레크비츠Andreas Reckwitz는 《슈피겔》에 기고한 글에서 국가가 이런 위기에 맞서 어떤 대응을 할 수 있을지를 다루었다.[131] 정부가 위기에 어떻게 대응하는지는 팬데믹 이전에 금융위기와 난민 위기에서도 그 수준이 여실히 드러났다. 기후변화와 생물종 멸종에서도 갈팡질팡 헤매는 모습을 다시 보아야만 할까? 미래에 우리를 기다리는 위기는 한층 더 위력을 발휘할 게 틀림없다. 게다가 우리가 전혀 예상하지 못하는 위기까지 불거진다면, 생각만으로도 식은땀이 흐른다.

이런 미래에 국가는 어떻게 대비해야 좋을까? 레크비츠는 '회복력resilience'이라는 개념에 주목한다. '저항력'이라고도 할 수 있는 이 개념은 오늘날 다양한 분야에서 쓰인다. 원래 심리학에서 역경, 좌절 등을 이겨내는 능력을 가리키던 개념이다. 'resilience'의 어원은 라틴어인 '레실리레resilire'로, '다시 돌아가다', '제자리를 되찾다'가 원뜻이다. 그래서 학계는 영어식 표현인 '바운싱 백Bouncing back'을 즐겨 쓴다. 그동안 이 개념은 정치 분야로도 그 영역을 확장하면서 좋은 영향도 주고 나쁜 영향도 주었다.

"21세기에 접어들어 회복력 정책으로의 패러다임 전환은 의심할 바 없이 지혜로운 선택이다."[132]

레크비츠는 이렇게 진단하면서도 곧바로 회복력 정책에는 숨은 함정이 있다고 지적한다. 회복력 정책은 우리가 지금껏 알던 것과는 전혀 다른 미래를 그린다는 점에서 지금까지의 모든 정책과 다르다. 1950년대와 1960년대의 복지국가든 1980년대의 경쟁 위주 국가든 미래는 얼마든지 발전을 이루고 자유와 풍요를 누릴 수 있는 기회로 가득한 세상으로 보았다. 반면, 회복력 정책이 그리는 미래는 온갖 위험으로 얼룩져 있다. 언제 어디서 불거질지 모르는 위험 탓에 시스템은 불안하기만 하며, 심각한 경우에는 붕괴 직전까지 가기도 한다. 레크비츠는 회복력이야말로 사회를 보는 관점의 근본적인 변화, 사회를 떠받드는 믿음의 틀, 각종 전설과 설화와 신화로 대변되는 믿음의 틀이 무너지며 일어난 관점의 변화라고 진단한다.

"새로운 것, 긍정적인 것을 추구하는 대신 부정적인 것을 참고 견디거나 피하려는 심리가 회복력에 기대는 자세를 낳는다. 사회는 전향적인 미래를 열어가는 공간이 더는 아니며, 다치기 쉬운 섬약한 상태로 전락한다."

이런 사회가 최우선으로 여기는 과제는 '최악을 막는 것'이다. 이렇게 해서 "손실에만 대처하려는 부정적인 정책"이 생겨난다고 레크비츠는 설명한다. 그는 이런 정책이 생겨나는 것을 피할 수 없다고 보면서도 불편한 기색을 숨기지 않는다. 그리고 전환으로 긍정적 지평을 열어갈 감각만큼은 잃지 말아야 한다고 강조한다.

흥미롭게도 회복력은 전환 능력을 키워줄 실마리를 제공하기도 한다.

"이 전환 능력은 전혀 가보지 않은 새로운 길을 시도하며 완전히 새로운 인생을 열어갈 힘이다."[133]

기존의 진부한 대안에 매달리지 않고 새로운 길을 모색할 시야를 열어주는 것이 사실 회복력 개념의 핵심이다. 그 좋은 예가 스톡홀름 회복력 센터가 벌이는 활동이다. 이 센터는 회복력을 시스템에 활력을 불어넣어 줄 자극제로 삼을 방법을 연구한다. 위기에서 빠르게 회복될 뿐만 아니라, 진취적으로 발전해 가며 미래에 빚어질 위기의 확률을 낮출 사회적·생태적 시스템은 어떻게 만들 수 있을까?[134] 요컨대 '바운싱 백Bouncing back' 대신 '바운싱 포워드 Bouncing forward'의 방법은 없을까?

이탈리아의 이스프라에 있는 '조인트 리서치 센터Joint Research Center, JRC' 역시 비슷한 연구를 하고 있다. 마조레 호수Lago

Maggiore에서 멀지 않은 곳에 있는 이 연구소는 다양한 분야의 연구 결과를 토대로 하여 유럽연합위원회 정책자문 역할을 하고 있다. 1950년대에 원자력의 공동 연구를 위해 설립되었고, 이미 1980년대에 태양에너지를 본격적으로 다루어 유럽 환경 정책을 학문적으로 선도해 왔다. 그곳을 찾아갔을 때 연구원들은 나에게 생태계의 변화, 이를테면 하천의 변화를 어떻게 해야 '구글 어스'의 위성 사진처럼 정밀하게 관찰할 수 있는지 설명해 주었다. 그 덕분에 학자들은 조기에 어디서 임계 감속이 일어나는지 판별할 수 있다. 연구의 중점은 위기 징후의 조기 감지와 예방 대책의 수립이다. 위기가 불거질 시점과 그 내용뿐만 아니라, 어떻게 해야 위기를 가장 잘 막고, 동시에 상위 시스템의 목표를 계속 긍정적으로 추구할 수 있을지 집중적으로 분석한다.[135] 이 작업을 위해 연구원들은 한 쌍의 개념을 중시한다. 시스템의 '아웃풋Output'과 '아웃컴Outcome'을 대비시키면서 연구를 진행하는 것이다.

일단 '아웃풋'부터 살펴보자. 일반적으로 우리는 어떤 시스템의 능력을 평가하는 기준으로 아웃풋, 곧 양적인 출력을 본다. 독일 숲을 예로 들면 이는 생산되는 목재의 양이다. 흔히 생산량은 많을수록 좋다고 여겨지기에 올해의 산출량을 기준으로 삼아 이듬해의 산출량을 평가한다. 우리가 이해하는 '안정적 공급'의 핵심을 이 양적 출력보다 잘 정리해 주는 것은 없다.

안정적 공급은 어떤 경우든 확보되어야만 한다고 사람들은 입을 모아 말한다. 물론 이렇게 말하는 안정적 공급이 오늘날 중앙난방이 되는 주택이나 무상교육 또는 전 국민을 위한 기본 의료 서비스, 수입과 상관없는 보건 서비스를 뜻하지는 않는다. 우리 조부모 세대에서야 그런 것이 시급한 문제이기는 했다. 하지만 오늘날 우리가 이해하는 안정적 공급은 다운되는 일이 없는 통신망, 한 번의 클릭으로 모든 민원이 해결되는 디지털 행정, 또는 주문하고 10분이면 배달되는 음식에 해당한다. 물론 조부모가 아쉽게 여겼던 모든 것도 당연히 안정적 공급의 대상이기는 하지만, 오늘날 우리가 생각하는 안정적 공급은 될 수 있는 한 최적화한 것이어야만 한다. 진공청소기를 예로 들어보자. 유럽연합은 2017년부터 900W 이하의 성능을 가진 진공청소기만 판매를 허가한다고 발표했다. 그 바로 전해인 2016년만 하더라도 제조업체는 자그마치 1600W 제품을 팔았다. 고객이 갈수록 더 높은 성능을 가진 제품을 원한다나. 이 예를 보며 여러분은 무슨 생각이 드는가?

900W 제품으로 청소하면 집 안이 덜 깨끗할까? 우리가 안정적 공급이라고 부르는 것은 정확히 말해서 끊임없이 늘어나는 우리의 물질적 욕구를 뜻한다. 이 욕구를 되도록 아무 문제 없이 깔끔하게 만족시키는 제품을 써야만 우리는 직성이 풀린다. 또 그런 걸 지극히 당연하게 여긴다. 하지만 이런 성능을 가진 제품들을 우리의 시스템이 언제까지 공급해 줄 수 있을까? 대체 어느 정도 수준의 안정적 공급이어야만 우리는 만족할까?

조인트 리서치 센터는 스톡홀름 회복력 센터와 마찬가지로 욕구 충족을 당연하게 여기는 사람들의 성향을 주목하고, 그것이 회복력에 어떤 영향을 미칠지를 추적했다. 이 연구 끝에 회복력을 긍정적 방향으로 유도할 수 있는, 세 부분으로 이뤄진 모델을 구상해 냈다.

이 모델에서 연구자들은 첫 번째 행보로 '아웃풋'을 '아웃컴'으로 대체했다. '아웃컴'이 회복력 정책을 떠받드는 첫 번째 기둥이다. '아웃컴'은 최대한의 성과가 아니라, 주어진 조건 아래서 얻어낼 수 있는 가능한 성과를 이루고자 하는 개념이다. 이달고의 '15분 파리'의 경우 아웃컴은 '공공의 안녕에 초점을 맞춘 도시'다. 이런 아웃컴을 사회 전체로 확장해 본다면, 그것은 인류의 평안 또는 최대 다수의 최대 행복이다. 그리고 앞에서도 말했지만, 이 목표를 이루기 위한 전략은 매우 다양하다.[136] 이처럼 양적 확장 대신 질적 향상을 꾀하는 아웃컴으로 '지평 3'을 확장할 때, 긍정적인 회복력 정책을 펼칠 공간은 매우 넓어진다.

회복력 정책을 떠받드는 두 번째 기둥은 생태 문제를 배려하는 생산과 가공 과정 그리고 이 과정에서 이뤄지는 협력이다. 조인트 리서치 센터의 연구자들은 이 두 번째 기둥을 '엔진'이라고 부른다.

'엔진'은 그때그때 사회의 '자산 가치Asset'를 토대로 작동한다. 자산 가치는 생태 자본, 사회 자본, 인간 자본 및 지금껏 생산된 모든 물품을 포괄하는 이른바 물적 자본을 두루 아우른다. 이 자산 가치가 세 번째 기둥이다.

우리가 사회의 운영 체계를 어떻게 조직하느냐에 따라 회복력의 세 가지 기둥, 즉 아웃컴과 엔진과 자산 가치가 모두 달라진다.

이 목표를 향해 나아가면서 우리는 몇 가지 사항을 주목해야만 한다. 쓰레기는 얼마나 만드는가? 환경 파괴의 정도는? 유익한 학습 과정이 일어나고 있나? 신뢰와 협력이 충분히 이뤄지는가? 그저 단순하게 터보 진공청소기처럼 출력만 키우는 경제 모델은 회복력을 갉아먹을 뿐이다.

아웃컴을 중시하는 회복력 모델은 어째서 더 나은 미래를 연결해 줄 수 있을까? 우리가 이 모델을 꾸려가는 방식은 기존의 자산을 가지고 위기를 막을 완충지대를 다시 구축할 수 있기 때문이다. 바꿔 말해 이 모델은 위기에 대응할 매우 다양한 전략을 짜게 해줄 뿐만 아니라, 위기 가능성을 낮춰준다. 우리가 여러 사례를 통해 보았듯, 위기는 기존 자산이 턱없이 부족해지는데도 우리가 일찌감치 주목하지 않는 탓에 생겨난다. 시민의 다양한 욕구를 해결해 줄 공간이 부족한 것도, 숲이 균형을 찾지 못하게 하는 조림과 벌목도 마찬가지로 위기를 부른다. 위기가 불러온 충격에도 모든 것을 기존 그대로 고수하려는 보수적인 반응, 변화를 거부하는 반응은 본격적으로 위기를 심화시킨다.

긍정적인 회복력 정책은 옛것을 고수하지 않고 창의적으로 가치를 보존하는 쪽으로 미래를 설계할 때, 적기를 놓치지 않으려 항상 주의하고 예견하는 태도로 이루어진다. 중요한 것은 사회의 안녕을 키우는 쪽으로 자산 가치를 강화하는 자세다. 훼손되지 않는 자연, 좋은 교육과 보건 체계, 신뢰감이 형성된 관계 및 제도는 경제에 활력을 불어넣어 줄 뿐만 아니라, 더불어 살아가는 조화로운 인생의 밑바탕이 된다. 우리의 능력을 키워 사회의 구조와 의사 결정 및 실행 과정을 일찍부터 변화시키려는 노력도 필요하다. "전환, 파국이 아니라 디자인으로Transformation by design, not disaster"[137] 같은 구호가 이런 생각을 담아낸 표현이다.

이런 산뜻한 전환은 어떻게 이뤄질까? 전환을 연구하는 학자들은 지속적인 학습 과정이 필요하다고 강조한다. 이 학습 과정은 네 단계로 정리할 수 있다.[138]

첫 단계는 일찍부터 실천에 나서겠다고 결심하고 문제가 정확히 무엇인지 파악하려 노력하는 국면이다. 문제의 파악은 바로 그 문제를 일으키는 시스템을 이해하는 것을 의미한다. 당연한 말처럼 들리겠지만, 현실은 그리 간단하지 않다. 새로 온 팀장이 동료들과 대화를 나눠보기도 전에 팀을 완전히 새롭게 개편하겠다고 공언하는 일은 빈번하다. 또는 문제를 보다 더 깊게 파고들어 심층적으로 이해하려는 노력도 쉽게 볼 수 없다. 타나랜드에서 보았듯이, 그저 자신의 선입견만 밀어붙이는 태도는 쉽게 찾아볼 수 있다. 그러나 맥락을 이해하고 새로운 통찰을 얻어내려면 먼저 시스템에 중요한 당사자 모두와 깊이 있는 대화를 나누어야만 한다. 온종일 문제와 씨름하는 당사자의 말을 귀담아들어야만 진정한 소통이 이루어진다. 상황도 파악하지 못하면서 자신이 하고 싶은 이야기만 늘어놓는 사람의 말을 듣고 도대체 무얼 어떻게 해야 할까? 전환 연구가는 이 첫 단계를 '시스템 인식'이라고 부른다.

두 번째 단계는 첫 번째의 문제 파악을 바탕으로 목표를 설정하고 이를 실현하기 위해 어떤 일을 해야 하는지, 시스템 내부에서는 어떤 변화가 일어나야 하며, 변화한 시스템으로는 어떤 변혁을 꾀해야 하는지 정리하는 국면이다. 첫 단계가 '시스템 인식', 곧 무엇이 문제인지 적절한 진단과 이해(네트워크 작동 방식, 역학관계, 실천 목표 등)에 초점을 맞추었다면, 두 번째 단계는 '목표 인식'이다. 어디로 가야 하는지, 그리고 이 목표 지점에 이르려면 어떤 길을 가야 하는지 사회적 합의를 끌어내야 하는 국면이다. 합의한 목표란 관련 당사자 모두가 공유하며 이 목표를 추구하는 데 누구도 소외되지 않아야 함을 함축한다. 목표를 향해 나아가는 과정에서 비전과 믿음을 공유할 스토리를 자신의 이야기라 여기며, 늘 전체를 염두에 두면서 현재의 위치를 가늠하고, 그에 맞는 실천 전략을 각종 지표에 비추어 탄력적으로 적용하는 자세가 필요하다.

'포트폴리오'라 부르는 세 번째 단계는 원하는 변화를 이루어 갈 아이디어를 정리해 어떻게 한바탕 신나는 춤판을 벌일지 안무를 짜는 국면이다. 가능성의 공간을 열어가는 탐색과 실험의 국면이랄까. 다양한 의견들이 자유롭게 교환되면서 다중 해결책을 빚어낸다. 복잡계는 이처럼 서로 어울려 상호작용하는 춤을, 지금껏 칸막이로 나눈 부서와 제도를 뛰어넘어 포괄할 수 있는 춤을 필요로 한다. 고정관념에만 매달려 꿈쩍도 하지 않는 보수적 태도는 금물이다. 이런 신나는 춤판은 양적 지표뿐만 아니라 조직 문화에 생동감을 불어넣는 질적인 지표 또한 요구한다. 난관에 부딪히고 실수가 생겨날 때마다 자신의 분야가 아니라고 발뺌하는 태도는 책임감을 무너뜨린다. 또 고지식하게 규칙에만 매달려도 질식할 것 같은 분위기가 생겨난다. "그건 예상하지 못한 상황이지만, 지금 규칙으로는 무시해야 하지 않겠어?" 이런 말에는 곧장 "왜 안 되는데?" 하고 반문하자.

네 번째 단계는 그동안 학습한 것을 다지면서 널리 전파하는 국면이다. 이 단계에서는 함께 머리를 맞대고 찾은 해결책을 시스템에 안착시키며 그 효과를 평가하는 일이 중요하다. 어떤 하나의 해결책을 과대평가하는 태도는 금물이다. 아마도 몇몇 해결책은 특정 값까지만 통할 수 있다. 그래서 되도록 다양한 해결책을 시도하며 변형을 주는 것이 훨씬 더 나은 선택이다. 이때 중요한 것은 실험이 몇몇 신경질적인 유토피아주의자의 놀이터가 아니라, 보다 더 원대한 변혁을 추구하는 선구자가 소신을 펼칠 장을 열어주어야 한다는 점이다. 또 이 선구자에게 걸맞은 대우도 필요하다. 이렇게 할 때 우리의 사회 학습은 좋은 영감을 얻어, 새로운 표준의 일부로 통합될 수 있다. 물론 이에 상응하는 실천적 태도는 필수다. 그리고 산파이자 동시에 말기 환자의 고통을 완화해 주는 간병인의 역할을 두루 수행할 줄 아는 지도자, 곧 새로운 것을 기꺼이 받아들이고 옛것을 잘 정리해 역사의 뒤안길로 보내줄 수 있는 지도자를 키워야 한다. 그래야만 시간의 맥박에 맞춰 혁신적으로 조직을 발전시키는, 도넬라 메도즈가 '자기조직화Self-organization'라 부른 시스템의 특징이 생겨날 수 있기 때문이다.

복잡계의 조화로운 질서는 우리가 흔히 떠올리는 것과는 다르다. 이 질서는 아래에서 위로 향한다. "상위 계층의 목적은 하위 계층의 목적 달성에 이바지하는 것이다."라고 도넬라 메도즈는 썼다.[139] 계층 구조의 조화를 꾀하고 돌보는 일은 예술 그 자체. 이 일은 건축가의 일과 비견할 만하다. 다만 집과 도시 같은 물리적 구조가 아니라, 조직과 국가 같은 사회적 구조를 다룬다는 것이 차이랄까. 사회 구조는 모래더미와 돌무더기보다 훨씬 더 민감하며 불규칙한 변화를 보이게 마련이다.

나는 세계미래회의에서 일하면서 동료들과 함께 사회운동가의 노력을 기리기 위해 '미래정책상 Future Policy Award'을 제정했다. 이 상은 오늘날에도 유엔과 같은 국제기구와 협력하여 대상을 선정해 수여한다. 우리와 미래 세대의 더 나은 생활 환경을 장려하는 법안을 기리는, 전 세계적으로 유일한 상이다.[140] 첫해인 2009년 상은 브라질 동남부의 도시 벨루오리존치 Belo Horizonte의 품에 안겼다.

이 도시가 브라질에서 처음으로 제도판 위에서 설계되었다는 사실은 오늘날 체스판처럼 가지런한 구획을 보면 잘 알 수 있다. 하지만 이미 오래전에 도시는 주변 산을 넘어설 정도로 커졌다. 인구가 250만 명이 넘는 벨루오리존치는 브라질의 대도시 가운데 하나다. 널찍한 가로수 길, 커다란 공원 그리고 아름다운 스카이라인을 자랑하는 이 도시는 경제와 문화의 중심지이기도 하다. 하지만 철강과 섬유와 자동차 산업에 힘입은 경제성장의 혜택은 모든 시민이 골고루 누리지 못한다. 브라질의 많은 지역과 마찬가지로 벨루오리존치의 사회적 불평등은 심각하다. 도시의 어느 구역은 스칸디나비아반도에 못지않은 생활수준을 자랑하는가 하면, 북아프리카에서 볼 수 있는 빈민굴, 이른바 '파벨라Favela'는 눈뜨고 보기 힘들 정도의 비참함에 시달린다.[141] 1990년대 초에 도시에 거주하는 가족의 3분의 1은 최저생계비에도 못 미치는 생활고를 겪었다. 아이들은 다섯 명 가운데 한 명꼴로 영양실조에 걸려 고통받았다.[142]

1992년 시장으로 선출된 파트루스 아나니아Patrus Ananias는 이런 상황을 바꾸기 위해 우리가 앞서 살펴본 네 단계의 학습 과정을 그야말로 모범적으로 수행했다. 가장 먼저 그는 주민의 식생활을 해결해 주는 시스템을 관찰했다. 이 시스템은 자유시장이다. 식료품을 구매할 수 있는 능력을 갖춘 사람들에게 자유시장이라는 시스템은 아무 문제 없이 작동했다. 하지만 그렇지 못한 모든 사람에게 시장은 철저히 문을 걸어 잠갔다. 아나니아가 이끄는 시당국은 영양 공급의 안정성을 공공의 과제로 파악했다. 시민의 식생활만큼은 정부가 나서서 해결해야 한다는 것이 공공 과제의 의미다.

1993년 7월 15일에 발효한 지방자치법 6352호로 시 당국은 모든 시민이 질 좋고 충분한 영양을 공급받을 권리를 가진다고 천명했다. 그리고 이 권리를 보장해 주고 실행에 옮길 과제는 시 당국의 몫임을 자임했다. 바꿔 말하자면, 아나니아는 분명한 목표를 설정하고 이의 실현을 사명으로 삼았다.

　동시에 시 당국은 영양정책과 식료품공급사무국이라는 새로운 관청을 신설했다. 이 사무국은 관련 분야의 모든 이해 당사자가 한자리에 모일 수 있도록 조직하는 일을 맡았다. 기업, 학계, 다양한 수준의 정부 기관, 소비자 등 모두가 하나의 공간에 모여 문제를 진단하고 그 해결책을 찾아 실행에 옮기는 일이 마치 하나의 손이 처리하듯 매끄럽게 이루어졌다.[143] 이 사업은 "존엄성을 지키는 식생활"이라는 구호를 내세웠다. 가난한 사람들이 구걸한다는 사회적 낙인찍기는 이제 더는 안 된다. 모든 시민이 안정적인 식생활을 누리는 것은 공동체의 과제다. 뭔가 잘 풀리지 않는다고 서로 잘못을 떠넘기는 일도 더는 안 된다. 안정적인 식생활은 얼마든지 실현 가능하다는 것을 벨루오리존치가 보여주는 것이야말로 공동체의 과제다. 자원을 더 효과적으로 활용하며 서로 협력하면 공공의 안녕은 얼마든지 이룰 수 있다.

　그 실천 방안 가운데 가장 큰 효과를 본 것은 학교에서 제공한 무료 급식이다. 유치원과 각급 학교와 대학교에서 제공된 급식은 1년에 4500만 명 이상이 혜택을 누렸다. 최고로 인기를 끈 것은 '민중식당Restaurante Popular'이다. 그사이 다섯 곳으로 늘어난 이 식당은 시 당국의 보조금을 받은 덕분에 1유로도 안 되는 금액으로 한 끼 식사를 제공했다.[144] 식재료는 지역의 생산업자에게 공급받았다. 보조금을 받기는 하지만 이 식당은 아무 제한 없이 모든 사람이 이용할 수 있었다. 학교 마당은 물론이고 도시 곳곳에 텃밭이 생겨나 공동으로 채소를 재배하기도 했다. 틈틈이 건강한 식생활은 무엇이며, 요리는 어떻게 해야 하는지 강좌가 개최되었다. 일종의 '푸드뱅크'는 남는 식재료를 취합해 '국민 바구니'라는 이름으로 포장한 뒤 트럭을 이용해서 싼값에 판매했다. 이로써 신선한 채소와 과일이 나지 않는 지역의 주민도 필요한 것을 편리하게 구입할 수 있었다. 더 나아가 가난한 지역에 식료품을 싸게 파는 상인에게 그 반대급부로 부자 동네에서 영업을 할 수 있는 허가를 내주었다. 도시 근교의 영세 농부는 중개상에게 수수료를 내는 대신 시장에서 제값을 받고 팔 수 있게 따로 매장을 만들어주었다. 토지를 가지고 있으면서 놀리는 땅주인은 그 땅에서 소작을 할 수 있게 허락해 주어야만 했다. 아무튼 이런 식으로 신선한 아이디어는 넘쳐흘렀다.

아나니아는 어떻게 이런 성과를 올릴 수 있었을까? 결정적인 성공 원인은 통솔력이다. 확실한 설득력을 가진 비전을 제시하며 일의 추진에 필요한 다양한 전문가를 공동 설계자로 조직한 능력이 그녀의 통솔력이다. 이로써 아이디어가 서로 보완되고, 다중 해결책을 가늠할 수 있는 포트폴리오가 만들어진다. 서로 어떻게 맞물리는지 맥락을 읽어내고 적합한 목표를 설정한 뒤 각자의 역할을 명확히 밝혀줄 때 지도자의 진면목이 드러난다. 이런 통솔력은 시스템의 구조뿐만 아니라, 그 안에서 일하는 사람들의 태도, 특히 윤리의식에 큰 영향을 준다. 이것은 차근차근 단계적으로 깊이를 더해가는 '리더십'이다. 이와 더불어 우리의 가치는 그 기초를 든든히 다진다. 기초가 탄탄한 의지는 핑곗거리를 찾지 않고, 길을 열어나간다.

벨루오리존치의 혁신은 그저 배고픔만 해결하려는 단순한 목표를 가지지 않는다. 이 혁신은 빈곤 문화에 마침표를 찍고자 한 것이다. 식량 공급망을 정비해 모든 사람이 혜택을 누리게 하는 과정에서 깨닫고 배운 점은 각자의 내면에 새겨지면서 공동체의 중요성을 다시 부각한다. 지금까지 각자 떨어져서 행동하던 주체들이 이제는 기꺼이 협력하면서 새로운 방식으로 각자의 자원과 영향력을 하나로 모았다. 벨루오리존치는 문화적으로 뿌리를 내리는 혁신만이 성공할 수 있음을 보여준다. 변화한 문화는 변화한 구조를 반영한다. 지금껏 상식과 맞지 않다며 외면받던 행동은 이제 새로운 '정상'으로 자리 잡는다.

"배고픔의 해결이 식량과 물자의 부족 탓에 실패하는 것은 분명히 아닙니다. 부족한 것은 정치적 의지입니다."[145]

아나니아가 '미래정책상'을 받으며 밝힌 소감이다. 벨루오리존치는 이 의지를 갖추고 매년 1천만 달러를 밑도는 예산을 투자했다. 이 정도 규모는 시의 전체 예산에서 고작 2%에 해당하는 금액인데, 아무튼 이런 예산만 가지고도 주민의 식생활은 현저히 개선되었다. 10년이 채 안 되어서 아동 사망률은 60%가, 영양실조에 시달리는 아동은 75%가 줄어들었다.[146] 그동안 벨루오리존치의 모델은 나미비아와 남아프리카공화국이 고스란히 받아들였다.[147] 나중에 아나니아는 사회개발 장관으로 브라질 전체의 빈곤과 기근을 퇴치하려 노력하면서 벨루오리존치 시장 시절의 모델을 모범으로 삼았다. 벨루오리존치의 시민은 이제 식생활 문제에만 국한하지 않고 활발한 정치 활동을 벌인다. 이른바 '시민 예산'이라는 제도로 시민들은 벌써 몇 년째 서민 지원 금융을 어떻게 분배할지 정하는 안건에 의결권을 가지고 참여하고 있다.[148] 그리하여 모든 주민의 건강하고 공정한 식생활을 위한 해법이 다른 분야로도 더욱 확대되고 깊어졌다.

파리의 이동성 정책과 마찬가지로 벨루오리존치의 식생활 정책은, 새로운 관청과 서류만 만들어내는 형식적 변화에 그치지 않고 진정한 혁신이 어떻게 가능한지 잘 보여준다. 이런 혁신은 학습과 의사 결정과 협력이 어떻게 이루어지느냐에 그 성패가 달렸다.

정상적으로 기능하는 시장을 두고도 같은 말은 할 수 있다. 옥스퍼드의 '신경제 사고연구소Institute for New Economic Thinking'의 복잡계 경제학자 에릭 바인호커Eric Beinhocker와 닉 하나우어Nick Hanauer는 복잡계를 일종의 '적합도 지형Fitness landscape'으로 생각해 보자고 제안한다.[149] '적합도 지형'이란 유전자가 번식하며 균형을 이루는 상태를 나타내는 생물학 개념이다. 이를 염두에 두고 보면, 균형을 이룬 시스템에서 인간과 그룹은 서로 협력한다. 또는 문제가 빚어질 때마다 해결책을 앞다투어 찾는다. 그러나 이 '생태계 환경'을 정원사가 가꾸어주지 않는다면, 시스템 전체의 '건강'은 나빠진다. 우세한 몇몇 하위 시스템이 그 막강한 힘을 이용해 환경 자체를 바꾸려 하면, 우리는 "성공을 위한 성공"이라는 함정에 빠진다. 바로 모노폴리에서 보았던 그대로다.

"헤지펀드가 민들레처럼 쉽고 빠르게 자란다고 해서, 우리가 이 펀드에 반드시 가입해야만 하는 것은 아니다. 개인이 돈을 벌 수 있다고 해서, 그 일이 사회에 반드시 좋은 것일까. (……) 인간의 건강을 지켜주겠다면서 먹으면 오히려 독이 되는 약물을 생산해도 될까? 돈 벌기 좋다고 살상 무기를 팔아도 될까? 해결책이 필요하다고 해서 없는 문제를 만드는 건 안 되지 않을까? 오늘날 시장을 보면 이런 일은 너무나 빈번하다. 오로지 돈만 좇는 시장 논리는 없는 문제를 억지로 만들어내 사고 예방이라거나, 이게 요즘 유행하는 디자인이라며 헛것을 꾸며낸다."[150]

민주주의 사회는 시장이 이런저런 방향으로 가야 한다고 방향성을 정해주어야 한다. 방향성의 규정과 제시는 헌법이 정한 정당한 의무다. 방향성이란 공공의 안녕을 최대한 보장하려면 어디로 가야 하는지 정하는 것을 뜻한다. 정치는 이 목표의 실현을 위해 노력해야 한다. 정치가 공정하게 규제할 때 시장경제는 사회적 목표를 이루는 도구로 기능한다. 물론 사회의 모든 목표가 시장을 통해 추구되는 것은 아니다. 하지만 정확히 공공 서비스와 사회보장을 누릴 권리는 헌법이 부여한 것이기에 모든 인간이 구매력과 상관없이 누릴 수 있어야만 한다.

이런 일은 당연히 갈등을 유발하게 마련이다. 개인적 이해관계가 곳곳에서 충돌한다. 이해관계의 충돌을 정확히 직시하고 이를 조율하는 일은 그야말로 예술이다. 투명성과 협력 정신 그리고 적절한 자극과 보상은 꼭 필요하다. 갈등을 해결해 주는 탁월한 사회성은 창의적인 힘을 발휘한다. 그래서 이런 사회성을 키워주는 교육이 필요하다.

　좋은 디자인이 아름다운 이유는 무엇일까? 좋은 디자인은 긍정적인 피드백을 이끌어내기 때문이다. 멋진 조화를 이룬 디자인을 보며 사람들은 기존의 상황을 새롭게 꾸며볼 영감을 얻는다. 이런 피드백을 받아들인 정부 또는 시민사회는 시민위원회나 미래위원회, 또는 그저 간단하게 이해 당사자 양측과 중간 조정자의 삼자 대면을 시도한다. "우리 VS 바이러스Wir versus Virus"라는 표어를 내건 '해커톤Hackathon'°이나, 독일 정부와 사회 각계의 운동가들이 협심해 만든 프로젝트 '새로운 출발 독일Aufbruch Deutschland'과 같은 이른바 '오픈 소셜 이노베이션Open Social Innovation' 프로젝트가 그 좋은 예다. 대학교가 연구와 교육 외에 제3의 사명, 곧 지식을 사회로 전파하고 적재적소에 자리 잡게 하는 '지식 창조Wissen schaffen'●라는 학술 장려 프로젝트도 마찬가지다. 시민의 생활과 직접 맞닿아 일어나며, 좀체 해결되지 않고 끊임없이 되풀이되는 문제에 도전하고자 각종 단체들이 경계를 넘어 의기투합한 '리빙 랩living lab'(생활 실험실)도 있다. 그리고 이런 프로젝트들의 평가 기준을 연구해 그 개선 방안을 컨설팅하는 글로벌 네트워크

○ '해킹'과 '마라톤'을 조합해 만든 이름으로, 전 세계 소프트웨어 개발자들이 새로운 결과물을 만들어내고자 벌이는 이벤트다. ― 옮긴이

● 독일어의 'Wissenschaft'는 '학문'을 뜻한다. 이에 빗대 '지식'과 '창조'를 강조한 표현이다. ― 옮긴이

도 있다.

조직과 제도를 어떻게 디자인해야 구체적으로 계층적 조화를 이뤄낼 수 있을까 하는 물음은 무슨 과제를 다루는지, 그 문화적 맥락은 어떤 것인지에 따라 답이 달라진다. 이 작업은 지도자의 역량만으로는 결코 성공할 수 없으며, 이른바 '팔로워'의 태도와 실천에 따라 성패가 갈린다. 루트비히 에르하르트는 1963년 정부의 과제를 선포하며 이렇게 말했다.

"국가의 공익 수행에서 이해단체의 막강한 힘과 전문성 그리고 다양한 재능을 결집해 공동체에 봉사하게 만드는 것이야말로 엄청난 발전이다."[151]

이런 결집이 이뤄지지 않는다면 강력한 하위 시스템 또는 개인들이 조화를 뒤흔들어 놓으리라는 것은 불 보듯 뻔한 일이다.

고대에 이미 이런 사실을 주목했던 인물이 철학자 플라톤이다. 계층 구조가 조화를 이룬 사회, 플라톤이 '민주주의'라고 부른 사회를 만드는 전제 조건은 교육이다. 사회가 그때그때 맞닥뜨리는 도전 과제를 이해하고 이에 걸맞은 행동을 할 수 있는 능력은 교육만이 키워줄 수 있다. 시민이 자율권을 누리는 정부 시스템은 교육으로만 건설되고 유지될 수 있다. 교육은 특권적 지위로 이득만 노리는 이기주의의 유혹에 맞서 저항할 수 있는 개인의 회복력을 키워주기도 한다.

시스템 트랩 — 변화에 대한 저항

조직은 특정 시점에서 특정 목표를 설정하여 움직인다. 자동차 친화 도시냐, 인간 친화 도시냐에 따라 조직은 달라질 수밖에 없다. 목재 생산이냐, 건강한 숲이냐? 조직은 어떤 방향으로 생각해야 하는지 모범을 제시하고, 이 목표를 추구하는 과정을 관리하며, 특정 노선으로 발달을 이끈다. 함께 머리를 맞대고 발전의 길을 모색하는 대신 자기 보존에 급급한 조직은 모두에게 불만족스러운 성과를 내놓는다. 이런 함정을 권력으로 누르고 무시하는 태도는 파국을 부를 따름이다. 이런 파국을 피하고자 한다면, 현장의 모든 활동 주체가 자신의 논리만 고집하지 않고 새로운 길을 찾기 위해 협력하는 자세가 꼭 필요하다.

–¦–

사회를 새롭게 건설하려는 숱한 시도 가운데
최선의 것은 인류 역사상 가장 크고 영구적인 도전 과제를
직시하며 이렇게 묻는 것이다.
"어떻게 우리는 최대한의 협력을 이루며,
동시에 자유와 공정성을 지켜줄 수 있을까?"[152]

_제프 멀간

소통 — 다르게 교류하기

인류가 사냥과 채집을 하며 지구를 떠돌던 시절, 곧 1만 년 전에는 살아남기 위해 한 사람당 매년 대략 5기가줄의 에너지를 필요로 했다.[153] 전기로 치면 1줄은 1볼트이니까, 5기가줄은 5기가볼트에 맞먹는 어마어마한 양이다. 이 계산을 해낸 사람은 체코 태생으로 캐나다에서 활동하는 생태학자 바츨라프 스밀Vaclav Smil이다. 그는 내친김에 이 정도 힘을 쓰려면 당시 원시인 한 명이 하루에 얼마나 많은 고기를 먹어야 했는지, 고기를 굽고, 한밤중이나 겨울에 온기를 얻기 위해 얼마나 많은 땔감을 마련해야 했는지도 계산했다. 숫자에 미쳤다는 소리를 들을 정도로 계산을 좋아한 스밀은 심지어 가젤이나 야생마의 고기보다 매머드의 고기가 훨씬 더 풍부한 열량을 제공한다는 점까지 고려할 정도로 꼼꼼함을 보이기는 했지만, 계산 자체는 그리 복잡하지 않다. 잡은 고기와 채집한 열매 그리고 땔감으로 쓸 나무가 결국 몇 안 되는 에너지원이었기 때문이다. 그리고 이런 사정은 1만 년이 넘도록 크게 바뀌지 않았다. 원시인 한 명이 1년에 평균적으로 쓴 에너지 5기가줄은 오늘날 우리가 자동차로 함부르크에서 뮌헨까지 갔다가 되돌아오면서 쓰는 에너지 양이다.

인간의 삶을 에너지의 양으로만 평가하는 일은 물론 말이 되지 않는 이야기다. 스밀의 계산은 언뜻 보기에는 사안의 핵심을 비켜가는 것처럼 여겨진다. 불을 때고 요리해서 먹고 마시는 것만이 전부는 아니니까. 아무튼 에너지 소비에만 국한해 보면 지구에서 살아온 인류의 생활은 아주 오랫동안 큰 변화를 보이지 않았다. 하지만 오늘날 우리는 매우 다양한 측면에서 큰 폭으로 달라진 삶을 누린다. 무엇보다도 오늘날의 사회는 아주 복잡한 면모를 자랑한다. 연구하고 계획하고 건물을 짓고 비행기를 타고 다니며 우리는 다채로운 가능성을 누리고 있다. 심지어 식물과 동물의 유전자를 바꾸기도 한다. 우리의 인생은 1만 년 전 선조의 인생과는 완전히 달라졌다. 그러나 이처럼 달라진 인생은 그에 걸맞은 에너지를 요구한다. 우리가 꾸미는 인생 공간이 복잡해질수록 필요한 에너지는 그만큼 더 늘어난다.

산업화 초기에 이미 한 명의 인간은 매년 20기가줄의 에너지를 소비했다. 1만 년 만에 에너지 수요는 네 배로 늘어났다. 이 에너지 소비량이 다시 네 배로 늘어나는 데에는 고작 150년이 걸렸다. 오늘날 전 세계적으로 한 사람이 매년 쓰는 에너지는 거의 80기가줄에 육박한다.[154] 이처럼 에너지 소비량이 올라간 결정적 이유는 기계의 사용이다. 우리는 일의 속도를 높이거나 수고를 덜기 위해 어디서나 기계를 사용한다. 미국의 건축가이자 디자이너로 지속가능성 문제를 다뤄온 버크민스터 풀러Buckminster Fuller는 1961년에 인간의 일을 대신 해주는 기계의 에너지 소비를 보며 '에너지 노예Energy slave'라는 표현을 썼다. 그는 이 표현을 "인간에 내재하는 능력을 외주화하는 비유기적 에너지 처리 장치"라고 풀어주었다.[213] '에너지 노예'라는 개념은 인간이 생물적으로 쓸 수 있는 에너지의 양을 기계 덕분에 엄청나게 끌어 올렸음을 확실히 이해할 수 있게 해준다. 보그먼이 말한 '디바이스 패러다임'이 무엇을 의미하는지 이로써 우리는 실감한다. 독일의 물리학자 하랄트 레슈Harald Lesch는 이런 사정을 그림처럼 그려볼 수 있는 계산 모델을 제시했다. 여러분이 자전거 에르고미터(체력 또는 작업 능력을 평가하는 측정 장치)로 시간당 100W의 에너지를 만들어낼 수 있게 페달을 10시간 동안 밟는다고 상상해 보자. 이렇게 해서 만들어지는 에너지는 오늘날 독일에서 한 사람이 하루에 소비하는 평균 에너지 양의 1%에 해당한다. 그야말로 1:100 비율이다.[156]

이처럼 외부 에너지를 이용하는 많은 디바이스에 의존할 때는 에너지 생산에 매달릴 수밖에 없다. 에너지 생산이 생태계에 어떤 영향을 주는지 오늘날 우리는 그 어느 때보다도 더 생생하게 목격한다. 오늘날 사람들이 사용하는 평균 에너지 80기가줄을 예로 들어보자. 독일에서 이 정도 에너지로는 생활하는 데 다소 불편을 겪는다. 80기가줄이라고 해봐야 매년 쓰는 자동차 연료 정도다. 식생활, 난방, 조명은 물론이고, 스마트폰 충전과 그에 따른 에너지 소비는 전혀 계산에 들어가지 않았다. 게다가 생산과 물류와 이에 필요한 인프라에도 상당한 에너지가 필요하다. 실제로 독일 국민은 1인당 세계 평균의 두 배 정도 에너지를 소비한다.[157] 미국 국민은 독일 국민보다 두 배 더 많은 에너지를 쓴다. 사우디아라비아 또는 캐나다의 에너지 소비 수준은 미국보다 높다. 반면 아프리카의 거의 모든 국가와 남아메리카 국가 그리고 인도를 포함한 아시아 국가의 국민 1인당 에너지 소비량은 세계 평균보다 낮다. 튀르키예 같은 국가가 세계 평균인 80기가줄의 소비량을 보여준다. 이처럼 세계 각 지역은 그 생활수준에 따라 에너지 노예 군대의 크기에서 큰 편차를 보인다.

자원이 무한정으로 많은 세상에서야 소비 생활에서 뒤처지는 사람들에게 되도록 빨리 정상급 소비 생활을 따라잡게 해주는 것만으로 정의는 실현될 수 있다. 우리는 지금까지 정확히 이런 전략을 공식적으로 추구해 왔다. 2015년 유엔이 발표한 '지속가능발전목표UN-SDGs'만 하더라도 2030년까지 인구의 소득 수준 하위 40%의 소득 증가율을 국가 전체 평균 이상까지 끌어올려야 한다고 명시했다.[158] 이 목표에는 자원 부족을 고려해 이만하면 물질적 성장은 충분하다는 현실 인식이 전혀 반영되지 않았다. 자연과학이 지구와 그 생태계에 내리는 진단에 비추어 유엔의 목표 제안은 지나치게 과감하다. 너무 유토피아적인 발상이랄까.

그럼 어떤 대안이 현실적일까? 영국 리즈대학교University of Leads의 생태경제학자 줄리아 스타인버거Julia Steinberger가 이끄는 연구팀은 '한계 안에서 잘 살기Living Well Within Limits'라는 이름의 프로젝트로 그 답을 찾는다. 연구팀은 모든 사람이 만족할 수 있는 삶, 그러면서도 지구위험한계선을 넘지 않는 삶이 어떤 것인지 알아내려 했다. 그래서 글로벌 시나리오로 최소한의 만족 수준을 지키는 데 필요한 물질과 이를 공급하는 인프라 그리고 장비 운용에 얼마나 많은 에너지가 들어가는지 계산했다.[159] 그 결과는 놀라웠다. 이 최소 수준을 지킨다는 전제하에 오늘날의 기술 환경으로 지구상에 살아갈 적정 인구는 100억 명 안팎이며, 에너지가 부족해지면 오히려 감소할 수 있다. 아무튼 분명한 사실은 1960년대에 활용할 수 있었던 에너지원의 양에 비해 오늘날 우리가 쓸 수 있는 에너지원은 대폭 줄어들었다는 점이다.

에너지를 쓰는 기술은 엄청나게 발전하고 다양해졌는데 에너지원은 없다면, 우리 인생은 앞으로 어떻게 될까? 최소 수준으로 에너지를 쓰는 사회에도 난방과 수도, 휴대전화, 냉장고, 인터넷, 병원, 학교는 있어야만 한다. 고기도 먹고, 여행도 다녀야 한다. 헐벗은 채 동굴에서 살 수 있는 사람은 아무도 없다. 의식주, 이동성, 교육, 소통, 보건이라는 기본 욕구는 이 사회도 채워주어야만 한다. 이런 욕구도 채워주지 못하는 사회가 무슨 소용이 있겠는가. 최소 생활수준의 사회와 오늘날 우리의 사회를 구별해 주는 차이점은 이 기본 욕구가 충족되는 방식이다. 스타인버거의 시나리오가 그리는 사회에서 구성원 각자는 15m²의 주거 공간만 가진다. 오늘날 독일에서 이 공간은 세 배 더 넓다.[160] 각자 하루에 쓸 수 있는 물은 50L로, 이 양은 오늘날 독일에서 거주하는 사람이 소비하는 양의 절반에도 미치지 않는다. 개인의 육류 소비는 1년에 15kg으로 제한된다. 이는 오늘날 독일 국민 한 사람이 1년에 먹는 평균 소비량의 4분의 1 수준이다. 휴대전화는 개인당 한 대이며, 한 가구당(4인 가족 기준) 컴퓨터도 한 대로 제한된다. 한 사람이 매년 4kg의 새옷을 구매할 수 있으며, 세탁은 80kg까지 할 수 있다. 1년의 총 이동거리는 1만 5000km다. 이동 수단은 주로 매우 발달된 대중교통이나 자전거다. 아무튼 자가용이나 비행기는 타지 않는다.

완전히 비현실적으로 들리는가? 실제로 캐나다나 사우디아라비아는 이 시나리오에 맞추려면 그 에너지 수요를 95%까지 줄여야 한다. 현재 에너지 대부분은 난방이나 냉방에 쓰인다. 반대로 키르기스스탄, 우루과이 또는 르완다의 국민은 오늘날에도 시나리오가 설정한 만큼의 에너지를 쓴다. 그리고 사하라 남부의 몇몇 국가는 심지어 '에너지 노예(기계)'를 더 써야 그 수준에 이른다.

이런 전환은 지구온난화의 속도를 늦출 수 있는 강점만 가진 게 아니다. 오늘날 전 세계적으로 생산되는 재생에너지는 이 시나리오가 설정한 에너지 소비 수준의 절반을 충당하게 해준다. 현재의 에너지 소비 수준에 재생에너지는 5분의 1에도 미치지 못한다. 시나리오대로 된다면 오늘날 빈곤에 시달리며 열악한 주거와 식생활과 교육과 의료 서비스에 시달리는 남반구 국가에 사는 국민들의 삶은 현저히 개선될 수 있다. 북반구 국가에 사는 국민들은 노동 시간의 단축이라는 혜택, 즉 케인스와 밀이 예견한 그대로의 혜택을 누릴 수 있다. 그럼 스위스의 경제학자 마티아스 빈스방거 Mathias Binswanger가 표현한 '행복의 쳇바퀴'에서 빠져나와 지금까지 놓치고 살았던 꿈과 희망을 돌볼 여력이 생기리라.[161]

시나리오대로라면 100억 명의 인간이 대체로 거의 같은 생활 수준을 누리며, 전체적으로 지구에 부담을 주지 않는 세상이 생겨난다. 이런 세상을 이루려 노력해 볼 가치는 충분하지 않을까?

망설여진다고? 충분히 이해한다. 나는 우리 모두가 같은 크기의 공간과 비슷한 재력을 가져야만 비로소 조화로운 사회를 이룰 수 있다고는 믿지 않는다. 하지만 스타인버거와 그 동료들 역시 시나리오로 그런 사회를 염두에 두지는 않았다. 다만 이들은 지구가 본래 우리 모두가 좋은 인생을 살 수 있게 이미 충분히 베풀어주고 있음을 보여주고 싶었을 뿐이다. 우리는 물건을 다르게 만들고, 이용하며, 나누기를 시작하기만 하면 된다. 그리고 되도록 질 높은 인생을 누리면서도 최소한의 생태발자국만 남겨놓을 수 있게 혁신을 추구해야 한다.

물론 작금의 상황은 전혀 그래 보이지 않는다.

이산화탄소의 배출을 예로 들어보자. 생활 유지에 필요한 거의 모든 에너지를 화석연료로부터 얻어내는 시스템에서 이산화탄소의 배출은 에너지의 분배가 얼마나 불평등하게 일어나는지 확실하게 보여주는 지표다. 이 지표를 개별 국가들에 적용하면, 현재 전세계 배기가스의 3분의 1을 책임져야 할 나라는 중국이다.[162] 심지어 미국이 배출하는 이산화탄소조차 중국의 절반 정도일 뿐이다. 중국과 미국의 뒤를 유럽과 인도와 러시아가 잇는다. 독일은 6위다. 역사적 배경을 염두에 두고 산업화 이후 어떤 나라가 가장 많은 이산화탄소를 배출했는지를 보면 중국은 3위로 밀려난다. 산업화 이후 화석연료에서 얻어낸 전 세계 에너지의 4분의 1을 홀로 소비하는 미국이 선두다. 2위는 러시아이며, 독일이 4위, 그리고 영국이 5위다. 이 경우에서 보듯, 문제의 초점을 확실히 잡기 위해서는 질문을 올바로 해야 한다. 부자는 계속 더 많이 쓰고, 가난뱅이는 그 뒤를 헐레벌떡 따라오기만 하면 된다는 논리는 에너지 문제를 전혀 해결할 수 없으며, 기껏해야 매우 높은 위험 부담을 자초하는 '하이리스크High risk 전략'이다.

덧붙여 말하자면 이런 전략은 완전히 비현실적이다. 이산화탄소 배출의 지표를 개별 국가가 아니라 인간에 적용해 보면 그 이유는 분명해진다. 전 세계 사람들의 절반, 빈곤에 시달리는 하층민의 1인당 탄소 배출은 1990년 이후 1.2톤에서 1.6톤으로 증가했다. 이는 글로벌 평균보다도 네 배나 낮은 수치다. 부유국에서 국민의 절반 규모인 빈민층의 1인당 탄소 배출은 정체 현상을 보이는 반면, 상위층, 특히 상위 1%에 해당하는 부자들의 탄소 배출은 급격히 늘어나는 추세다. 오늘날 대략 7710만 명 정도인 상위 1% 그

룹은 1인당 연간 평균 110톤의 이산화탄소를 배출한다. 이는 모든 배출량의 약 17%에 달한다.[163]

이런 마당에 뒤를 쫓으라고? 무슨 대가를 어떻게 치르고? 아무리 뒤집고 돌려보아도 어떤 것이 적절한 척도인지, 물적 소비와 이산화탄소 배출은 어디까지가 적정선인지 묻지 않을 수 없다. 누가 이 척도를 정하며, 왜 그래야 하는지도 풀어야 하는 문제다.

왜 우리는 소비에 제한을 걸어야만 할까?

무제한의 소비는 무제한의 자유이지 않은가?

제한은 오히려 우리를 '생태독재'로 이끌지 않을까?

이 질문들은 진지하게 다루어야 한다. 미래에 생태독재가 빚어질 확률은 무시할 수 없는 수준이기 때문이다. 생물종인 인간에게 무엇은 가능하고 무엇은 안 되는지 생태가 명령하는 것이 생태독재다. 과거에도 인류는 생태독재에 시달렸다. 사람들이 많이 모여 사는 바람에 환경이 열악해지면 늘 새롭게 살 땅을 찾아 헤매며, 그 땅에 원래 살던 주민을 내쫓았다. 한정된 자원이 고갈될 조짐을 보이면 대체 자원을 찾거나, 기술로 완전히 새로운 대안을 찾아온 것이 인류의 역사다. 사람이 살아갈 수 있는 땅은 계속 줄어들고, 머지않아 100억 명이 살아갈 지구에서 기존의 방식은 더는 통할 수 없다. 다시 말해서 생태와의 조화를 꾀하는 것 외에 다른 대안은 없다. 바로 그래서 나는 생태독재에 대한 질문은 초점이 어긋났다고 생각한다. 현재 상태가 보여주는 징후를 어떻게 다루고, 이로부터 사회가 어떤 결론을 끌어낼지 하는 결정은 생태가 내리는 게 아니라 우리 인간이 내려야 한다.

여기서 잠깐 독일에서 흔히 '금지 토론Verbotsdiskussion'이라 부르는 것을 시도해 보자. 육류 소비, 산더미를 이룬 옷가지, 단거리 비행, 비닐봉지, 자동차 교통 등 제한해야만 하는 것이 무엇인지를 놓고 벌이는 토론은 방송의 토크쇼나 소셜미디어 플랫폼에서만 이뤄지는 게 아니다. 우리는 누구나 친구 또는 지인과 토론을 나눈다. 자발적인 참여만으로는 부족해서 어떤 것을 완전히 금지하는 게 과연 옳은 일인가? 옳다면 그 조건은 무엇인가? 아마 이런 토론이 간단하지 않다는 것을 누구나 경험해 보았으리라. 독일 사회에서 자유는 대단히 높은 가치이기 때문이다.

그런데 금지라고? 누가 무엇을 어떤 권리로 금지하는가? 여러분은 무어라 말하겠는가? 체계론의 관점에서 우리가 요구하는 개인의 자유는 무엇보다도 이 체계 덕분에 누리는 성과다. 이 체계를 우리는 사회라 부른다. 알다시피 인간은 사회적 존재다. 자신이 누구인지, 무엇을 원하는지 인간은 다른 사람과의 접촉을 통해 깨닫는다. 홀로 모든 걸 자유롭게 하기 원하는 사람이라 할지라도 거리를 두고자 하는 사회가 없다면 자유라는 말은 성립하지 않는다. 자유는 언제나 사회와 맞물려 생각해야 하는 개념이다. 마음에 들든 안 들든, 우리가 없이는 나도 없다. 그리고 많은 '나'는 최선의 경우 협력으로 '우리'를 이룬다. 이렇게 해서 생겨나는 집단의 자유는 개인이 혼자 힘으로는 이룰 수 없는 것이다. 오늘날 당연하다고 여기는 자유, 인프라를 이용해 식탁 위에 차려진 음식을 누리기까지 그 과정에서 맞닥뜨리는 선택의 자유를 포함한 대부분의 자유를 떠받드는 기초는 사회다.

"자유는 개인의 자유뿐만 아니라 공동체의 자유도 함께 생각할 때 성립한다. 개인의 자유가 공동체의 자유보다 우선할 수는 없다. 개성이라는 것도 사회 현상으로만 설명할 수 있기 때문이다."[164]

독일의 헌법학자 크리스토프 묄러스Christoph Möllers가 그의 책 《자유의 등급Freiheitsgrade》에서 쓴 문장이다.

인간은 사회를 이루자마자 원하는 것보다 더 많은 일을 해야 하며, 남들도 일을 하게 만들어야만 한다. 일은 힘들 뿐만 아니라 많은 경우 우리를 속박하지만, 동시에 예전보다 더 많은 성과를 올린다. 이런 식으로 인간은 협력 구조를 다지며, 가능성의 공간, 곧 제품과 서비스와 다양한 경험의 공간을 확장한다. 하지만 조건이 하나 있다. 개인의 자유가 집단의 자유를 무너뜨리지 않아야 한다는 것이 그 전제 조건이다.

"자유가 개인의 색채를 짙게 띨수록, 이 자유는 특정한 틀, 미래에도 안심하고 자유를 행사하게 해줄 신뢰를 심어주는 국가라는 틀에 그만큼 더 의존하게 된다."[165]

묄러스가 쓴 문장이다. 이 틀은 시스템이 어떤 목표를 설정하느냐에 따라 달라진다. 민주주의 법치국가는 이 틀을 헌법으로 정한다. 기업의 틀은 법적인 정관과 사회적 라이선스다. 각종 단체는 회칙으로 이 틀을 정한다. 그리고 단체와 조직은 언제나 다른 단체와 조직과 맞물리거나, 가지를 뻗어 나가듯 네트워크를 이룬다. 법치국가라는 상위 시스템의 목표 설정은 하부 시스템들의 규칙과 정관과 라이선스가 정해지는 데 영향을 미친다. 그 좋은 예가 도로교통법이다. 교통사고로 사망자가 발생하는 것은 누구도 원하지 않는 일이기에 사고 예방이라는 목표를 위해 우리는 도로교통법 제정에 합의한다. 인간을 질병으로부터 지켜주고, 환자를 치유하고자 하는 목표로 세워지는 것은 보건 시스템이다. 공공장소에서 흡연을 금지하는 것은 이런 배경을 가진다. 국민 각자가 자신의 재산 규모에 맞게 세금을 내야 하는 조세 시스템 역시 이런 사회계약 중 하나다. 오로지 이런 의무를 다할 때만 상위 차원의 공공복지, 이를테면 교육, 보건, 공공 인프라 구축, 사회 안전, 공정한 법질서는 모든 국민에게 혜택을 두루 누릴 수 있게 해준다. 아무튼 민주주의 헌법은 최소한 이런 규정을 담는다. 그리고 장기적으로 식량과 자원의 안정적인 공급이라는 목표는 생태계가 꾸준히 그 기능을 재생할 수 있어야만 실현될 수 있다. 이런 근본 목표가 안정적으로 추구되지 않는다면, 자유는 아무런 의미가 없다. 장기적인 안목으로 보기에 안정적으로 재생 활동을 이어가는 생태는 절대 소홀히 다루어서는 안 된다.

그럼 지나치지 않고 모자라지도 않은 적절한 중도란 무엇이며, 어떻게 해야 이 중도를 사람들에게 확실하게 심어줄 소통이 이뤄질 수 있을까?

오스트리아 출신의 경제학자이자 정신과 전문의인 마르틴 슈츠Martin Schütz는 그의 책《과잉 재산Überreichtum》에서 빈곤과 부유함의 통계를 내는 데 그치는 정부 활동은 터무니없기만 하다고 꼬집었다. 우리는 무엇보다도 빈부격차 문제를 직시하고, 이 문제를 어떻게 사회적 담론으로 끌어올릴지 고민해야만 한다.[166] 예를 들어 부와 빈곤 사이에 어떤 맥락이 있는지, 왜 여론은 질투와 증오 같은 감정을 가지는 쪽은 가난하고 부자는 관대함과 동정심을 가질 거라고 지레 연상하는지 물어야만 한다. 왜 미디어는 대부호가 기부하는 금액을 두고 호들갑을 떨면서, 그런 막대한 부가 축적된 배경은 묻지 않을까?

"부가 어느 한쪽으로 집중되는 현상이 공동체에 대단히 부정적인 영향을 준다는 점은 부자의 선행에 가려지기 일쑤다."

슈츠가 쓴 문장이다.[167]

'과잉 재산'이라는 표현의 기원은 다시금 저 플라톤까지 거슬러 올라간다. 플라톤은 부에도 적절한 중도가 있어야 한다고 봤다. "공정함에 근거한 부에 대한 비판"은 그러나 모든 사람이 똑같은 재산을 가져야 한다는 주장을 뜻하지 않는다. 오히려 문제가 되는 것은, 슈츠가 적확히 표현했듯, "지나침, 곧 부의 과잉"이다.[168]

이런 과잉 재산은 어떻게 해서 생겨날까? 기업의 경영진이 막대한 연봉을 받으며 실적을 내기는커녕, 다른 경영자도 그만큼 받지 않느냐고 주장한다면, 머지않아 이 기업은 시스템 트랩에 빠져 와

장창 무너질 수밖에 없다. 이런 기업이 공공의 안녕이라는 민주주의의 목표와 조화를 이룰 수는 없기 때문이다. 국가의 경우도 마찬가지다. 조세 체계와 투명성과 기회 평등을 토대로 성립한 국가가 예외를 만들어 부자가 유리한 조건을 찾아 마음대로 정착지를 옮겨 다닐 수 있게 허락해 준다면, 이 국가의 계층 구조가 조화롭게 유지될 수 있을까?[169] 돈을 받고 유럽 국적을 공공연히 파는 행위, 이른바 '황금 여권golden passport'은 그 대표적인 예다. 나는 민주주의의 핵심 원칙을 아무렇지 않게 무시하고 극단적인 부를 그처럼 긍정적으로 우대하면서, 그것이 어디서 어떻게 생겨났는지 그 배경을 묻지 않는 것을 보며 입을 다물 수가 없다.

"개인의 권리만 보장해 줄 수는 없다."

국제사법재판소의 판사를 지낸 스리랑카 출신의 크리스토퍼 위어라만트리Christopher Weeramantry는 이렇게 확인해 준다. 그는 세계미래회의에서 우리와 함께 미래 세대를 배려하는 법체계는 어떠해야 하는지 자주 의견을 나누었다.

"전체의 권리도 보장되어야만 한다."

미국의 여성 사회학자이자 문화역사가인 리안 아이슬러Riane Eisler는 이미 1980년대 말에 어떻게 일군의 개인들이 전체를 조직하는지 집중적으로 연구한 바 있다. 이 연구에서 그녀는 사회문화 시스템의 특징적 차이점을 알아냈다. 그녀는 기존의 사회 구분이 대개 정치나 경제 또는 종교라는 범주로만 이뤄져 왔음을 주목했다. 공산주의냐 자본주의냐, 좌파냐 우파냐, 농업국이냐 산업국 또는 포스트 산업국이냐, 이슬람이냐 기독교냐 또는 종교와 무관하냐 하는 식의 구분을 보며 그녀는 도식적이라는 느낌을 지울 수 없었다. 이런 구분은 그때그때 사회의 어느 특정 부분만 지나치게 강조하기 때문이다. 아울러 하나의 범주 안에도 커다란 차이점이 있음을 보여주지 못한다. 어떤 특정 종교에 속하는 나라라고 해서 모두 똑같다는 것은 말이 되지 않는 이야기다. 또 이런 구분은 하나의 사회가 공유하는 공통점도 파악하지 못한다. 같은 범주에 속하는 국가라 할지라도 서로 다른 점은 많다. 이런 차이는 해당 국가들의 공통적 특징을 알아야 설명될 수 있는데, 정치나 경제 또는 종교로 구분하는 범주는 이를 전혀 알려주지 않는다. 히틀러 치하의 독일이나 스탈린 치하의 소련 또는 아프가니스탄의 탈레반 정권을 생각해 보라. 종교라는 범주가 이들 국가의 특이점을 설명해 주는가? 아이슬러는 더 정확하면서도 공통점을 잡아낼 범주를 찾으려 노력했고, 사회의 그룹은 그 구성원들을 지배하는 관계 유형 또는 구성원들이 추구하는 관계 유형에 따라 달라진다는 점을 발견했다.[170]

지배 권력을 중시하는 사회인가? 동등한 파트너 관계를 중시하는 사회인가? 지배 중심의 시스템에서 살아가는 인간은 오로지 두 가지 선택지만 가진다. 지배할 것이냐, 지배당할 것이냐. 통제할 것이냐, 통제당할 것이냐. 지배 시스템은 엄격한 위계질서를 구조로 삼는다. 이 사회의 일차적인 관심은 올라가느냐, 추락하느냐

하는 문제에 쏠린다. 이 위계질서 안에서 어떤 위치에 있는지는 그 위치의 주인이 다른 사람 또는 다른 하부 체계보다 우월하거나 열등하다는 단순한 논리로 정해진다. 남자를 짓누르는 남자, 여자를 짓누르는 남자, 지배 계급과 피지배 계급, 우세 인종과 소수 인종, 지배하는 종교와 핍박당하는 종교, 자연을 마음대로 훼손하는 인간, 아이를 지배하는 부모, 이처럼 지배 욕구가 모든 관계를 물들인다.

"상부는 하부를 통제한다. 가족이든, 일터든, 사회든."171

아이슬러는 이렇게 진단한다.

이런 시스템에서 개인이 따라야만 하는 질서나 가능한 선택지는 오로지 하나다. '톱 다운top down', 곧 '위에서 아래로'다. 오로지 단 하나의 선택지만 강요하는 시스템은 구성원들에게 두려움을 심어주고, 되도록 자신의 위치를 '다른 사람보다 더 높게' 끌어올려야 한다고 자극한다. 그리고 시스템은 이런 질서를 계속 유지하려는 쪽으로 영향력을 행사한다. 상승 욕구를 버리거나 포기하는 태도는 일종의 파산 선언으로 받아들여진다. 실패자라거나 낙오자라는 낙인을 찍는 통에 당사자는 엄청난 고통을 받는다. 주변의 수군거림을 견딜 수 없기 때문이다. 배려나 공감 또는 연대라는 가치를 지배 시스템은 억압하거나 쓸모없는 감정 낭비로 깎아내린다. 심지어 따돌려 고립되게 만들기도 한다. 그런 감정은 사사로운 것이라며, 교회 가서 기도나 하라며, 여자처럼 징징대지 말라며, 얼빠진 유토피아주의자라며! 사랑, 인정 또는 삶의 의미와 같은 근본 욕구는 이로써 방치되며, 채워지기가 매우 힘들다. 더 높이 올라가 더 많은 것을 차지하려는 싸움은 수단과 방법을 가리지 않는 잔인함마저 낳는다. 남들을 지배할 통제 권력에만 집중하는 탓에 유연성과 다양성은 무시되고 만다. 그리고 버리고 놓을 줄 아는 자유는 급격히 줄어든다. 이 지경에 이르면 시스템은 대단히 위험해진다.

반대로 파트너 관계를 중시하는 시스템은 인간을 우월한 쪽과 열등한 쪽으로 가르지 않으며, 동등한 인격체로 존중하고 그에 걸맞게 대접한다. 이 시스템은 되도록 많은 사람들이 동참할 수 있게 격려를 아끼지 않으며, 상위 목표의 실현에 각자가 이바지하려는 노력을 소중한 기여로 인정한다. 리안 아이슬러의 연구는 특히 배려, 이른바 '돌봄경제Care economy'의 실상을 밝히려 노력한다. 돌봄경제는 주로 여성이 감당하지만, 대개 무보수이며 가치가 높지 않은 것으로 무시당하기 일쑤다. 그러나 가족이나 이웃의 손길 또는 봉사의 형태로 이뤄지는 이 돌봄경제는 사회의 핵심 목표가 달성될 수 있는 바탕을 만들어준다는 점에서, 없어서는 안 될 매우 소중한 것이다. 그럼에도 오로지 성장과 성공에만 매달리는 지배층은 돌봄경제의 소중함을 무시한다.

무엇이 사회를 결속시키는가 하는 물음 외에도 아이슬러는 사회가 어떻게 결속을 유지하는가에도 관심을 보였다. 동등한 파트너로 맺어지는 관계는 존중과 신뢰를 중시한다. 이 관계는 물질적 재화에 초점을 맞추지 않는다. 물질은 어차피 하나 이상의 이유로 늘 부족하게 마련이다. 이런 부족함에도 사회가 재화를 공평하게 배분한다면, 물질은 위상을 높여주는 권력 효과를 잃는다. 사회는 인간이 각자의 능력을 온전히 발휘할 수 있게 해주는 환경의 조성을 중시한다. 늘 나눔이 공평하게 이뤄질 수 있게 섬세하게 관리하는 사회는 생동감과 더불어 자유와 안전을 제공한다. 그렇다고 파트너 관계에 위계질서가 없다는 말은 아니다. 그러나 이 위계질서는 상대방을 깎아내리지 않으며, 오히려 서로 빚을 지고 있다는 마음가짐으로 각자의 행동이 조화를 이루게끔 조직된다.

"파트너 시스템은 통제를 일삼아 지치게 하지 않고, 격려하고 영감을 불어넣어 구성원 각자의 지도력을 키워준다."[172]

아이슬러는 이렇게 진단한다.

물론 작금의 국제정치는 이런 파트너 관계와는 거리가 멀어 보인다. 각국의 지도자도 갈수록 비정상적인 행태를 보인다. 이를테면 푸틴은 파트너 관계로 문제를 해결하려는 의지는 전혀 보이지 않고, 무력시위를 벌인다. 파트너 관계를 맺는다는 것은, 아무런 경계를 정하지 않고 서로 마음대로 넘나드는 것을 뜻하지는 않는다. 오히려 중요한 것은 서로 합의한 틀을 지키며 쌍방이 안전할 수 있게 경계를 협상하는 자세다. 자국민 보호를 위해 무력 사용이 불가피할 수도 있다. 장기적으로 볼 때 분명한 사실은 개인이 영원할 수 없으며, 정권 역시 불변으로 남을 수 없다는 점이다. 무턱대고 공격부터 일삼는 태도는 용납될 수 없음을 우리는 각국의 실력자에게 분명히 각인시켜야 한다. 푸틴 때문에 러시아 국민을 싸

잡아 비난해서는 안 된다. 그들 역시 이런 폭력에 고통당하고 있지 않은가. 새로운 연합을 세울 가능성도 우리는 고려해야 한다. 인류 전체의 자유를 보장하고 확대시키고자 한다면, 새로운 연합이야말로 유일한 해결책이다.

현실적으로 지배 중심의 시스템도, 파트너 관계의 시스템도 그 하나만으로 존재하지 않는다. 리안 아이슬러도 어느 하나만으로 온전한 체계가 이루어진다고 주장하지 않는다. 오히려 중간에 다양한 회색지대를 가지는 흑과 백처럼 두 극단을 이룰 뿐이다. 모든 사회는 어느 쪽에 더 쏠리는가에 따라 그 색채가 두드러진다. 그리고 이런 성향은 우리가 어떻게 결정하고 행동하느냐에 따라 달라질 수 있다.

팬데믹과 이를 퇴치하려 노력한 세계보건기구를 예로 들어보자. 코로나 바이러스가 발견되고 고작 1년 만에 인류는 이를 막을 첫 백신을 만들어냈다. 이듬해는 100억 명에게 예방 접종할 백신이 생산되었다. 이 정도 양이면 전 세계 청소년과 성인이 최소한 한 번은 접종하기 충분하다. 이처럼 단기간에 백신을 개발하고 생산하는 일은 불가능할 거라 생각했지만 꼭 만들고야 말겠다는 투철한 의지와 충분한 협력 자세로 인간은 다시금 한계를 극복해 내는 쾌거를 이루었다. 반대로 생산된 백신의 배급 문제가 세계의 지배 구조를 드러냈다. 부유한 국가들은 일찌감치 백신을 확보했다. 민간 제약사의 연구에 투자하고 그 반대급부로 물량을 예약하거나, 여러 제약사에 동시에 주문을 넣고는 이런 사실이 외부에 전혀 알려지지 않게 극비리에 일을 처리했다. 첫해에 생산된 100억 개 백신이 본격적으로 공급되기도 전에 유럽연합 소속의 27개국과 미국, 영국, 캐나다, 호주 그리고 일본이 이미 물량의 절반 가까이를 확보했다. 이 국가들의 인구를 모두 더해봐야 전 세계 인구의 13% 밖에 되지 않음에도.[173]

돈이 지배하는 구매력 순위에서 상위를 차지하는 이 국가들은 이 위상을 이용해 희소 물질을 매집한다. 위의 예에서 희소 물질은 백신이지만, 다른 자원도 얼마든지 사재기할 수 있다. 이런 전략은 단기적으로 자국 내에서는 성공을 거두었다. 몇몇 가난한 국가는 최소한 고위험군 환자를 위해 쓸 약물조차 없어 전전긍긍하는 반면, 부유한 국가는 이미 부스터 백신까지 일반 국민에게 접종을 마쳤다. 그러나 오래가지 않아 이런 '백신 민족주의'는 팬데믹과의 싸움을 더 어렵게 만든다는 점이 밝혀졌다. 코로나 바이러스가 변형을 일으키면서 기존 백신을 무력하게 만들었기 때문이다. 교역 상대국이 여전히 팬데믹에 시달리며 계속 변형체가 나타나자, 부유한 국가들은 이미 접종을 마쳤다 할지라도 면역 효과를 누릴 수 없었다. 국제 상공회의소는 백신의 불평등한 분배 탓에 전 세계적으로 92억 달러의 손해가 발생했다는 연구 결과를 발표했다. 이 피해액의 절반 정도는 앞서 언급한 부유한 국가들의 몫이다. 이 국가들은 국제적인 교역망에 의존하는 정도가 크기 때문에 상대적으로 피해액도 커질 수밖에 없다. 이 부유한 국가들이 백신의 선제적 확보에 투자한 금액을 다른 방향으로, 곧 백신이 전 세계적으로 균등하게 배분되게 썼더라면, 92억 달러라는 손해액에 비추어 1달러당 대략 166달러의 수익을 올릴 수 있었으리라.[174] 이처럼 지배 전략은 피라미드의 정점을 차지하는 국가에게조차 손익을 맞추어주지 못한다. 지배 전략은 다만 좀 더 오래 버틸 수 있게 해줄 뿐이다.

만약 파트너 관계로 백신 문제를 해결했다면 어떻게 되었을까? 세계보건기구는 실제로 그런 전략을 일찌감치 제안했다. 모든 국가가 공동으로 기금을 조성해 백신을 구매하자는 것이 이 제안이다. '코백스Covax'라는 이름을 붙인 이 프로젝트라면 역병의 위험을 충분히 공동으로 대처할 수 있게 해주었으리라. 그러나 대다수 선진국은 이 기금에 참여하지 않기로 결정했다. 선진국은 제조업체와 양자 협정을 체결하고, 필요한 양보다 더 많은 백신을 축적했으며, 구두로는 코백스에 가난한 나라가 필요한 백신을 넘기겠다고 약속하고는 실제로는 훨씬 더 적은 물량만 넘겨주었다. 결국 코백스는 애초 계획대로 모두가 백신을 구매할 수 있게 해주는 대신, 극빈층에 기부하는 형식을 취할 수밖에 없었다.

파트너 전략은 북반구와 남반구가 동시에 예방접종을 시작할 수 있게 해준다는 강점만 가지는 게 아니다. 이 전략이 성공했다면 유엔은 거대 제약 기업을 상대로 협상의 유리한 고지를 선점할 수도 있었으리라. 기업은 1인분 도스 가격으로 20유로를 요구했다. 하지만 백신의 생산 비용이 이 가격의 10분의 1에도 못 미친다는 점을 생각하면 대단한 횡포가 아닐 수 없다. 그리고 제약회사는 백신의 특허권을 잠정적으로나마 유예해 달라는 요청을 들은 척도 하지 않았다.[175] 팬데믹 초기 유엔에 협조적이던 기업의 자세는 이 제 고압적 자세로 바뀌었다. 연구에는 유엔의 지원이 꼭 필요했지 만, 백신의 배분 문제에 이르자 이처럼 제약회사는 돌변했다.

이 문제도 얼마든지 다르게 풀릴 수 있었다. 1950년대에 미국 의 면역학자 조너스 소크Jonas Salk는 소아마비를 막을 새로운 종 류의 백신을 개발했다. 많은 동료 학자들의 연구를 참조한 덕에 개발에 성공한 이 백신은 미국의 소아마비 발생률을 일거에 8%나 낮출 정도로 뛰어난 효과를 발휘했다. 소크는 어떤 인터뷰에서 이 백신의 특허는 누가 가지느냐는 질문을 받았다. 소크는 이렇게 답 했다.

"아, 그거야 인류죠. 특허는 없습니다. 아니, 태양에도 특허를 내나요?"

우리는 충분히 가지지 않았을까?
우리는 충분히 나누고 있을까?
'우리'는 누구일까?

이 모든 것은 결국 경계 설정의 문제다. 우리 인간은 어떤 종류 로든 늘 선을 긋고, 그 선을 지키며 살아간다. 기득권의 선도 있고, 누구는 내 편, 누구는 저쪽 편, 소속감이라는 경계선도 있다. 무엇 이 도덕적이며, 추구할 만한 가치를 가지는지 선택해야만 하는 경계선도 있다. 경제와 기술 시스템의 표준이 무엇이냐 하는 문제, 제한된 자원을 착취하며 어떤 위험을 감수할 것인지 규정하는 문제, 성공적인 기업의 가치 창출은 무릇 어떻게 이루어져야 하는지 합의해야 하는 문제, 누구와 언제 어떻게 연대해야 할지, 책임은 어디까지 져야 할지 정하는 문제들이 여기에 포함된다. 이처럼 경계 설정은 우리가 살아가는 사회가 지배 시스템인지, 아니면 파트너 시스템인지 가려볼 수 있게 한다. 지배할 것이냐, 아니면 동반자가 될 것이냐 하는 선택은 바로 경계 설정의 문제이기 때문이다. 지배 시스템의 경우 어떤 한 그룹이 나머지가 지켜야 할 경계를 정한다. 물론 나머지는 발언권조차 얻지 못한다. 파트너 시스템의 경우, 경계는 그 구성원 모두가 참여하는 방식으로 결정된다. 우리가 최대 다수의 최대 행복이라는 목표를 이루고 유지하고자 한다면, 이 목표를 이루게 해줄 해결책은 참여와 협력이 유일하다.

　동등한 파트너로서의 참여와 협력은 이른바 '공공재산'에서 특히 뛰어난 강점을 드러낸다. 공공재산은 이를 소비하는 데 누구도 배제되지 않고 동등한 자격으로 혜택을 누릴 수 있는 자산을 뜻한다. 이는 건강한 생태계가 만들어내는 산물이다. 생태계는 인간이 멋대로 그어놓은 경계선 따위는 알지 못한다. 대표적인 공공재산으로는 쾌적한 기후, 건강한 바다, 훼손되지 않은 생물다양성 또는 원활한 물의 순환 등이 있다. 이 공공재산을 우리는 '글로벌 공공재Global commons'라고도 부른다. 공기를 정화하며, 식물에 수분을 공급해 주는 유기체와 생물, 땅을 비옥하게 만들어 식량이 생산될 수 있게 해주는 생물의 상호작용을 인류는 '환경'이라는 이름의 선물로 누리고 있다.

인간은 환경을 이용하면서 바꿔놓는다. 물론 어느 누구도, 어떤 국가도 환경을 독점적으로 이용할 권리를 주장할 수는 없다. 자국 상공을 주권 영역으로 선포할 수는 있지만, 기후를 국가가 결정할 수는 없다. 인간이 배출한 이산화탄소가 어디로 날아갈지, 이로 말미암은 기후변화가 어디에 가장 강력한 피해를 줄지는 생태계가 결정한다. 물론 오염시킨 쪽이 피해의 대가를 치르는 게 공정한 일이긴 하다. 그래서 국제협약과 관련 법은 가해자 배상을 원칙으로 인정하기도 했다. 그러나 현실에서 제도와 돈의 흐름, 그리고 파트너 관계에 입각한 경계 설정은 이런 원칙을 절름거리며 따라갈 뿐이다.

인간의 제도가 만들어내는 글로벌 공공재도 있다. 이는 생태계의 산물이 아니며, 사회라는 시스템이 제공하는 재화다. 다시 말해서 이 공공재는 누구도 혼자 만들어내거나 관리할 수 없다. 원칙적으로 이 공공재의 이용은 경쟁과는 무관하다. 공공기관이 마련해주거나 보장해 주는 공공재의 예로는 전염병 통제, 의료 서비스, 에너지와 물을 공급하는 인프라, 안전하고 평화롭게 갈등을 풀어줄 제도적 장치 또는 최종적으로 정부가 보증을 서는 금융 시스템 등을 꼽을 수 있다. 이런 재화나 서비스는 부분 시스템이나 개인이 어떻게 이용하느냐에 따라 그 품질이 달라진다. 아예 존립 자체가 위협받는 일도 심심찮게 벌어진다. 이런 의미에서 보면 자유도 글로벌 공공재산이다. 자유를 열망하는 타인의 의지를 충분히 존중해 줄 때만 진정한 자유가 성립하기 때문이다. 경계 설정을 공개적인 의제로 다루고, 갈등과 의혹이 불거질 때 새롭게 조정하려는 의지와 자세도 중요하다. 산업국가와 부자가 일찌감치 공격적이며 팽창적으로 글로벌 공유재를 확보했다고 해서, 앞으로도 마음대로 이런 자원을 독점하겠다는 선포가 정당할까? 전체의 권리를 온당하게 지키고자 한다면, 이런 문제를 두고 벌이는 활발한 의사소통이 필요하다.

생태적 공공재와 사회적 공공재가 서로 성격이 다르기는 하지만, 근본적인 공통점은 있다. 우리 모두가 그 보존을 위해 충분히 협력하지 않는다면 공공재의 품질은 갈수록 열악해진다는 사실이다. 평화도 기후 못지않게 섬세한 돌봄을 요구한다.

두 공공재 사이의 중요한 차이는 '경계'라는 개념을 살필 때 드러난다. 독일어의 '그렌첸Grenzen'은 이 차이를 명확하게 짚어내지 못한다. 생태적 맥락이든 사회적 맥락이든 '경계'를 독일어는 모두 '그렌첸'이라 뭉뚱그려 표현하기 때문이다. 반대로 영어는 '한계limits'와 '경계boundaries'를 구분해 쓴다. 'limits'는 물리적으로 측정할 수 있는 극한값으로, 그때그때 가용 자원의 최대치 또는 자연법칙이 허용하는 최대한의 범위를 나타낸다. 반대로 'boundaries'는 사회적 합의의 산물이다. 예를 들어 우리는 가혹한 한계에 부딪혀 겪을 위험을 줄이기 위해 자원의 이용 가능 범위(지구위험한계선)를 정한다. 인간 자신은 하늘을 날 수 없다. 이것이 '한계'다. 인간이 비행기를 만들어냈다고 해서 이런 한계가 사라지는 것은 아니다. 하지만 비행기의 발명은 경계를 확장할 수는 있다. 인류가 이뤄내는 발전은 이처럼 한계를 어떤 방식으로 다루어 경계를 확장할 수 있는지 묻고 그 답을 찾아냈음을 의미한다. 이상적인 경우는 장기적인 안목으로 어떤 한계에 맞닥뜨릴지 예상하고, 이렇게 얻어낸 정보를 네트워크로 공유하며, 해법을 찾기 위해 지혜를 모으는 것이다. 성공적인 시스템 관리란 늘 다음에 빚어질 한계 상황에 대비하는 자세를 갖춰야 한다고 도넬라 메도즈는 강조한다. 일찌감치 한계를 알아내고, 이 한계를 다룰 새로운 대안을 찾아 경계를 넓힐수록 위기는 그만큼 줄어든다.

오늘날처럼 온갖 위기로 얼룩진 때에 한계 상황의 예상과 경계 확장의 소통은 대단히 힘든 일일 수 있다. 오로지 자기 자신만 생각하고 어떻게 해야 자신의 위상을 확보해 다른 사람보다 더 오래 자원이나 권력을 누릴 수 있을까 하는 유혹이 크기 때문이다. 그러나 이기적 태도가 만연할수록 그만큼 더 위기를 이겨내고 자유를 누릴 기회는 사라지고, 지배적이고 부정적인 정책을 사회적 자산 구축이라는 긍정적인 정책으로 변화시킬 기회 또한 사라지고 만다.[176]

"우리는 명확하고도 이성적인 근거를 가지고 경계를 설정해야 한다. 경계는 인간이 인위적으로 대체한 것이라는 사실을 잊어버릴 때 심각한 문제가 될 수 있다."[177]

도넬라 메도즈는 이렇게 진단한다.

사회라는 이름의 시스템의 시작과 끝은 어디인지, 누가 또는 무엇이 그 안에 포함되는지는 자연이 정해주는 게 아니라, 우리의 개인적 행동과 집단의 행동으로 정해진다. 경계가 이러저러하다는 말은 불변의 사실을 가리키는 것이 결코 아니다. 경계는 다만 우리가 그렇게 선을 긋기로 해서 생겨날 따름이다.

독일 태생으로 미국에서 활동하는 여성 법학자 카타리나 피스토르Katharina Pistor는 《자본의 코드The Code of Capital》에서 법, 특히 미국과 영국의 민법이 어떻게 공공재를 민영화하면서 그 이용 권리를 부자에게 유리한 쪽으로 계속해서 바꿔왔는지 상세하게 다룬다.[178] 오늘날 몇몇 소수의 부자, 기업 또는 정부가 자원을 부족함 없이 누리거나, 일반인보다 더 쉽게 확보할 수 있다고 해서 이 자원을 무제한으로 쓸 수 있는 것은 분명 아니다. 우리는 지배층에만 유리하게 설정된 경계를 공정하게 바로잡아야만 한다. 이렇게 보면 오늘날의 불공정한 세계는 하늘에서 뚝 떨어진 게 결코 아니다.

어떤 차원에서 경계를 다르게 설정한다면, 다른 차원의 경계도 변화한다. 무엇이 정확히 문제인지 가려볼 의식을 키우고 이를 실천에 옮겨야만 더 나은 미래를 열어갈 기회를 얻는다. 다행스럽게도 오늘날 이런 운동은 곳곳에서 활발하게 일어나고 있다. 공공재를 보호하면서 사회적 목표를 이루기 위해 협력을 모색하는 것이 이러한 운동이다. 예를 들어 스위스 베른대학교의 '자연을 위한 비스 아카데미Wyss Academy for Nature'는 자연과의 새로운 관계 설정을 목표로 삼아 그 실천 방안을 연구한다. 스위스의 억만장자 한스외르크 비스Hansjörg Wyss가 기금을 출연한 이 아카데미는 인류의 안녕과 자연보호를 직접적으로 연관시켜 사람들이 자발적으로 참여할 '환경 가꿈 전략'을 개발한다.[179] '미래를 위한 건축Architects for Future' 역시 지구위험한계선을 진지하게 받아들이고, 그에 맞는 건축과 인프라 디자인을 연구하는 단체다. 이를테면 과시적인 부동산 경쟁에서 벗어나 되도록 주거와 에너지와 생물다양성과 자원 보호가 조화를 이루도록 $1m^2$의 면적이라도 효율적으로 활용할 방안을 찾는다.[180]

'독일 글로벌 환경변화 학술자문위원회WBGU'는 국토 이용에서 비롯되는 문제를 다양한 측면에서 해결할 방법을 찾기 위해 각계의 전문가에게 연구를 위촉한 바 있다. 법학 분야를 의뢰받은 여성 법학자 카트린 첸거링Cathrin Zengerling은 어떻게 해야 상법이 천연자원의 착취에 매달리지 않고 재생 가능한 활용에 방향성을 맞출지 하는 문제를 다루었다. 이 문제를 풀기 위해서는 먼저 생산국과 소비국이 자원 보호에 공동으로 책임을 지려는 자세가 필수다.[181] 1년 전 독일 환경자문위원회SRU는 환경 정책의 정당성 확보를 주제로 특별 보고서를 발표했다. 이 보고서는 많은 문제가 각 부처의 책임 영역 밖에 있기 때문에 부처 간 새로운 이해를 촉구했다. 그리고 오늘날 우리가 내리는 결정이 장기적인 관점에서 어떤 결과를 불러올 것인지 고려할 필요가 있다고 강조했다. 이미 내려진 결정인데도 당장 시급한 사안 탓에 무시당하여 끝내 폐기되는 일이 너무 빈번하다는 것이다. 환경보호 문제를 세대 간 갈등 해결의 소재로 삼은 것이 그 좋은 예다.[182] 오늘날 우리가 당연한 것으로 여기는 자유를 지키고자 한다면, 시스템을 유지해 주는 교육, 보건, 공공 인프라 구축, 사회 안전 등의 근본적인 활동에서도 경계를 새롭게 협상해야만 한다. 더 나아가 이 활동을 맡는 사람들, 보건에서 식품 공급과 유아 돌봄과 물류업 종사자까지 자긍심을 가지고 일하도록 사회가 이 직군을 높이 평가해야만 한다.[183]

아비게일 디즈니Abigail Disney는 뜻을 같이하는 사람들과 함께 '애국적 백만장자들Patriotic Millionaires'이라는 단체를 만들어 활동했다. "같은 계급의 자부심 넘치는 배신자"를 자처하는 이 단체는 조세 정의의 실현을 위해 헌신했다. 월트 디즈니의 공동 창립자 중 한 명인 로이 디즈니Roy O. Disney의 손녀인 아비게일은 재산이 많으면 그만큼 더 많은 세금을 내야 한다는 믿음을 가지고 이런 일을 벌였다.

"나의 할아버지는 직원이 받는 평균 임금의 1천 배 이상의 보수를 절대 챙긴 적이 없다. 그런 막대한 연봉을 받는 것을 금지하는 법은 없지만, 그런 짓을 한다는 걸 나는 용납할 수 없다. 매거진의 표지 모델을 자청하고 스스로 천재라고 자화자찬한 일도 마찬가지다."[184]

아비게일이 디즈니의 회장 밥 아이거Bob Iger가 2018년 6500만 달러의 연봉을 받은 것을 비판하며 한 말이다. 이 경우에도 핵심은 경계의 새로운 설정이다. 이처럼 우리는 사회 전반에 걸쳐 경계를 새롭게 설정하려는 노력을 멈추지 않아야 한다.

개인의 자유와 집단의 자유 사이에 균형이 이뤄지도록 경계 설정이 되어야 한다는 점은 의문의 여지가 없다. 우리는 두 자유가 균형을 이루지 못하고 충돌할 때마다 중요한 교훈을 얻을 수 있다. 인생을 살면서 늘 경계와 충돌하기에 이 학습 과정은 평생에 걸쳐 지속된다고 해도 과언이 아니다. 전환을 위한 혁신 과정을 주로 다루는 싱크탱크 '국제미래포럼International Futures Forum, IFF'에서 이런 학습 과정을 표현할 이미지를 만들었다.[185] '두려움의 고리Fear Loop'와 '사랑의 고리Love Loop'가 맞물린 이 이미지는 '8'과 모양이 비슷하다.[186] 마치 네트워크 시스템에서 여러 반응을 불러일으키는 피드백 고리와 같다. 두 개의 고리는 두려움과 사랑이라는 감정으로 경계 설정이 변화해 나가는 모습을 보여준다.

"사랑과 두려움은 그저 단순하게 세계 안에서 살아가며 겪는 감정에 그치지 않고, 세계를 이해하는 두 종류의 감정이기도 하다."[187]

'두려움의 고리'는 복잡한 세계에서 살아가며 통제력을 확보해 어떻게든 안전함을 찾아내고자 하는 감정의 고리다. 그래서 이 고리는 '통제 고리'라고도 한다. 우리는 두려움의 고리를 이용해 주변의 상황과 사물을 빠르게 표준화하고 범주화하려 한다. 이런 성급함 때문에 상황과 사물의 본성은 외면되기 일쑤다. 이미 알고 있다고 전제하며 표준화한 답으로 비약하는 탓에 사안의 섬세한 뉘앙스를 놓치고 만다. 문제는 이런 표준화한 답을 받아들이지 않는 사람이 많다는 점이다. 그들은 어째서 상황을 그렇게 보는지 의아해하고, 이해할 수 없다는 반응을 보인다. 그러면 사람들은 스스로 당황한 나머지 통제의 욕구를 더욱 키운다. 두려움과 불안함으로 긴장하게 되면 더욱 첨예해지는 피드백이 나타날 수밖에 없다. 오늘날 이런 피드백은 공개 토론이나 소셜미디어에서 심심찮게 볼 수 있다. 백신 찬성파와 반대파, 육식 옹호자와 채식주의자, 자동차 열혈 추진파와 자전거로도 화물을 나를 수 있다고 주장하는 환경운동파, 자본주의자와 공산주의자로 시끌벅적한 토론은 그 어떤 결론도 이끌어내지 못하고 말씨름만 벌인다.

'사랑의 고리'는 복잡한 세계를 관심과 참여로 경험하려는 태도다. 직접 겪어보고 지식을 모으려는 태도라고 할까. 이 고리는 '참여 고리'라 부를 수도 있다. 상황과 사물을 성급하게 추상화하고 범주로 묶는 대신, 겸손한 태도로 상대방의 의견을 경청하고 존중하는 자세를 보인다. 다양성을 소중히 여기며, 주어진 상황에서 배움의 기회를 찾으려 노력하는 태도가 사랑이라는 이름의 피드백이다. 자신이 동참한다고 여기기에 되도록 최선의 결과를 얻어내려는 동기가 힘을 발휘한다. 이렇게 해서 소속감과 신뢰가 커진다. 이미 믿고 있는 것을 보는 데 그치지 않고, 자신이 두 눈으로 본 것을 믿기 시작하기에 성장할 수 있다. 통제의 피드백을 끝까지 밀어붙인다면, 우리는 실망과 환멸을 겪고 세상과 절연하고 말 것이다. 결국 이렇게 해서 리안 아이슬러가 말하는 지배 시스템과 매우 유사한 상황이 초래된다. 참여의 피드백을 충실히 따른다면, 즐거운 파트너 시스템을 이룰 것이다. 우리는 누구나 상대를 보며 그가 겪는 상황을 자신의 것처럼 받아들이고 관심과 애정으로 지켜보며 도우려 하기에 자신의 세계가 넓어지고 깊어지는 체험을 한다. 이런 희망차고 긍정적인 경험은 세계를 바라보는 관점에 결정적인 영향을 준다.

두 가지 피드백은 시스템을 보는 우리의 관점이 중요하다는 점뿐만 아니라, 이 관점이 시스템을 바꿀 수 있다는 점도 확인해 준다. 관점은 어제의 해결책이 오늘날 겪는 문제의 원인이라는 통찰을 선물해 주기도 한다. 더 나아가 오늘의 해결책이 내일의 문제가 될 수 있음을 받아들이는 겸손을 새기게 만들기도 한다. 우리는 배움의 자세가 가지는 잠재력을 진지하게 받아들이고, 낡은 고정관념을 버리고 새로운 생각을 시도하며, 새로운 능력을 개발해 다른 사람과 활발하게 교류할 수 있어야 한다. 이렇게 힘을 모을 때 시스템을 바꿀 수 있다. 통제 욕구는 잠시 젖혀두고 현재의 경계를 자세히 살피며 뺄 것은 빼고 더할 것은 더해 나갈 때 매 순간은 기회가 된다. 이렇게 우리는 하나의 고리에서 다른 고리로 전환할 수 있다.

"자극과 반응 사이에는 선택의 여지가 있다. 이 여지 덕분에 우리는 반응을 고를 힘을 얻는다. 어떤 반응을 보이느냐에 따라 우리의 자유 또한 커진다."[188]

홀로코스트 생존자이자 오스트리아 출신의 심리학자 빅토르 프랑클Viktor Frankl이 한 것으로 알려진 말이다. 이 '여지'야말로 우리가 어떤 사람으로 살아갈지 결정해 주는 공간이다.

시스템 트랩 — 공유재의 비극

공유재는 누구도 홀로 만들어내거나 보존할 수 없다. 모든
사람이 의존할 수밖에 없는 이 재화는 경쟁을 촉발한다. 경
쟁은 재화를 파괴한다. 파괴를 막을 방법은 세 가지다. 첫째
는 계몽과 자제다. 둘째, 재화의 과도한 이용이 실감 나도록
분배 형식을 다듬는 일이다. 마지막으로는 이용 규칙의 합의
다. 사회 구성원 모두가 지켜야 하는 규칙을 관철하는 일이
중요하다. 파트너 관계를 중시할 때는 재화의 보존이 중시되
어 모두 이익을 얻을 수 있는 환경이 마련된다.

아마도 길을 떠나는 사람에게 세계가 권하는 최고의 내기는 세상을 바꿀 도전의 성패이리라. 바다 건너 새로운 땅을 발견하고, 노예제도를 끝내고, 여성에게 투표권을 부여하며, 달에 발을 디디고, 베를린 장벽을 무너뜨리는 도전은 생각만으로도 가슴 벅찬 일이다. '아마도'라는 단어는 자신이 없어 슬그머니 빼는 말이 아니다. 이 말은 더는 받아들이기 힘든 현재 상태를 바꾸고자 하는 도전적 의지의 표현이다. _에릭 영Eric Young[1]

3부 미래는 누가 결정하는가

-¦-

좋은 인생은 사랑이 넘치는 인생,
늘 배우며 깨달음을 위해 노력하는 인생이다.
나의 희망은 되도록 이런 인생을 살았으면 하는 것이며,
다른 사람이 이런 인생을 사는 모습을 보는 것이다.
이런 인생을 사는 공동체가 사랑과 지식이 부족한 공동체보다
훨씬 더 많은 희망을 채워주기 때문이다.[2]

_버트런드 러셀Bertrand Russell

무엇이 우리를 인간으로 만드는가

라이프치히동물원의 가장 인기 높은 명소는 '퐁고란트Pongoland'
다. 족히 3헥타르 크기의 우리에는 침팬지, 고릴라, 오랑우탄, 보노
보 이렇게 네 종류의 유인원들이 산다. 작은 무리를 이룬 유인원들
은 바위와 물과 나무로 조성된 인공 정글을 유유히 오간다. 동물
원 방문객은 짙게 우거진 풀숲 사이로, 또는 따로 마련된 전망대
에서 이 유인원들을 구경할 수 있다. 라이프치히의 이 야생 공간은
자연을 그대로 본떠 만든 것이고, 다른 동물원보다 훨씬 더 큰 규
모를 자랑한다. 퐁고란트는 지어진 지 20년이 넘었음에도 여전히
유럽에서 최신이자 최대의 시설이다. 또 학술 연구의 현장으로는
전 세계에서 유일하다.

　개원하면서부터 퐁고란트는 '막스플랑크진화인류학연구소Max
Planck Institutse for Evolutionary Anthropology'가 유인원의 인지 능력
을 연구하는 실험실로 이용되었다. 연구자들은 유인원의 집단행동

뿐만 아니라, 방문객이 없는 시간을 이용해 주기적으로 일련의 테스트를 진행한다. 침팬지가 혼자 또는 둘이서, 또는 연구자와 함께 놀이를 즐기듯 문제를 푼다. 좁은 줄기에서 땅콩을 훑어낸다거나, 작은 모자를 가지고 벌이는 놀이, 포도알을 얻기 위해 다른 침팬지와 경쟁하는 놀이를 하기도 한다. 테스트를 설계하는 연구자의 관심은 그때그때 다르다 할지라도, 연구의 핵심은 유인원의 행동을 보며 같은 영장류에 속하는 인간을 더 잘 이해하고자 하는 것이다.[3]

유전자로만 보면 인간과 유인원은 거의 다르지 않다. 차이라고 해봐야 우리와 상대적으로 거리가 먼 오랑우탄의 경우는 고작 3%의 유전자이며, 우리와 가까운 침팬지의 경우는 겨우 1%다.[4] 유인원은 동물 가운데 우리와 가장 가까운 종이다. 얼룩말과 말, 들쥐와 생쥐로 대비된다고 할 수 있다.[5] 그러나 유인원의 세계는 우리 인간의 세계와 확연히 다르다. 유인원은 여전히 정글에서 살지만, 우리는 거의 지구 전체를 삶의 터전으로 삼았으며, 달까지 갔다 왔고, 지구상의 거의 모든 것을 파괴할 무기를 만들기도 했다. 무엇보다도 우리가 유인원을 연구하지, 그 반대는 아니다.

유전자는 거의 같은데 어떻게 해서 이런 엄청난 차이가 생겨났을까? 우리는 무엇을 할 수 있고, 유인원은 무엇을 하지 못할까? 아니면 20년 동안 막스플랑크진화인류학연구소를 이끈 인류학자 마이클 토마셀로Michael Tomasello의 말을 그대로 빌려보자.

"무엇이 우리를 인간으로 만들까?"[6]

이 물음의 답을 찾고자 토마셀로와 그의 연구팀은 유인원과의 테스트뿐만 아니라, 비슷한 놀이 과제를 가지고 유아들을 상대로 무수히 많은 실험을 하고 양쪽의 결과를 서로 비교했다. 이 비교에서 침팬지와 오랑우탄은 간단한 물리적 테스트의 경우 두 살 반 정도의 유아와 비슷한 정도, 심지어 더 나은 성과를 보여주었다. 오랑우탄은 '작은 모자 게임'에서 모자 아래 숨겨진 포도를 더 빠르게 찾아냈으며, 도구를 목적에 맞게 더 잘 썼고, 적은 양의 합산도 더 잘했다.

유인원과 인간의 결정적 차이는 무엇인가를 가리키는 상대방이 무슨 의도를 가졌는지 알아내는 테스트에서 비로소 나타났다. 그냥 눈길이나 손가락 움직임만 따라가는 유인원과는 다르게 유아는 이런 몸짓을 그에 담긴 정보에 맞게 해석해 냈다. 손가락으로 가리키는 행위가 무슨 의미를 담았는지 메타 차원의 인지를 하는 능력이 인간의 특성이다. 우리는 그 손가락질이 도와주겠다는 의미를 담았다고 파악할 뿐만 아니라, 나의 손가락질이 같은 의미를 담았다고 알려주고 싶어 하기도 한다. 어느 모자 아래 포도알이 있는지 전혀 짐작하지 못하면서도 유아는 손가락이 가리킨 모자를 보며 회심의 미소를 짓는다. 이처럼 상대방의 의도를 읽어내는 능력을 유인원은 발휘할 수 없다.

이 능력은 소통을 통한 학습과 협력의 기초다. 유아는 한 살 때부터 무엇인가 가리키는 행위로 어른이 특정 대상을 주목하게 만들 수 있다. 물론 그게 정확히 무엇을 뜻하는지 알아내야 하는 것은 부모의 과제다. 그것은 아이가 가지고 싶어 하는 물건, 이를테면 부모 손에 들린 아이스크림처럼 혼자서는 손에 넣기 힘든 것일 수 있다. 또는 부모와 함께 보던 그림책, 그중에서도 강아지가 짖는 모습이 그려진 그림책일 수도 있다. 아이는 "멍멍" 소리를 내며 그림책을 보고 싶어 하는 자신의 마음을 알아챘는지 부모의 표정을 살핀다.

가리킴은 '나'와 '너'가 함께 의미를 빚어갈 공간을 여는 행위다. 이 공간에서 우리가 생겨나, 무엇을 해야만 하며, 각자 어떤 역할을 맡아야 하는지 해석이 이뤄진다. 마이클 토마셀로와 그의 연구팀은 무수한 실험을 통해 이런 사실을 확인했다.

어른이 어린아이와 놀다가 테스트를 하려고 놀이를 갑자기 중단하면, 어린아이는 계속 함께 놀자고 보챈다. 심지어 어린아이는 어른에게 장난감을 어떻게 다루어야 하는지 보여주기까지 하며 놀이를 계속하고 싶어 한다. 다른 어른과 놀고 싶은 경우에도 어린아이는 바로 자리에서 일어서는 게 아니라, 다른 어른에게 가고 싶다는 표현을 한다. 마치 지금껏 같이 놀아줘서 '우리'가 되었는데, 이를 깨게 되어 미안하다는 듯이.

반대로 유인원은 사람과 함께 문제를 풀다가 사람이 더는 협력하려는 모습을 보이지 않으면 혼자서 문제를 풀려 하거나, 그냥 흥미를 잃었다. 보상을 얻지 못해도 그들은 흥미를 잃었다. 화가 난 것처럼 씩씩대며 자리를 떴다. 반대로 어린아이는 공정하게 협력한다는 것이 무엇인지 가려볼 감각을 키운다. 두 명의 아이가 두 개의 구슬을 가지고 일종의 게임 테이블 앞에 서면, 아이들은 저마다 구슬을 하나씩 가지도록 서로 돕는다. 공동으로 획득한 보상도 아이들은 공정하게 나눈다.

마이클 토마셀로는 이처럼 아이들이 보여주는 '우리가 되고자 하는 성향'이야말로 인간의 고유한 특성이라고 설명한다. 그는 이 능력을 "공유하는 지향성geteilte Intentionalität"이라고 부른다.[7] 동물은 이런 능력을 가질 수 없다. 오로지 인간만이 말 그대로 '머리를 맞대고' 함께 즐길 줄 안다.

함께 행동할 뿐만 아니라, 함께 행동하는 법을 배우는 이 능력이야말로 인류가 갈수록 더 빨라지는 속도로 성장할 수 있는 비결이다. 이 능력은 감정과 지식을 다른 사람과 교환하고 서로 머리를 맞대고 함께 문제를 풀 수 있게 해준다. 혼자서는 해결할 수 없는 문제를 이처럼 함께 풀면서 창의력의 폭발이 일어난다.

더 나아가 함께 행동하는 법을 배우는 이 능력은 우리가 배운 것을 체계적으로 다른 사람들에게 전달할 수 있게 해준다. 이로써 지식은 세대를 거치며 축적된다. 새롭게 세상에 태어나는 모든 인간은 배움을 통해 인류의 경험을 쌓은 보고에 들어갈 열쇠를 얻는다. 이 바탕 위에 계속 새로운 지식이 쌓이면서 이 보고는 최신 수준을 자랑한다.

토마셀로는 새로운 세대가 기성세대의 어깨 위에 올라타 계속 높이 올라가는 이런 효과를 '자동차 잭 효과Wagenheber Effekt'라 부른다.[8] 우리는 바퀴를 새로 발명하지 않아도 된다. 이미 6천 년 전 메소포타미아에서 바퀴는 발명되었고, 이후 이 지식은 끊임없이 갈고닦아 오늘날의 최첨단 바퀴까지 만들어냈기 때문이다. 이처럼 세대를 거쳐 전수된 지식을 우리는 '문화'라고 부른다. 문화는 우리 인간의 협력이 이루어질 전제 조건인 동시에 협력의 성과물이다.

"물고기는 물에 맞춰 태어난다."

토마셀로는 지느러미와 아가미를 가지는 물고기의 생태를 이렇게 설명한다.

"인간은 문화에 맞춰 태어난다."

문화는 우리가 살아가는 세상에서 무엇을 뜻할까?

정보는 유전자를 통해서만이 아니라 문화로도 전수된다. 문화 덕에 인간은 발전의 문을 열었으며, 그저 수동적인 배움으로 맹목적 한계에 빠지지 않는 발전 형식을 가꾸어왔다. 문화 덕분에 인간은 예측할 능력을 키우며, 진취적인 피드백을 세울 수 있다. 하지만 이 발전이 계속 이뤄지기 위해서는 책임감도 가져야 한다. 어떤 것이 우리 문화의 일부이며, 어떤 것은 아닌지, 어떤 길을 가야 하며, 어떤 지식을 더 연구하고, 이로부터 어떤 결론을 이끌어낼지 하는 것은 인류의 기억에 축적되어 온 작은 결정들이다.

문화 안에 축적된 다양한 이야기들을 우리는 저마다 마음껏 활용하며, 다시금 자신에게 맞는 이런저런 결정을 내리면서 이야기는 계속 이어진다. 이렇게 볼 때 우리는 선조가 이룩한 문화의 혜택을 누리는 수신자일 뿐만 아니라, 후손이 살아갈 문화의 설계자이기도 하다. 우리가 이 문화에 새로 첨가해 주는 것 덕분에 문화는 계속 발전할 수 있다.

"무엇이 우리를 인간으로 만드는가?"

이 물음은 이로써 근본적으로 다음 물음으로 귀결된다.

"우리는 어떤 인간으로 살아가기를 원하는가?"

지구라는 이 별에는 인간이 사는 게 아니라, 인간들이 산다.
복수형은 지구의 법칙이다.[9]

_한나 아렌트Hannah Arendt

우리를 위한, 우리에 의한 영웅

2020년 미국에 있는 몇백 개의 비영리단체는 깜짝 놀랄 만큼의 기부를 하겠다는 메일을 받았다.[10] 이 단체들은 대부분 규모도 작고, 잘 알려지지 않았으며, 영향력이 크다는 평판을 듣지도 못했다. 주로 여성과 유색인종과 성소수자의 권리를 지키기 위해 노력하거나, 극빈층에게 식량과 약품을 공급하고, 미국 사회에 만연한 구조적인 불공정을 퇴치하기 위해 싸워온 단체들이다. 대다수 단체는 지역 차원에서 활동하는 탓에 정치나 경제 또는 언론의 주목을 거의 받지 못했다.

그런데 왜 하필이면 요청하지도 않은 돈을 기부하겠다는 것인지 단체들은 의아함을 지울 수 없었다. 게다가 메일의 발송인이라고 밝힌, 델라웨어에 있는 '로스트호스Lost Horse'라는 회사가 익명의 여성에게 받은 기금으로 기부한다고 밝힌 통에 단체들은 더욱 혼란에 빠졌다. 몇몇 단체는 메일을 아예 스팸메일로 분류하고 잊

어버렸다.[11]

그러던 어느 날 텍사스 샌안토니오에서 여성 인권단체 '기독교여자청년회Young Women Christian Association, YWCA'를 운영하는 프란체스카 래트레이Francesca Rattray는 한 통의 전화를 받았다. 전화통화에서 상대방 남자는 맥킨지 스콧MacKenzie Scott이라는 여성이 기독교여자청년회에 상당한 액수의 돈을 기부하고 싶어 한다고 이야기를 꺼냈다. 맥킨지 스콧이라는 이름을 전혀 알지 못했던 래트레이는 남자가 몇 가지 질문을 하는 동안 인터넷으로 그 이름을 검색해 보았다. 그리고 이내 이 모든 것이 장난이 아닌 것을 알고 탄성을 질렀다.

맥킨지 스콧은 제프 베조스의 전처다. 아마존닷컴의 설립자이자 최고 경영자인 제프 베조스Jeff Bezos와 이혼한 그녀는 전 세계에서 여성 중에는 네 번째로 돈이 많았다.

"나는 번개라도 맞은 것처럼 책상을 꼭 붙들고 가쁜 숨을 몰아쉬었지요."[12]

나중에 래트레이가 기자에게 당시 통화 내용을 설명하며 한 말이다. 기부하겠다는 돈은 100만 달러였다. 남자는 아무 조건도 달지 않았다. 그저 계좌번호만 불러달라고 했다.

"나는 얼이 나간 나머지 어쩔 줄 몰라 하다가 나중에는 비명을 질러댔어요."

래트레이는 당시를 이렇게 회고했다.

이런 비슷한 장면은 2020년 말에 미국 곳곳에서 목격할 수 있었다. 무료급식 봉사 단체, 코로나 응급 병동, 성평등 활동가, 동성애자와 성전환자 권리 찾기 단체, 가족 지키기 운동 단체, 여성과 유색인종과 아메리카 원주민을 위한 교육 시설, 장애우 시설, 소수파 기업가를 지원하는 금융기관, 심지어 유럽 기후 재단에 이르기까지 500개가 넘는 소규모 비영리단체를 맥킨지 스콧과 그녀의 팀은 지원 대상으로 선정했다.[13] 일반적으로 사회에 거의 알려지지 않았거나, 턱없이 부족한 예산에도 근근이 활동하던 단체는 메일 또는 전화 한 통에 돌연 300만에서 5000만 달러라는 지원금을 얻었다. 고작 4개월 만에 맥킨지 스콧은 이런 방식으로 거의 60억 달러를 나누어주었다. 이로써 그녀는 그해 미국의 기부자 순위에서 단박에 2위로 뛰어올랐다.[14] 하지만 이것은 시작에 불과했다.

2022년 초까지, 그러니까 2년도 채 안 되는 시간 동안 맥킨지 스콧은 1,250개가 넘는 단체에 모두 120억 달러를 지원했다.[15] 평생 그처럼 많은 돈을 기부한 사람이 또 있을까 싶지만, 분명한 것은 그처럼 짧은 시간 동안에 많은 기부를 한 사람은 맥킨지 스콧 외에 없다는 점이다.

이런 기부를 어떻게 봐야 좋을까? 또는 이 기부가 어떤 의미를 가져야 마땅할까? 2019년 이혼하고 얼마 뒤 전남편의 성 베조스를 버리고 이름을 맥킨지 스콧이라고 바꾼 그녀는 '기부 서약The Giving Pledge'이라는 단체에 가입했다. 막대한 부를 누리는 사업가와 상속권자로 이뤄진 이 국제 단체는 최소한 재산의 절반 정도를 공익 목적으로 기부한다고 서약해야만 가입할 수 있다. 2010년 마이

크로소프트 창설자 빌 게이츠Bill Gates와 투자가 워런 버핏Warren Buffett이 창설한 이 단체는 오늘날 28개 국가 출신의 230명 이상의 회원을 자랑한다.[16] 회원 가운데 많은 이들이 가입 후 자신의 동기를 설명하는 편지를 공개했다. 맥킨지 스콧 역시 편지를 공개했다.

"우리 모두에게는 무엇인가 나누고 베풀 수 있는 재능이 있다. 끝없이 이어지는 중요한 사건들에 영향을 받고, 행복한 우연, 왜 이런 일이 발생하는지 절대 이해할 수 없는 우연 덕에 남에게는 없는 무엇인가를 나눌 수 있는 재능을 갖출 수 있다. 인생이 나에게 베풀어준 재능과 더불어 나는 나누어줄 수 있는 엄청난 돈을 가졌다. 자선사업을 하려는 나의 뜻은 앞으로도 신중함을 잃지 않을 것이다. 이 사업은 시간과 수고와 신중함을 요구한다. 하지만 나는 기다리지 않을 것이다. 내 금고가 텅 빌 때까지 계속하겠다."[17]

언론 입장에서 이 공개서한은 무엇보다도 막대한 기부 금액 때문에 더없이 좋은 이야깃거리였다. 하지만 맥킨지 스콧은 얼마나 많이 기부하는지 그 척도를 바꾸었을 뿐만 아니라, 누구에게 어떤 방식으로 기부하는지의 기준도 새롭게 제시했다. 체계론의 관점에서 나는 그녀의 기부가 가진 흥미로운 측면을 발견했다. 우리는 어떤 모범과 영웅을 가져야 21세기를 성공적으로 항해할 수 있을까? 시스템을 개선하기 위해 일하는 인간일까? 아니면 그저 자신의 위상만 지키려는 사람이 우리의 모범일까?

미국에 새롭게 등장한 자선가를 예로 들어보자. 막대한 부를 쌓은 사람이 공동체에 기여하고자 기부한다는 것은 새로운 일이 아니다. 이 기부 전통은 철강과 석유로 돈을 벌어 당대 최고 부자로 등극했으며 동시에 위대한 자선가였던 앤드루 카네기Andrew Carnegie와 존 록펠러John D. Rockefeller까지 거슬러 올라간다. 카네기는 여러 재단을 설립하고 무엇보다도 몇백 개에 이르는 공공 도서관의 설립과 운영을 도왔다. 그의 이런 자선 활동은 오늘날까지도 그의 이름을 딴 카네기홀을 포함해 매우 광범위하게 이루어졌다. 반면, 록펠러는 오로지 단 하나의 재단을 세워 "전 세계 인류의 복지"를 추구하면서 교육, 문화, 학문, 보건, 식품 생산 등의 여러 분야에 걸쳐 개선이 이뤄지게 도왔다. 원칙적으로 이 모든 것은 이른바 '공공재'다.

그러나 이 공공재가 어떻게 마련되며, 누가 그에 대한 접근 권한을 가질지 하는 문제는 전혀 간단하지 않음을 미국은 보여준다. 이른바 '야경국가'는 시장이 자력으로 문제를 해결하지 못할 때에만 간섭해야 한다. 공공 의료보험을 둘러싸고 지루하게 이어지는 토론이 보여주듯, 미국 정부 또한 되도록 시장에 개입하지 않으려 한다. 국가의 공익 서비스망에서 어딘가에 구멍이 났을 때, 이 구멍을 개인의 기부로 메꾸는 통에 미국인들은 이 구멍을 그리 심각하게 받아들이지 않는 경향을 보인다. 하지만 개인의 기부만으로 공익 서비스가 유지될 수 있을까? 그리고 이 구멍이 대체 어떻게 생겨나며, 누가 이런 구멍을 만드는지 하는 의문이 고개를 들 수밖에 없다.

미국에서 자선사업은 그동안 주로 민간 재단이 벌여왔다. 재단은 2005년에서 2019년 사이에 거의 70% 가깝게 늘어났다. 재단의 자본은 1조 2천억 달러로 거의 두 배 가깝게 늘었다. 이 규모는 스페인의 2020년 국내총생산에 맞먹는 수준이다. 그러나 대다수 재단은 기존의 비영리단체를 지원하지 않으며, 자본금으로 이루고자 하는 목표를 직접 설정한다. 이를테면 소아마비나 말라리아와 같은 질병 퇴치, 금연 장려와 비만 예방 및 치료, 기후변화에 대처할 기술 개발 또는 인체의 생물학적 과정에 대한 연구 등이 그 목표다. 이런 재단은 대개 본부가 있는 국가에만 그 활동을 제한하지 않으며, 범국가적인 프로그램을 짜고 파트너 단체를 지원한다.

정부와 달리 재단은 누구에게 언제 얼마나 기부하는지 일반에 공개할 의무를 지지 않는다. 또 재단이 벌이는 일이 마음에 들지 않는다고 해서 퇴출할 권리를 일반 대중이 가질 수 없다는 점도 정부와의 차이점이다. 하지만 이런 반론은 재단이 쓰는 막대한 돈의 위용에 눌린 나머지 민주주의 이론의 사소한 시비로 무시되곤 한다. 물론 부를 그저 혼자 독차지하기보다 좋은 목적을 위해 쓰는 태도는 장려할 만하다. 그러나 어떤 억만장자가 재단을 통해 세계의 어느 지역을 구하고 싶어 하는지를 다룬 언론 보도만 봐도 이 자선 활동에 부수적인 의도가 숨어 있다는 점은 쉽사리 드러나게 마련이다.

미국 정부는 이런 재단에 상당한 세금 혜택을 준다. 재단은 이렇게 감면받는 세금 일부를 공익 목적으로 기부하고 나머지는 주식에 투자해 재단 기금을 늘릴 수 있다. 감면받지 않았다면 이 금액은 마땅히 세금으로 거두어 공익 목적으로 써야 할 돈이다. 하지만 재단 금고에 남은 돈은 어디에 쓸지 재단 주인이 결정한다.[18] '기부 서약'의 230여 명의 회원들이 약속한 대로 재산의 절반 정도를 기부한다면, 약 5천억 달러가 기부되는 셈인데, 미국의 싱크탱크 '정책연구원Institute for Policy Studies'은 이렇게 해서 정부가 징수하지 못하는 세금이 대략 3600억 달러에 이른다고 계산했다.[19]

바꿔 말해서 이런 형태의 자선은 대단히 극소수의 사람만 할 수 있으며, 이를 위해 매우 많은 사람이 자선활동을 보조해 주어야 한다. 놀라운 창의력이 아닐 수 없다. 언론은 특정 유명인이 기부하는 큰 액수에만 주목하는 통에 중요한 사실은 늘 외면당하고 만다. 기부하는 금액을 수입과의 비율로 따져볼 때 오히려 상대적으로 수입이 적은 사람들이 더 활발하게 기부하고 있다고 관련 연구는 거듭 확인해 준다.[20]

"사회 발달 역사의 중심에 고액 기부자들을 두는 관점은 그들의 역할을 왜곡하는 것이다."

맥킨지 스콧은 매년 어떤 단체에 기부하는지 두 차례 밝히는 짤막한 발표문에 이렇게 썼다. 그녀는 어디에 기부할지 조언해 주는 사람들과 함께 자신은 그저 "시스템이 필요로 하는 변화를 줄힘을 선물하고자 시도할 뿐"이라고 강조한다.

"이런 노력은 불균형한 부가 몇몇 소수의 손에 집중되지 않는 것이 더 낫다는 겸손과 신념을 바탕으로 이루어지며, 이에 대한 해결책은 다른 사람들이 가장 잘 설계하고 실행할 수 있다는 믿음으로 이어집니다."[21]

똑같은 시스템인데도 12년 전 '기부 서약'에 가입한 60명의 억만장자는 본래 재산의 절반을 사회에 환원하기로 약속하고서도 오히려 재산을 두 배 가까이 불렸다. 심지어 그중 50명은 세 배로, 몇몇 회원은 열 배 이상 늘어났다.[22] 2020년 3월부터 7월까지, 곧 팬데믹이 전 세계를 강타하던 시기에 '기부 서약'에 가입한 미국 억만장자의 전체 재산은 25% 이상 늘어났다. 아무래도 새로운 자선가들은 돈을 지출하는 것보다 훨씬 더 빠른 속도로 벌고 있는 모양이다.

유엔 '세계식량계획World Food Program, WFP'의 미국 출신 사무총장 데이비드 비즐리David Beasley는 팬데믹의 해인 2021년 세계의 억만장자에게 공개적으로 66억 달러의 기금을 모으는 일에 동참해 달라고 호소한 바 있다.[23] 일회성의 이 모금으로 WFP는 당장 먹을 것이 없어 고통받는 4200만 명에게 1년 동안 음식을 제공하려 했다. 오랫동안 비즐리는 아무런 회신을 받지 못했다. 그러다가 갑자기 일론 머스크, 현재 세계에서 가장 부자인 머스크가 트위터에서 비즐리의 요청에 공개적으로 화답했다.[24]

"WFP가 60억 달러로 세계의 굶주림을 어떻게 해결하겠다는 것인지 투명하게 설명해 줄 수만 있다면, 나는 당장 테슬라의 주식을 팔아 기부하겠습니다. 당신의 계획을 공개적으로 자세히 밝혀

주시기 바랍니다. 그래야 사람들이 돈이 어디로 흘러가는지 정확히 볼 수 있으니까요. 햇빛은 기적을 일으킵니다."[25]

머스크가 트위터에 올린 글이다. 데이비드 비즐리는 머스크에게 사실 66억 달러로 세계의 굶주림과 싸워 이긴다는 것, 자신이 정확히 이해했다면, 그런 승리를 원하는 것이라면 그건 결코 성공할 수는 없는 일이지만, 4200만 명을 1년 동안 굶주림으로부터 구해줄 수는 있다고 설명했다. 그러자 일론 머스크는 연락을 끊어버렸다. 비즐리는 머스크가 요구한 계획서를 보내 기부금을 어떻게 쓸 것인지, 사용처를 투명하게 밝히겠다고 거듭 약속하면서 최소한 한 번은 만나달라고 애걸했다. 자신의 계획이 마음에 들지 않으면 얼마든지 내쳐도 좋다면서. 그러나 자신의 제국을 건설하면서 거의 50억 달러의 공적 지원금을 받았던 머스크는, 실리콘밸리가 즐겨 쓰는 표현인 '챌린지', 곧 시스템을 바꾸는 새로운 도전을 더는 거들떠보지 않았다.[26]

그럼 머스크가 노린 부수적인 효과는 무엇일까? 어쨌거나 유엔의 공적 기관인 WFP는 굶주림에 시달리는 사람들을 도우려다가 무기력함만 곱씹고 말았다. 그리고 실질적인 구원자는 돈더미가 쌓인 곳에 앉아 있다는 뼈저린 현실을 절감할 수밖에 없었다. 슬쩍 찔러보고 자신의 부를 과시하는 이런 행동이 우리가 이해하는 영웅, 시대에 맞는 영웅상일까?

독일 철학자 디터 토메Dieter Thomä는 이 물음의 답을 찾으려 아예 책 한 권을 썼다. 사안을 살피고 그가 내린 결론은 이렇다.

많은 영웅을 필요로 하는 것처럼 보이는 중대한 사안은 '챌린지'가 아니라, 바르게 작동하는 민주주의만이 해결할 수 있다.[27]

토메는 이런 결론에 비추어 영웅을 두 가지 유형으로 나눈다. 그 하나는 이른바 '지키는 영웅'이다. 이 영웅은 공동체가 정한 규칙을 지킬 뿐만 아니라, 이 규칙을 더욱 다지려는 노력도 아끼지 않는다. 이들은 자신이 아무 이득을 보지 못하거나, 다른 사람에게 음해를 받을지라도, 제3자나 전체의 권리를 지키려 애쓴다. 체계론의 관점에서 볼 때 이 영웅은 사회의 공식적인 목표가 현실과 부합하지 않는 경우 적극적으로 나선다. 이들은 목표나 규칙이 어떻게 생겨났는지 배경을 캐묻지 않고, 어떻게 해야만 목표나 헌법을 지킬지 고민하고 그 길을 찾는다. 또는 특정한 흐름, 이를테면 과도한 관료주의나 부의 편중이 방해물은 아닌지 묻는다.

반대로 '움직이는 영웅'은 현재 상태에 의문을 품고 왜 이런 상황이 빚어졌는지 그 배경을 캐묻는 탓에 사람들의 따가운 눈초리를 받는다. 이 영웅은 현재의 길로는 목표에 이를 수 없다는 점뿐만 아니라, 목표 자체가 부족하게 설정되었다는 점을 문제 삼는다. 체계론의 관점에서 이들은 목표의 업데이트를 위해 노력한다. 물론 처음에는 대개 힘쓰지 못하는 지위에서 악전고투를 한다. 주변으로부터 과소평가를 받으면서도 계속 가능성에 도전하느라 전투를 벌이다시피 한다. 추종자가 충분히 생겨나기만 한다면 이 영웅은, 예를 들어 건강한 기후를 위한 투쟁에 앞장서서 사회의 '티핑포인트'를 촉발해 시스템 전체를 변혁할 수 있다.

이 두 유형의 영웅은 서로 대립하지 않는다. 아니, 거꾸로 서로를 보완한다. 한쪽은 어떤 가치가 보존되어야 하는지 우리에게 보여준다. 다른 쪽은 어떤 변화가 필요한지 보여준다. 사회는 이런 긴장 관계 덕에 발전한다. 민주주의는 "가치를 지키며, 움직이고 변화함으로써 생명력을 얻는다. 확실한 권리 체계와 생명력이 민주주의를 위대하게 만든다."[28]라고 토메는 요점을 정리한다.

그럼 이 영웅의 위대함은 무엇일까? 영웅은 대개 특별하지 않으며, 부자이거나 강한 권력을 가진 것도 아니다. 영웅은 변화를 위해 헌신하며, 자신이 활용할 수 있는 모든 것을 걸고 위험을 기꺼이 감수한다. 어떤 결과가 빚어지든 개의치 않는다.

영웅은 '우리'를 만들기 위한 노력을 아끼지 않는다. '우리'라고 해서 천편일률적으로 같은 우리가 아니다. 모두 동등한 가치를 가지는 인간이 모여 이루는 '우리'다. 영웅은 "솔선수범함"으로써 우리에게 영감을 주지만, "내가 해냈다"고 자신을 내세우지 않는다.[29] 그리고 무슨 일을 하든 자신의 지위나 위상을 전혀 따지지 않는다. 우리는 지위에 연연하지 않을 때 진정으로 큰 힘을 발휘한다. 확신컨대 여러분은 그런 인물을 이미 여러 차례 만나보았으리라. 심지어 내일 아침 거울에서도 볼 수 있지 않을까.

-¦-

나의 소명은 단지 살아남는 데 그치지 않고
꽃처럼 활짝 피어나는 것이다.
약간의 열정, 약간의 공감, 약간의 유머
그리고 약간의 멋을 뽐내며.[30]

_마야 안젤루Maya Angelou

최선의 인간이 되기 위해

콜리플라워의 이탈리아 종인 '로마네스코Romanesco'는 어떤 채소 진열장에서도 돋보이는 자태를 자랑한다. 로마네스코는 양배추의 일종이다. 흔히 콜리플라워와 브로콜리의 교배종으로 여겨지는 로마네스코는 그 독특한 모양으로 감탄을 자아낸다. 전체 자태는 작은 원뿔을 계속 쌓아놓은 것처럼 보인다. 단순한 새순에서부터 섬세하게 다듬어진 봉우리가 계속 겹치며 탑을 이룬 형태는 크게 보면 나선형을 이루면서 큰 것은 작은 것을, 작은 것은 큰 것을 복사해 놓은 듯하다. 그야말로 자연이 빚은 아름다움이다.

다음에 장을 보러 가서 로마네스코를 발견하면 그 자태를 자세히 살펴보자. 내 딸들은 예쁘다며 눈을 떼지 못한다. 로마네스코는 같은 형상이 계속 되풀이되어 부분과 전체가 거의 같은 모양을 보여주는 기하학 도형의 좋은 예다. 이런 구조를 기하학은 '프랙털fractal', 곧 '차원분열도형'이라 부른다. 프랙털은 복잡한 계산으

297

로 연출되는 그래픽이나, 이 그래픽을 이용해 놀라운 효과를 보여주는 디지털 예술처럼 기하학에서만 찾아볼 수 있는 것은 아니다. 자연에서도 얼마든지 볼 수 있다. 산호, 해면, 벌집, 눈송이, 양치류 식물의 잎, 잠자리 눈, 그물망처럼 뻗어나가는 혈관은 모두 프랙털 형상이다. 이들 형상은 아주 작은 차원에서 가장 큰 차원에 이르기까지 하나의 지침에 따라 만들어진다. 그런 탓에 형상의 단면을 찍은 사진을 보면 그것이 근접 촬영인지 원거리 촬영인지 구분하기가 어렵다. 프랙털의 이런 특성은 사회의 변화에도 얼마든지 적용해 볼 수 있다.

"그저 비유로만 본다고 해도 사회의 프랙털은 관계를 변화시키며, 사회에 새로운 본보기와 구조를 창조한다는 점에서 엄연히 실재한다."[31]

미국의 인문지리학자이자 기후학자인 카렌 오브라이언Karen O'Brien은 이렇게 말한다. 오브라이언은 '기후변화에 관한 정부 간 협의체IPCC'에 여러 차례 자문위원으로 참여해 기후변화 보고서를 쓴 바 있다. IPCC는 2007년 이런 활동 덕에 노벨평화상을 받기도 했다. 오브라이언은 자연의 변화에 사회가 어떤 원인을 제공하며, 이 변화로 사회가 떠안아야 하는 후유증이 무엇인지, 곧 글로벌 사회 변화에서 인간의 역할과 관련한 측면에 특히 관심을 가지고 연구해 온 학자다. 그녀가 쓴 책《당신은 소중해, 당신이 생각하는 것보다 훨씬 더You Matter More Than You Think》는 글로벌 사회 변화를 아래에서부터 바라본다. 오브라이언의 관점은 개인에서 출발해 전체로 나아간다. 다시 말해서 전체에서 개인을 굽어보는 통상적 관점과는 정반대 관점으로 글로벌 변화를 살핀다.

지금 흔들리는 시스템이 너무 커서 되돌리기 어려운 게 아닐까? 개인은 이런 변화를 뒤집기에 너무 작고 부족한가? 우리가 도전 과제 앞에서 겁부터 먹는 이유가 이 때문일까?

오브라이언은 우리 사회가 작은 단위, 그 규모가 한눈에 들어오는 작은 시스템들로 이루어져 있고, 그 안에서만큼은 얼마든지 변화를 시도할 수 있음을 보여주려 시도한다. 이 작은 시스템은 더 큰 시스템의 부분을 이루게 마련이다. 오브라이언이 찾아낸 답은 작은 시스템에서 변화를 위한 우리의 노력이 충분하기만 하다면 전체적인 변화를 불러올 수 있다는 점이다. 작은 단위의 사회 변화가 어떻게 큰 변화를 불러올 수 있는지 그 답은 바로 이것이다. 프랙털 형상이 이 사실을 확인해 준다.

"가치와 합치하는 행동은 전체에도 영향을 주어서 의미를 빚어낸다."

이렇게 확인하고 오브라이언은 곧바로 덧붙인다.

"이런 행동은 설득력을 자랑해 숱한 추종자를 이끌며, 전체 차원에 새로운 품격을 선물한다."[32]

프랙털 구조는 특정 원리가 부분뿐만 아니라 전체에서도 되풀이해서 나타나 이루어진다. 여러 차원에서 똑같이 적용되는 원리는 이로써 우리의 생생한 현실이 된다. 하나의 원리가 바뀐다면 변화가 촉발된다. 이 변화는 다양한 차원에서 연속성을 가지고 이루어진다. 이는 곧 개별적인 변화와 집단의 변화가 서로 맞물려 있음을 의미한다. 위에서 아래로의 변화, 아래에서 위로의 변화는 방향만 다를 뿐, 같은 원리로 일어난다. 하나의 차원에서 벌어지는 다양한 조직 사이의 변화 역시 어느 것 하나 고립되어 일어나지 않는다.

그렇다고 모두가 입을 모아 똑같은 말을 하는 것은 아니다. 같은 형태의 반복이라는 프랙털 구조가 천편일률적인 의사 결정을 뜻하지는 않는다. 오브라이언은 세계를 보는 '관점'이 모두 같아야 한다고 주장하지 않는다. 그녀가 관심을 가지는 것은 세계를 대하는 '태도'다. 예를 들어 개인이 개방성을 소중한 가치로 여기면서 이에 맞는 사회를 이루고자 한다면, 사회 역시 개방성을 중시한다. 그럼 다시 역으로 이 사회에서 살아가는 개인은 개방적 태도를 보이려 노력한다. 물론 특정한 주제를 두고 다른 의견을 무조건 수용해야 하는 것은 아니다. 개인은 얼마든지 자신의 의견을 밝힐 수 있다는 전제 조건을 분명히 하는 것이 개방성 구조다. 다시 말해서 다른 의견을 경청하는 태도가 개방적일 뿐, 다른 의견에 무조건 동의해야 하는 것은 아니다. 다양한 의견을 놓고 합의를 도출한다는 것은 분명 쉬운 일은 아니다. 하지만 이렇게 할 때에만 우리 안에 뿌리를 내린 다양한 잠재력이 온전히 살아나 문화를 더욱 풍요롭게 가꿀 수 있다. 그 바탕은 자유롭게 활동하는 숱한 개인이 만든다. 개인들은 스토리를 듣고 전해주며 그 내용에 변화를 주면서 우리 세계를 해석하고 새롭게 조직한다. 우리는 이런 방식으로 자신이 누구인지 이해하고, 타인을 이해할 폭을 넓힌다. 가치관이 분명한 개인들이 우리를 이루고, 이로써 전체의 가치가 확고하게 자리를 잡는다. 오브라이언이 쓴 글을 보자.

"제도는 시간의 흐름과 더불어 변화하며, 구조는 개혁되고, 늘 새롭게 생명력을 얻는다. 바로 이런 것이 발전이다. 그러나 그 근본 가치가 모든 사람의 안녕을 지키지 못하거나, 심지어 배치되는 변화라면 프랙털 구조를 이루지 못하고 파편처럼 부조화만 일어난다."[33]

프랙털은 자생력으로 다듬어진 부분이 어떻게 전체를 이루어 가는지를 보여주는 좋은 예다. 반면, 전체에서 적절한 자리를 찾지 못한 개인은 깨진 파편처럼 조화를 무너뜨린다. 다시 말해서 기존의 관성에 사로잡혀 변화에 소극적인 개인은 균형을 깨고 부조화를 초래할 뿐이다.

그럼 무엇이 우리에게 균형을 잡게 해줄까? 어떻게 해야 자존감을 지키면서도 전체를 시야에서 놓치지 않는 우리, 일상에서도 신선한 힘을 불어넣어 주는 하나 된 우리가 될 수 있을까?

나는 이 공동체적인 우리를 꾸릴 가능성을 머리와 손과 심장으로 정리해 보고자 한다. 머리부터 생각해 보자. 문제의 해결책을 공동으로 찾고자 '함께 머리를 맞댈 줄 아는 능력'은 지구상의 다른 생물종은 가지지 못한 우리 인간만의 특별함이다. 이 능력으로 우리는 서로 머리를 맞대고 세계를 어떻게 보아야 할지 최고이자 최선의 이해를 빚어낸다. 직장에서든 파트너 관계에서든 누구나 겪는 일이지만, 왜 일이 잘 안 풀리는지, 또는 문제의 적절한 해결책이 왜 안 찾아지는지 의견이 분분하고 다툼이 벌어지는 원인은 대개 사소한 차이다.

미국의 생태학자 개릿 하딘Garrett Hardin은 이런 차이를 이겨내는 좋은 소통은 세계를 이해하는 방식, 서로 다르게 이해하는 지점을 얼마나 빨리 대화로 털어내는지에 달려 있음을 보여주었다.[34] 이게 무슨 소리인지 분명히 설명하기 위해 하딘은 우리를 학문의 세계로 안내한다. 그는 현실에 접근하는 학자들의 사고방식과 언어 표현에서 두 가지 전형을 구분한다. 한쪽은 숫자로 어휘를, 다른 쪽은 단어로 어휘를 구사하는 것이 그 차이다. 숫자는 양적 측정과 비례 관계에, 단어는 질과 맥락의 파악에 각각 집중한다. 각각의 방식은 저마다 장단점을 가진다. 세계를 그 전모에서 묘사하고자 한다면, 두 방식이 모두 필요하다. 하딘은 자신의 책《어리석음을 걸러주는 필터Filters against Folly》에서 두 방식의 차이와 필요성을 정리해 들려준다.

숫자가 단어와는 다르게 상황을 표현한다는 점을 우리는 팬데믹에서 실감 나게 경험했다. 우리 자신은 감염되지 않았다고 할지라도 매일 발표되는 감염자 수는 바이러스의 위력을 확실하게 보여주었으니까. 반대로 숫자는 감염이 개인에게 구체적으로 무엇을 의미하는지는 전혀 알려줄 수 없다. 그런 건 병원의 중환자실에서 나오는 첫 번째 보고서가 알려줄 따름이다. 그런 다음 우리는 추세라는 것도 살펴야 한다. 당장 시급한 문제뿐만 아니라, 사태의 추이를 면밀히 살펴야 한다는 점도 우리는 팬데믹에서 뼈저리

게 경험했다. 어떤 특정한 문제가 지금 당장뿐만 아니라 장기적 관점에서 무슨 영향을 미칠지는 상황 파악에 늘 함께 고려되어야만 한다. 이렇게 해야만 우리는 시간의 흐름에 따른 추세에 대비할 수 있다. 그래야만 상황이 아직 심각하지 않다고 하더라도 대책을 세워두고 제때 적절하게 반응할 수 있다. 그리고 무엇보다도 이런 안목을 가질 때 경계를 늦추지 않고 늘 배움의 자세를 유지할 수 있다. 오늘의 해결책이 내일의 문제가 되는 것은 그래야 막을 수 있으니까.

어떤 단어가 적절할까? 무슨 숫자가 알맞을까? 그리고 앞으로는 어떻게 될까?[35]

우리가 이런 질문들을 늘 염두에 두고 세계를 바라봐야만 불필요한 오해와 갈등이 풀릴 수 있다고 하딘은 강조한다. 중요한 것은 측량과 스토리 사이의 경쟁이 아니라, 그때그때 상황에 맞게 측량과 스토리를 의미 충만하게 조합하는 작업이다. 하딘의 필터는 문제를 묘사한 단어와 숫자가 우리의 의견을 충분히 담아내는지 검증할 수 있게 해준다. 흔히 우리는 측량할 수 있는 것만 중시하지만, 존재하는 모든 것을 측량하거나 숫자로 나타낼 수는 없다. 반대로 숫자와 척도가 없이 그저 스토리로만 세계를 이야기한다면, 그래프로 일목요연하게 확인할 수 있는 역동적 흐름과 미래의 변수는 안타깝게도 외면당할 수 있다.

하딘의 필터는 문제를 더 정확하게 묘사하게 해줄 뿐만 아니라, 우리가 찾아낸 문제 해결책이 적절한지 시험할 수 있게도 해준다. 이것이 바로 '미래 문해력', 곧 미래를 읽고 쓸 수 있는 능력의 핵심이다. 사안이 무엇인지 명확하게 소통할 수 있을 때만, 우리는 앞으로 어떻게 해야 할지 활발하게 의견을 나눌 수 있다.

활발한 소통은 우리로 하여금 손을 쓰게, 곧 행동에 나서게 만든다. 그러나 문제가 무엇인지 알아내고, 심지어 좋은 해결책까지 찾아냈다고 해서 모든 것이 해결되지는 않는다. 세상일은 대체로 차근차근 단계를 밟아야 해결된다.

하지만 무엇부터 시작해야 좋을까? 미국의 이론생물학자 스튜어트 카우프만Stuart Kauffman의 연구는 이 질문의 답을 찾을 수 있게 해준다. 그는 자연의 발달이 어떻게 이뤄지는지 연구했다. 자연은, 당연한 이야기이지만, 미래를 예측하며 대책을 세워 발달하지 않는다. 어떤 원시적 생명체가 인간으로 진화하기 위해 내디뎌야 할 첫걸음이 무엇일지 고민했겠는가. 하지만 그렇다고 해서 첫걸음이 없었다는 말은 성립하지 않는다. 자연이 발전의 다음 행보를 정하는 방식을 카우프만은 '근접한 가능성adjacent possible'이라는 개념으로 설명한다. '근접한 가능성'이라는 모델은 자연이 항상 인접한 것이 무엇인지 탐색하면서 새로운 가능성을 만들어내고 실현해 간다는 의미를 담았다. 카우프만은 이렇게 진단한다.

"생물권은 일반적으로 개체가 감당할 수 있는 속도로 적응시켜 가며 생태계를 만들어낸다."[36]

이 모델을 인간에 적용해 본다면, 시스템을 바꾸기 위해 사전에 예측하고 대비하며 포괄적인 목표를 세우지 말라는 뜻은 아니다. 우리는 인접한 가능성을 단계적으로 탐색해 가며 목표를 실현할 수 있다. 성공의 열쇠는 이 변화가 지나친 분열을 초래하지 않아야만, 곧 심각한 위기나 지배 권력을 둘러싼 충돌을 빚지 않도록 유념하는 자세다. 변화를 일궈내는 손은 항상 협력을 염두에 두고 상대방에게 내미는 손, 다시 말해서 파트너 전략에 충실한 손이 되어야만 한다. 물론 건네는 손은 맞잡아 주는 손이 있어야 한다. 서로 다르게 조직된 시스템에서 다른 세계관을 가진 사람들이 서로 협력해 동맹을 이루기 위해서는 정확히 무엇이 문제인지 합의부터 이루어져야 한다. 독일 사회학자 아르민 나세히Armin Nassehi는 협력의 중요성으로부터 '실용적 연계'라 이름 붙인 정언명법을 이끌어냈다.

"상대방이 연계할 수 있도록 행동하라. 상대는 네 마음대로 통제되지 않으니까."[37]

모든 당사자들이 보조를 맞출 때 우리는 변화를 이루어낸다. 이렇게 일궈낸 변화는 시스템에 고스란히 반영되어 생동감 넘치는 현장을, 스스로 알아서 꾸려가는 프로세스를 이끈다. 그리고 첫걸음을 떼었다고 안심하지 않고 꾸준히 달릴 때, 프로세스는 역동성을 가진다. 역동성은 익숙한 틀을 깨뜨리고, 제도를 새롭게 다듬어가며 불확실함을 이겨낼 힘을 베풀어준다. 그래야 새로움이 새로운 정상으로 자리 잡는다. 그리고 많은 사람이 동참하는 덕분에 뿌리가 깊고 튼실해진다. 우리는 목표인 '지평 3'을 늘 염두에 두어야 방향성을 잃지 않는다. 그러나 그때그때 상황에 보폭도 맞추어야 한다.

그런데 너무 오래 걸린다면? 바로 이 대목에서 심장이 등판한다. 심장은 혁신 프로세스를 성공적으로 이루어낼 자세가 어떤 것인지 우리에게 알려준다. 유일한 실질적 실천력은 다른 누구도 아닌 우리 자신과의 싸움에서 얻어지기 때문이다. 우리는 다른 사람에게 영감을 주고 변화하라고 요구할 수 있다. 적절한 시점이 주어진다면, 하늘을 나는 장화라도 신고 달리라는 요구도 할 수 있다. 다만 중요한 것은 다른 사람에게든 자기 자신에게든 이런 요구를 하는 방식이다. 한편으로 우리는 다른 사람에게 의존하지 않아야 한다. 하지만 다른 한편으로 우리는 변화하기 위해 다른 사람을 필요로 한다. 변화가 강제된 게 아니라 문화에 뿌리를 내릴 수 있으려면, 협력은 필수적이다.

고대 그리스의 스토아학파는 이런 모순을 풀어줄 개념을 '아레테Arete'라 불렀다. 이것은 한 사람의 '덕성' 또는 '탁월함'을 뜻한다. 미국의 저술가 조너스 잘츠게버Jonas Salzgeber는 이 개념을 "나쁜 본보기를 보여주지 않음"이라고 풀어준다. 잘츠게버가 보는 '아레테'는 "언제라도 자기 자신의 최고 모습을 선보이는 능력"이다.[38] 그는 언행일치를 이루는 데 도움을 주는 개념이 '아레테'라고 정리한다. 언행일치란 의도를 실행에 옮기며 모든 책임을 스스로 지는 자세다. 우리의 행동이 원하는 효과를 얻어낼지 하는 문제는 숱한 변수, 특히 이해 당사자 또는 동료가 어느 정도 협력할지에 따라 답이 달라질 수밖에 없다. 하지만 어떤 결과가 나오든 책임은 나 자신이 지겠다는 자세를 반드시 갖춰야만 한다.

바꿔 말하자면, 우리는 어떤 순간에도 최고이자 최선의 인간이 되고자 진실하게 행동하려 노력해야 한다.[39]

오늘 나는 희망하는 목표에 한 걸음이라도 더 가까이 가고자 노력했는가?

이 물음이 너와 나를 우리로 묶어줄 때 움직임이 일어나기 시작한다. 이 움직임을 두고 다른 사람들과 의견을 교환할 때, 확신컨대, 우리도 달라질 수 있다는 경험의 지평이 열린다.

감사의 말

이 책은 나의 마지막 책이 되리라. 두 딸에게 그렇게 약속했고, 나 자신에게도 다짐했다. 두 딸이 힘내라고 열정 가득한 응원을 해줄 때마다 나는 크나큰 감동을 느꼈다. 부모님의 응원도 컸다. 멀리서든 곁에서든 항상 나를 응원해 주셨다. 그리고 얀Jan, 일에 집중하는 나를 당신처럼 관대하면서도 섬세하게 사랑해 줄 수 있는 사람은 아무도 없어. 이 얼마나 가슴 벅찬 선물일까.

주변의 많은 비범한 사람들 덕에 나는 정말이지 믿기 힘들 정도로 풍요로운 선물을 받았다. 개인적인 생활에서든 직장에서든 이들은 나와 함께 웃고 울며, 춤추고 경중경중 뛰고 즐기면서, 또 논쟁을 불사해 가며 해결책을 찾고, 생각의 끈을 이어가면서 우리 인간이라는 종이 자신을 넘어서는 성장을 이룰 수 있게 기꺼이 헌신해 주었다. 시시Sissi를 비롯한 나의 소중한 친구들은 항상 큰 관심으로 나에게 지칠 줄 모르는 에너지원이 되어주었으며, 시댁과 친정, 최고의 편집자들, 정말이지 미쳤다 소리가 절로 나올 만큼 똑똑한 동료들은 모두 나에게 탁월한 모범으로 감동적인 만남을 선물했다. 나는 우리가 있어 존재한다.

소피 번지Sophie Bunge는 출산하기 전까지 나와 동고동락하며 곁을 지켜준 환상적인 친구다. 그녀와 함께 보낸 마지막 18개월은 정말 아름다웠다. 그녀와 집중적으로 토론하며 원고를 수도 없이 검토했다. 마르쿠스 야우어Markus Jauer와 탄야 루치스카Tanja Ruzicska는 나와 함께 체계론에 푹 빠진 나머지 이제는 돌이킬 수 없이 시스템 사고방식에 물들고 말았다. 그 덕분에 나는 관련 책들을 읽으며 다시금 많은 것을 배웠다. 탄야는 집필 과정에 끊임없이 긍정적인 동기를 부여해 주는 놀라운 지구력으로 금메달을 받아 마땅하다. 언어를 정확히 구사하려는 그녀의 꼼꼼함 덕에 나는 글은 이렇게 쓰는구나 하고 많이 배웠다.

배우이자 영화감독인 데틀레프 부크Detlev Buck에게 그의 영화 제목을 이 책의 제목(Wir können auch anders)으로도 쓸 수 있게 해준 것에 이 자리를 빌려 감사의 마음을 전한다. 마리아 바란코프Maria Barnkow는 원고가 진척되지 않아 축 처져 있던 우리를 위해 확실한 동기를 심어주려 노력을 아끼지 않았다. 카르스텐 크레델Karsten Kredel과 율리카 예니케Julika Jänicke는 개인적으로도 큰 도움을 주었다. 울슈타인Ullstein출판사는 이처럼 나에게 전폭적인 지원을 베풀었다.

매일 독자들이 보내주는 감동적인 피드백과 이로 얻는 영감은 나에게 내일을 향한 출발이 이미 도처에서 활발하게 이뤄지고 있음을 다시 한번 확인해 주고 있다.

당케!

참고 문헌

- Albert Borgmann, Technology and the character of contemporary life: A philosophical inquiery, Chicago 1987
- Andrew McAfee, Mehr aus Weniger: Die überraschende Geschichte, wie wir mit weniger Ressourcen zu mehr Wachstum und Wohlstand gekommen sind und wie wir jetzt unseren Planeten retten, München 2020
- Annekathrin Grüneberg/Arndt Pechstein/Peter Spiegel/Anabel Ternès von Hattburg(Hrsg.), Future Skills: Das Praxisbuch für Zukunft sgestalter, München 2021
- Antonio Gramsci, Gefängnishefte, Kritische Gesamtausgabe, 10 Bände, hrsg. von Klaus Bochmann und Wolfgang Fritz Haug, Band 3, Hamburg 2012
- Armin Nassehi, Unbehagen: Theorie der überforderten Gesellschaft, München 2021
- Aurelio Peccei, The Human Quality, Oxford/New York 1977
- Bill Sharpe, Three Horizons: The Patterning of Hope, Axminster 2020
- Brian Arthur, The Nature of Technology: What it is and how it evolves. New York/London/Toronto/Sydney 2011
- Buckminster Fuller, The World Game: Integrative Resource Utilization Tool, Carbondale(Illinois) 1961
- Christoph Möllers, Freiheitsgrade, Berlin 2020
- Dieter Thomä, Warum Demokratien Helden brauchen: Plädoyer für einen zeitgemäßen Heroismus, Berlin 2019
- Dietrich Dörner, Die Logik des Misslingens: Strategisches Denken in

komplexen Situationen, Reinbek bei Hamburg 2003
- Dirk Brockmann, Im Wald vor lauter Bäumen: Unsere komplexe Welt besser verstehen, München 2021
- Donella Meadows, Die Grenzen des Denkens: Wie wir sie mit System erkennen und überwinden können, München 2019
- Donella Meadows, Thinking in Systems: A Primer, Vermont 2008
- Eric Young, Unveröffentlichte Rede, Kanada 2003. 재인용: Frances Westley/Brenda Zimmerman/Michael Patton, Getting to Maybe: How the World is Changed, Toronto 2007
- Erich Fromm, Wege aus einer kranken Gesellschaft: Eine sozialpsychologische Untersuchung, München 2014
- Frances Westley u. a., Tipping toward Sustainability: Emerging Pathways of Transformation, in: Ambio, Heft 40, 6. 10. 2011, S. 762-780, http://homerdixon.com/wp-content/uploads/2017/05/Tipping-Toward-Sustainability-Emerging-Pathways.pdf
- Frances Westley/Brenda Zimmermann/Michael Quinn Patton, Getting to Maybe: How the World is Changed, Toronto 2007
- Fred Hirsch, Die sozialen Grenzen des Wachstums: Eine ökonomische Analyse der Wachstumskrise, Reinbek bei Hamburg 1980
- Fred Hirsch, Social Limits to Growth, Cambridge/Mass 1976
- Garrett Hardin, Filters against Folly: How to survive despite Economists, Ecologists and the merely Eloquent, New York 1985
- Geoff Mulgan, The Imaginary Crisis, London 2020
- Georg Franck, Ökonomie der Aufmerksamkeit: Ein Entwurf, München 1998
- Graham Leicester, Transformative Innovation: A Guide to Practice and Policy, Axminster 2016
- Hans-Dietrich Reckhaus, Fliegen lassen: Wie man radikal und konsequent neu wirtschaftet, Hamburg 2020
- Hans-Dietrich Reckhaus, InsectRespect: Das Gütezeichen für einen weltweit neuen Umgang mit Insekten, 11., ergänzte und überarbeitete

Auflage, Bielefeld 2021

- Hans-Peter Dürr, Teilhaben an einer unteilbaren Welt: Das ganzheit liche Weltbild der Quantenphysik, in: Gerald Hüther/Christa Spann-bauer(Hrsg.), Connectedness: Warum wir ein neues Weltbild brauchen, Bern 2012, S. 15-28
- Harald Lesch/Karlheinz A. Geißler/Jonas Geißler, Alles eine Frage der Zeit: Warum die Zeit-ist-Geld-Logik Mensch und Natur teuer zu stehen kommt, München 2021
- Ian Goldin/Chris Kutarna, Die zweite Renaissance: Warum die Menschheit vor dem Wendepunkt steht, München 2016
- International Social Science Council(ISSC)/UNESCO(Hrsg.), World social science report: Changing global environments, Paris 2013, https://unesdoc.unesco.org/ark:/48223/pf0000224677
- Jakub Samochowiec, Future Skills: Vier Szenarien für morgen und was man dafür können muss, Gottlieb Duttweiler Institute, Rüschlikon, im Auftrag der Jacobs Foundation, Zürich 2020
- James W. Botkin/Mahdi Elmandjra/Mircea Malitza, No Limits to Learning: Bridging the Human Gap, A Report to the Club of Rome, Oxford u. a. 1998[1979]. 독일어 번역본: Das menschliche Dilemma: Zukunft und Lernen, herausgegeben und eingeleitet von Aurelio Peccei, Präsident des Club of Rome, Wien/München/Zürich/Innsbruck 1979
- Jason Hickel, Weniger ist mehr: Warum der Kapitalismus den Planeten zerstört und wir ohne Wachstum glücklicher sind, München 2022
- Jeremy Bentham, Eine Einführung in die Prinzipien der Moral und der Gesetzgebung, hrsg. von Otfried Höffe, Tübingen 1992
- Johan Rockström u. a., A safe operating space for humanity, Nature, Heft 461, 2009, S. 472-479, https://www.nature.com/articles/461472a
- Johannes Krause/Thomas Hybris Trappe, Die Reise der Menschheit: zwischen Aufbruch und Scheitern, Berlin 2021
- John Maynard Keynes, Wirtschaftliche Möglichkeiten für unsere Enkelkinder, in: Norbert Reuter, Wachstumseuphorie und Verteilungsrealität:

Wirtschaft spolitische Leitbilder zwischen Gestern und Morgen, Marburg 2007

- John Mill, The Collected Works of John Stuart Mill, Band III, Principles of Political Economy, Teil II. Toronto Press 1848
- Julia Hobsbawm, Fully Connected: Surviving and Thriving in an Age of Overload, London u. a. 2017
- Jürgen Renn, The Evolution of Knowledge: Rethinking Science for the Anthropocene, Princeton 2020
- Karen O'Brien, You matter more than you think: Quantum social change for a thriving world, Oslo 2021
- Karl Polanyi, The Great Transformation: Politische und ökonomische Ursprünge von Gesellschaften und Wirtschaftssystemen, Frankfurt am Main 2007[1944]
- Katharina Pistor, Der Code des Kapitals: Wie das Recht Reichtum und Ungleichheit schaffen, Berlin 2020
- Malcolm Gladwell, Der Tipping Point: Wie kleine Dinge Großes bewirken können, Berlin 2000
- Martin Schürz, Überreichtum, Frankfurt am Main 2019
- Mathias Binswanger, Die Tretmühlen des Glücks: Wir haben immer mehr und werden nicht glücklicher. Was können wir tun?, Freiburg 2006
- Michael Tomasello, Die kulturelle Entwicklung des menschlichen Denkens: Zur Evolution der Kognition, Frankfurt am Main 2006
- Michael Tomasello, Mensch werden: Eine Theorie der Ontogenese, Berlin 2020
- Mihály Csíkszentmihályi, Flow: Das Geheimnis des Glücks, Stuttgart 2015
- Miller Riel, Transforming the Future: Anticipation in the 21st Century, Paris u. a. 2018
- Niklas Boers/Martin Rypdal, Critical slowing down suggests that the western Greenland Ice Sheet is close to a tipping point, Proceedings

of the National Academy of Sciences(PNAS), 17. 05. 2021, https://www.
pnas.org/doi/full/10.1073/pnas.2024192118

- Paul Raskin u. a., Great Tansition: Umbrüche und Übergänge auf dem
  Weg zu einer planetarischen Gesellschaft, Frankfurt am Main 2003
- Philipp Stierand, Speiseräume: Die Ernährungswende beginnt in der
  Stadt, München 2014
- Rebecca Solnit, Hope in the Dark: Untold Histories, Wild Possibilities,
  Chicago 2016
- Riane Eisler, Die verkannten Grundlagen der Ökonomie: Wege zu ein-
  er Caring Economy, Marburg 2020
- Robert Costanza u. a., Sustainable Wellbeing Futures: A Research and
  Action Agenda for Ecological Economics, Cheltenham/Northampton
  2020
- Samira El Ouassil/Friedemann Karig, Erzählende Affen: Mythen, Lügen,
  Utopien — wie Geschichten unser Leben bestimmen, Berlin 2021
- Stefan Bergheim, Zukünfte — Offen für Vielfalt: Das Handbuch für den
  klugen Umgang mit dem Später, Berlin 2020
- Stephen Carpenter u. a., Early warnings of regime shifts: evaluation of
  spatial indicators from a whole-ecosystem experiment, Ecosphere, Au-
  gust 2014, Band 5, Heft 8, https://esajournals.onlinelibrary.wiley.com/
  doi/10.1890/ES13-00398.1
- Stuart Kauffman, Investigations, Oxford 2000
- Thomas Dyllick-Brenzinger/Katrin Muff, Clarifying the meaning of
  sustainable business: Introducing a typology from business-as-usual
  to true business sustainability, Organization and Environment, 2015, S.
  1-19, https://www.bsl-lausanne.ch/wp-content/uploads/2015/04/Dyl-
  lick-Muff-Clarifying-Publ-Online.full_.pdf
- Thomas Schelling, Dynamic Models of Segregation, Journal of Mathe-
  matical Sociology, 1971, Band 1, S. 143-186. https://www.stat.berkeley.
  edu/~aldous/157/Papers/Schelling_Seg_Models.pdf
- Tilman Santarius, Der Rebound-Effekt: Ökonomische, psychische und

soziale Herausforderungen der Entkopplung von Energieverbrauch und Wirtschaft swachstum, Berlin 2015

- Tim Jackson, Prosperity without Growth, London, Sterling 2009
- Tim Jackson, Wie wollen wir leben? Wege aus dem Wachstumswahn, München 2021
- Timothy M. Lenton/Hermann Held/Elmar Kriegler/Jim W. Hall/Wolfgang Lucht/Stefan Rahmstorf/Hans Joachim Schellnhuber, Tipping elements in the Earth's climate system, PNAS, Februar 2008: https://www.pnas.org/content/105/6/1786
- Vaclav Smil, Energy and Civilization: A History, Cambridge(Massachusetts)/London 2017
- Victor Turner, Betwixt and Between: The Liminal Period in Rites de Passage, Seattle 1964
- Wissenschaftlicher Beirat der Bundesregierung(WBGU), Globale Umweltveränderungen: Unsere gemeinsame digitale Zukunft, Berlin 2019

주석

인류 최대의 모험이 시작된다

1. Rebecca Solnit, Hope in the Dark: Untold Histories, Wild Possibilities, Chicago 2016, S. XIV.

2. Erich Fromm, Wege aus einer kranken Gesellschaft: Eine sozialpsychologische Untersuchung, München 2014, S. 231.

1부 세상은 어떻게 움직이는가

1. Frances Westley/Brenda Zimmerman/Michael Quinn Patton, Getting to Maybe: How the World is Changed, Toronto 2009, S. 7.

2. Hans-Peter Dürr, Teilhaben an einer unteilbaren Welt: Das ganzheitliche Weltbild der Quantenphysik, in: Gerald Hüther/Christa Spannbauer(Hrsg.), Connectedness: Warum wir ein neues Weltbild brauchen, Bern 2012, S. 27.

3. Dietrich Dörner, Die Logik des Misslingens: Strategisches Denken in komplexen Situationen, Reinbek bei Hamburg 2003, S. 22f.

4. Überall Tanaland, Der Spiegel, 21/1975, S. 135f., https://www.spiegel.de/kultur/ueberall-tanaland-a-fb5c21cc-0002-0001-0000-000041496567

5. Dörner, Logik des Misslingens, S. 327.

6. Dirk Brockmann, Im Wald vor lauter Bäumen: Unsere komplexe Welt besser verstehen, München 2021.

7. Donella Meadows, Die Grenzen des Denkens: Wie wir sie mit System erkennen und überwinden können, München 2019, S. 266, Hervorhebung M. G.

8. Donella Meadows, Thinking in Systems: A Primer, Vermont 2008.

9. Ian Goldin/Chris Kutarna, Die zweite Renaissance: Warum die Menschheit vor dem Wendepunkt steht, München 2016.

10. Meadows, Die Grenzen des Denkens, S. 244.

11. Ugo Bardi, Vorwort, in: Donella Meadows, Die Grenzen des Denkens, München 2019, S. 19.

12. 두 호수의 좌표: N46°15'07.3" W89°30'14.1"

13. Stephen Carpenter u. a., Early warnings of regime shifts: evaluation of spatial indicators from a whole-ecosystem experiment, Ecosphere, August 2014, Band 5, Heft 8, https://esajournals.onlinelibrary.wiley.com/doi/10.1890/ES13-00398.1

14. 한스페터 뒤르는 에세이《나눌 수 없는 세계에 참여하기Teilhaben an einer unteilbaren Welt》에서 이 내용을 양자물리학을 이용해 설명하고 있다.

15. Dürr, Teilhaben an einer unteilbaren Welt, S. 18.

16. https://www.unep.org/resources/frontiers-2017-emerging-issues-environmental-concern

17. Natalie Wolchover, Nature's Critical Warning System, Quantamagazine, November 2015, https://www.quantamagazine.org/critical-slowing-warns-of-looming-disasters-20151118

18. 임계 감속에 대한 과학적 설명은 시스템 혁신 플랫폼에서 확인하기 바란다.: https://www.systemsinnovation.io/glossary/critical-slowing-down

19. Victor Turner, Betwixt and Between: The Liminal Period, Rites of Passage, Seattle 1964, S. 4-20.

20. Antonio Gramsci, Gefängnishefte: Kritische Gesamtausgabe, Band 3, Hamburg 2012, S. 354.

21. Johan Rockström u. a., A safe operating space for humanity, Nature, Heft 461, 2009, S. 472–479, https://www.nature.com/articles/461472a. 이에 대한 비판적 논의와 자연과학 및 사회과학계의 다양한 반응, 그리고 향후 발전 방향에 대한 제언은 다음을 참고하기 바란다.: Frank Biermann/Rakhyun E. Kim, The Boundaries of the Planetary Boundary Framework: A Critical Appraisal of Approaches to Define a 'Safe Operating Space' for Humanity, Annual Review of Environment and Resources,

Oktober 2020, Band 45, S. 497-521, https://www.annualreviews.org/
doi/10.1146/annurev-environ-012320-080337

22. 유엔 기사 참조: https://news.un.org/en/story/2021/04/1090242

23. 2022년 1월에 발표된 스톡홀름 회복력 센터의 연구 결과 참조: https://
www.stockholmresilience.org/research/research-news/2022-01-18-safe-
planetary-boundary-for-pollutants-including-plastics-exceeded-say-
researchers.html

24. Dörner, Logik des Misslingens, S. 78.

25. https://www.zfk.de/politik/deutschland/umweltsteuern-koennt-
en-bis-zu-564-mrd-euro-mobilisieren

26. 다중 해결책은 국제 과학계에서 지속가능성 연구, 특히 시나리오와 가능한
개발 경로를 다루는 연구에서 사용되는 용어다. 다중 해결 접근 방식에 대
한 자세한 내용은 미국에 새로 설립된 다중해결연구소(https://www.multi-
solving.org)에서도 확인할 수 있다.

27. Robert Folger, Die Welt wird wieder untergehen, Spektrum, 06. 05.
2021, https://www.spektrum.de/news/apokalypse-die-welt-wird-wied-
er-untergehen/1869820

28. 이 동영상은 2023년 3월 기준 약 2,342만 회가 조회되었다.: https://www.
youtube.com/watch?v=GA8z7f7a2Pk

29. Thomas Schelling, Dynamic Models of Segregation, Journal of Mathe-
matical Sociology, 1971, Band 1, S. 143-186. https://www.stat.berkeley.
edu/~aldous/157/Papers/Schelling_Seg_Models.pdf

30. Malcolm Gladwell, Der Tipping Point: Wie kleine Dinge Großes be-
wirken können, Berlin 2000.

31. Timothy M. Lenton/Hermann Held/Elmar Kriegler/Jim W. Hall/Wolf-
gang Lucht/Stefan Rahmstorf/Hans Joachim Schellnhuber, Tipping ele-
ments in the Earth's climate system, PNAS, Februar 2008, https://www.
pnas.org/content/105/6/1786

32. Niklas Boers/Martin Rypdal, Critical slowing down suggests that the
western Greenland Ice Sheet is close to a tipping point, Proceedings of
the National Academy of Sciences(PNAS), 17. 05. 2021, https://www.

pnas.org/doi/full/10.1073/pnas.2024192118

33. https://www.spektrum.de/lexikon/geographie/albedo/241

34. Michaela D. King u. a., Dynamic ice loss from the Greenland Ice Sheet driven by sustained glacier retreat, Communications Earth & Environment, Heft 1, 2020, https://www.nature.com/articles/s43247-020-0001-2

35. 세번 스즈키의 연설문: https://www.youtube.com/watch?v=oJJGuIZVfLM

36. 2021년 국제에너지기구IEA는 '넷제로 보고서Net Zero by 2050'를 통해 새로운 화석연료 매장지 탐사를 즉각 중단해야 한다는 결론을 내렸다.: https://www.iea.org/reports/worldenergy-outlook-2021

37. 2018년 세계경제포럼 리포트인 '미래생산준비 보고서Readiness for the Future of Production Report' 참조: https://www3.weforum.org/docs/FOP_Readiness_Report_2018.pdf

38. 2011년 스웨덴왕립과학아카데미의 프랜시스 웨스틀리Frances Westley와 동료들이 발표한 논문 〈지속가능성을 향한 팁: 새로운 변화의 길Tipping toward Sustainability: Emerging Pathways of Transformation〉 762~780쪽 참조: http://homerdixon.com/wp-content/uploads/2017/05/Tipping-Toward-Sustainability-Emerging-Pathways.pdf

39. 폴 호켄Paul Hawken의 2009년 포틀랜드대학교 졸업식 연설: https://files.eric.ed.gov/fulltext/EJ1078017.pdf

40. Tim Jackson, Wie wollen wir leben: Wege aus dem Wachstumswahn, München 2021, S. 22.

41. Hans-Dietrich Reckhaus, Fliegen lassen: Wie man radikal und konsequent neu wirtschaftet, Hamburg 2020, S. 19f.

42. https://www.dw.com/de/m%C3%BCnchener-studiebest%C3%A4tigt-starkes-insektensterben-in-deutschland/a-51051311

43. 1970년 《뉴욕타임스》에 실린 밀턴 프리드먼의 기고문 〈기업의 사회적 책임은 이윤을 늘리는 것이다The Social Responsibility of Business is to Increase its Profits〉 참조: http://websites.umich.edu/~thecore/doc/Friedman.pdf

44. Hans-Dietrich Reckhaus, InsectRespect: Das Gütezeichen für einen weltweit neuen Umgang mit Insekten, 11., ergänzte und überarbeitete Auflage, Bielefeld 2021, S. 202. 해당 구절은 이전 판에서는 볼 수 없다.

45. Thomas Dyllick-Brenzinger/Katrin Muff, Clarifying the meaning of sustainable business: Introducing a typology from business-as-usual to true business sustainability, Organization and Environment, 2015, S. 1–19, https://www.bsl-lausanne.ch/wp-content/uploads/2015/04/Dyllick-Muff-Clarifying-Publ-Online.full_.pdf

46. Meadows, Die Grenzen des Denkens, S. 238.

47. Samira El Ouassil/Friedemann Karig, Erzählende Affen: Mythen, Lügen, Utopien, Berlin 2021, S. 15.

48. https://www.adv.aero/service/downloadbibliothek/#vz

49. 합성연료 기사 참고: Will blue hydrogen lock us into fossil fuels forever?, One Earth, Band 4, Ausgabe 11, November 2021, S. 1527–1529. 또는 독일 에너지환경연구소 정보 참조: https://www.ifeu.de/service/nachrichtenarchiv/ifeu-studie-warnt-vor-nebenwirkungen-synthetischer-ptx-brennstoffe

50. Shell verliert Klima-Prozess: Das Urteil von Den Haag und die Folgen, Deutschlandfunk, 28. 5. 2021, https://www.deutschlandfunk.de/shell-verliert-klima-prozess-das-urteil-von-den-haag-und-100.html

51. https://www.tagesschau.de/wirtschaft/oecd-mindeststeuer-101.html

52. John Elkington/Richard Roberts, Tomorrow's Capitalism: The 2020s Leadership Agenda, https://volans.com/wp-content/uploads/2019/11/TC-2020s-Leadership-Agenda.pdf

53. Thomas Schelling, Dynamic Models of Segregation, S. 146., https://www.stat.berkeley.edu/~aldous/157/Papers/Schelling_Seg_Models.pdf

54. Demand-side solutions to climate change mitigation consistent with high levels of well-being, Nature Climate Change, Heft 12, 2022, S. 36–46, https://www.nature.com/articles/s41558-021-01219-y

55. F. Geels/A. McMeekin/J. Mylan/D Southerton, A critical appraisal of Sustainable Consumption and Production research: The reformist, revolutionary and reconfiguration positions, Global Environmental Change, Band 34, 2015, S. 2.

56. Bjørn Thomassen, Liminality and the Modern: Living Through the

In-Between, Farnahm 2014, S. 113-141.

57. Robert Folger, Die Welt wird wieder untergehen, Spektrum, 06. 05. 2021, https://www.spektrum.de/news/apokalypse-die-welt-wird-wieder-untergehen/1869820

2부 우리는 더 좋은 선택을 할 수 있다

1. Meadows, Die Grenzen des Denkens, S. 43.
2. Riane Eisler, Die verkannten Grundlagen der Ökonomie: Wege zu einer Caring Economy, Marburg 2020, S. 163.
3. https://landlordsgame.info/rules/lg-1904p_patent.html
4. Henry George, Fortschritt und Armut, Düsseldorf 1959, S. 299f.
5. Mary Pilon, Monopoly was designed to teach the 99% about income inequality, Smithsonian Magazine, Januar 2015, https://www.smithsonianmag.com/arts-culture/monopoly-was-designed-teach-99-about-income-inequality-180953630
6. 1906년 버전 '세계의 군주The Monarch of the World' 규칙 참조: https://landlordsgame.info/games/lg-1906/lg-1906_egc-rules.html
7. Meadows, Die Grenzen des Denkens, S. 191.
8. Meadows, Die Grenzen des Denkens, S. 170ff.
9. Meadows, Die Grenzen des Denkens, S. 171.
10. https://landlordsgame.info/games/lg-1906/lg-1906_egc-rules.html
11. Michael Prüller, Profit statt Reform, Humane Wirtschaft, Nr.3/2008, S. 46-49, https://www.humane-wirtschaft.de/03-2008/prueller_monopoly-teil2.pdf
12. Michael Prüller, Profit statt Reform, S. 47.
13. Mary Pilon, Monopoly was designed, https://www.smithsonianmag.com/arts-culture/monopoly-was-designed-teach-99-aboutincome-inequality-180953630
14. Aurelio Peccei, Vorwort, in: James W. Botkin/Mahdi Elmandjra/Mircea Malitza, No Limits to Learning: Bridging the Human Gap, A Report to the Club of Rome, Oxford (u. a.) 1979, S. XIII.

15. Klaus Busch/Christoph Hermann/Karl Hinrichs/Thorsten Schulten, Eurokrise: Austeritätspolitik und das europäische Sozialmodell, Berlin 2012, https://library.fes.de/pdf-files/id/ipa/09444.pdf

16. https://ec.europa.eu/commission/presscorner/detail/de/MEMO_10_408

17. Stephen Hawking, Millennium Interview, San Jose Mercury News, 23. 1. 2000.

18. Paul Raskin u. a., Great Transition: Umbrüche und Übergänge auf dem Weg zu einer planetarischen Gesellschaft, Frankfurt am Main 2003, https://greattransition.org/documents/gt_deutsch.pdf, S. 19.

19. Stefan Schmitt, Der Pate unseres Erdzeitalters, Zeit, 3. 2. 2022, https://www.zeit.de/2021/06/paul-crutzen-ozonloch-klimawandel-atmosphaerenforscher-nachruf/komplettansicht

20. https://www.nationalacademies.org/news/2021/04/nobel-prize-laureates-and-other-experts-issue-urgent-call-for-action-after-our-planet-our-future-summit

21. Jakub Samochowiec, Future Skills: Vier Szenarien für morgen und was man dafür können muss, Gottlieb Duttweiler Institute, Rüschlikon, im Auftrag der Jacobs Foundation, Zürich 2020, https://jacobsfoundation.org/publication/future-skills

22. http://anticipationconference.org/about-2022; Roberto Poli, Introduction to Anticipation Studies, Cham 2017

23. Bill Sharpe, Three Horizons: The Patterning of Hope, Axminster 2020.

24. Bill Sharpe, Three Horizons, S. 5.

25. 국제미래포럼(IFF) 프레젠테이션 참조: www.internationalfuturesforum.com/three-horizons

26. 미래학에 대한 정의 참조: Rolf Kreibich, Zukunft sforschung: Arbeitsbericht Nr. 23/2006, IZT, Berlin 2006, S. 3.; 개요 참조: Karlheinz Steinmüller, Szenarien. Delphi, Technikvorschau, Gelsenkirchen 1997, https://www.prozukunft.org/buecher/18008

27. Aurelio Peccei, The Human Quality, Oxford/New York 1977, S. 95.

28. James W. Botkin/Mahdi Elmandjra/Mircea Malitza, No Limits to Learn-

ing: Bridging the Human Gap, A Report to the Club of Rome, Oxford (u. a.) 1979.

29. James W. Botkin u. a., Limits to Learning, S. 43-44.

30. Jamila Haider u. a., The undisciplinary journey: early-career perspectives in sustainability science, https://www.ncbi.nlm.nih.gov/pmc/articles/PMC6086269

31. Jürgen Renn, The Evolution of Knowledge: Rethinking Science for the Anthropocene, Princeton 2020, S. XVI.

32. Jürgen Renn, The Evolution of Knowledge, S. 13.

33. Geoff Mulgan, The imaginary crisis — and how we might quicken social and public imagination, 8. 4. 2020, https://www.geoffmulgan.com/post/social-imagination

34. International Social Science Council(ISSC)/UNESCO(Hrsg.), World social science report: Changing global environments, Paris 2013, S. 69, https://unesdoc.unesco.org/ark:/48223/pf0000224677

35. Riel Miller, Transforming the Future: Anticipation in the 21st Century, Paris u. a. 2018, S. 15.; Riel Miller, Futures literacy: A hybrid strategic scenario method, Futures 39 (2007), S. 341-362.

36. 1972년 유엔 인간환경회의 선언문 1항 참조: http://www.un-documents.net/unchedec.htm

37. 1987년 작성된 〈우리 공동의 미래: 세계환경개발위원회의 브룬틀란 보고서〉 참조: http://www.un-documents.net/our-common-future.pdf

38. Samochowiec, Future Skills, S. 4.

39. Westley u. a., Tipping toward Sustainability, S. 763.

40. John Stuart Mill, The Collected Works of John Stuart Mill, Band III, Principles of Political Economy, Teil II, Toronto 1848.

41. Blankfein Says He's Just Doing 'God's Work', New York Times, 9. 11. 2009: https://archive.nytimes.com/dealbook.nytimes.com/2009/11/09/goldmanchief-says-he-is-just-doing-gods-work

42. Johannes Krause/Thomas Trappe, Hybris: Die Reise der Menschheit, zwischen Aufbruch und Scheitern, Berlin 2021.

43. https://assets.bwbx.io/documents/users/iqjWHBFdfxIU/rim9z3X.NpYk/v0

44. Marcus Theurer, Kritik am Wechsel zu Goldman Sachs, FAZ, aktual-isiert am 10. 07. 2016, https://www.faz.net/aktuell/wirtschaft/men-schen-wirtschaft/kritik-an-wechsel-von-jose-manuel-barrosozu-gold-man-sachs-14333977.html

45. 사회학자 마르틴 슈뢰더Martin Schröder와 그의 연구팀이 1980년대 중반부터 독일경제연구소에서 수집한 사회경제 분야의 전체 설문조사 데이터를 분석하여 발표했다.: Wann sind wir wirklich zufrieden? Überraschende Erkenntnisse zu Arbeit, Freizeit, Liebe, Kindern, Geld, München 2020, https://www.leben-in-deutschland.de에서 주제 관련 평가를 확인할 수 있다.

46. Jeremy Bentham, Eine Einführung in die Prinzipien der Moral und der Gesetzgebung, hrsg. von Otfried Höffe, Tübingen 1992, S. 55.

47. Mill, Principles, Chapter IV, Of the Stationary State, § 2.

48. Mill: Principles.

49. John Maynard Keynes, Wirtschaftliche Möglichkeiten für unsere Enkel-kinder, in: Norbert Reuter, Wachstumseuphorie und Verteilungsrealität: Wirtschaft spolitische Leitbilder zwischen Gestern und Morgen, 2. voll-ständig überarbeitete und aktualisierte Auflage, Marburg 2007, https://kritisches-netzwerk.de/sites/default/files/John_Maynard_Keynes_Wirtschaftliche_Moeglichkeiten_fuer_unsere_Enkelkinder_1928.pdf

50. Fabrizio Zilibotti, Economic Possibilities for our Grandchildren—75 years After: A Global Perspective, in: Lorenzo Pecchi/Gastavo Piv-a(Hrsg.), Revisiting Keynes: Economic Possibilities for our Grandchil-dren, Cambridge 2010, S. 28.

51. '데이터로 보는 세상Our World in Data'에 따르면 1929년 독일인의 총 근무시간은 2,128시간이었지만 2017년에는 1,354시간에 불과했다. 이는 전 세계에서 가장 낮은 수치다. 영국은 2,257~1,670시간, 미국은 2,316~1,757시간이었다.: https://ourworldindata.org/working-more-than-ever

52. 1930년 세계 인구는 21억 명이었다. 세계은행에 따르면 2019년에 국제 항

공 이용자는 총 45억 명이었다.: https://data.worldbank.org/indicator/ IS.AIR.PSGR

53. Julia Hobsbawm, Fully Connected-Surviving and Thriving in an Age of Overload, London u. a. 2017, S. 18.

54. Lewis Carroll, Alice hinter den Spiegeln, Wien/Leipzig/New York 1923, S. 26.

55. Fred Hirsch, Social Limits to Growth, Cambridge/Mass, 1976.

56. Hirsch, Social Limits to Growth, S. 7.

57. Hirsch, Social Limits to Growth, S. 10

58. 이러한 관점은 1944년에 출간된 칼 폴라니Karl Polanyi의 《위대한 전환The Great Transformation》에도 잘 담겨 있다.

59. Hirsch, Social Limits to Growth, S. 183.

60. Hirsch, Social Limits to Growth, S. 8, S. 188.

61. Hirsch, Social Limits to Growth, S. 8, S. 190.

62. Hirsch, Social Limits to Growth, S. 189.: 여기서 허슈는 미국 경제학자 윌리엄 비크리William Vickrey의 말을 인용한다.

63. Dan Buettner, Power 9. Reverse Engineering Longevity, https://www.bluezones.com/2016/11/power-9

64. Mihály Csíkszentmihályi: Flow— Das Geheimnis des Glücks, Stuttgart 2015, S. 16f.

65. Csíkszentmihályi, Flow, S. 233–235. 흥미롭게도 칙센트미하이는 개인의 행복과는 전혀 무관한 질문으로 이 결과를 도출했다. 오히려 그는 21세기 현대사회에 대한 진화론적 관점을 염두에 두고 있었다. 인간 공동체의 차별화와 경쟁에 대한 압력과 환경으로부터 최대한 많은 에너지를 확보하려는 유기체의 진화적 압력 사이에 유사점이 있음을 관찰한 것이다.

66. Csíkszentmihályi, Flow, S. 207.

67. Csíkszentmihályi, Flow, S. 232.

68. IIFL Wealth의 보고서 참조: IIFL Wealth Management Wealth Index 2018, https://www.iiflwealth.com/wealth-x-2018

69. Andrew T. Jebb u. a., Happiness, income satiation and turning points around the world, Nature Human Behaviour, Bd. 2, Januar 2018, S. 33,

https://www.nature.com/articles/s41562-017-0277-0

70. Sir Partha Dasgupta, The Economics of Biodiversity, 2021, https://www.gov.uk/government/publications/final-report-the-economics-of-biodiversity-the-dasgupta-review

71. Dasgupta, The Economics of Biodiversity, S 33.

72. Nils Klawitter/Maria Marquart: Kriegswirtschaft statt Klimaschutz, Spiegel, 13/2022, 26. 3. 2022.

73. 세계경제포럼의 〈새로운 자연 보고서 IINew Nature Report II〉 참조: https://www.weforum.org/reports/new-nature-economy-report-ii-the-future-of-nature-and-business

74. 웰빙경제연합의 프레젠테이션 참조: https://wellbeingeconomy.org/wp-content/uploads/WeAll-BRIEFINGS-Measuringthe-Wellbeing-economy-v6.pdf

75. 유엔 책임투자원칙 프레젠테이션 참조: https://www.unpri.org/about-us/what-are-the-principles-forresponsible-investment

76. 지속가능한 미래와 양립할 수 없는 오늘날 자본주의의 특성에 대한 유쾌하고 차별화된 설명을 참조하기 바란다.: From planetary to societal boundaries — an argument for collectively defined selflimitation, Sustainability: Science, Practice and Policy, Bd. 17, Heft 1, Juli 2021, S. 265-292, https://www.tandfonline.com/doi/full/10.1080/15487733.2021.1940754

77. 와이첸바움 연구소의 2018/2019 연례 보고서 참조: https://www.weizenbaum-institut.de/media/Publikationen/Jahresberichte/191105_jahresbericht-web_final.pdf

78. 메타 연례 보고서: https://investor.fb.com/investornews/press-release-details/2018/Facebook-Reports-Fourth-Quarter-and-Full-Year-2017-Results/default.aspx

79. 도시계획가 게오르크 프랑크Georg Franck는 1998년 그의 책《관심 경제 Ökonomie der Aufmerksamkeit》(뮌헨, 1998)에서 이 용어를 만들었다.

80. 〈캐롤의 퀴어넌 여정Carol's Journey to QAnon〉 보고서 참조: https://www.nbcnews.com/tech/tech-news/facebookknew-radicalized-users-rc-

na3581

81. 2021년 5월 10일 미국 상원 통신과학교통위원회 소비자안전 소위원회에서 프랜시스 호건이 한 진술 녹취록: https://www.commerce.senate.gov/services/files/FC8A558E-824E-4914-BEDB-3A7B1190BD49

82. Sheera Frenkel, A highlight: Frances Haugen's inside knowledge makes this hearing different, New York Times, 5. 10. 2021, https://www.nytimes.com/2021/10/05/technology/facebook-frances-haugen-testimony.html

83. Wissenschaftlicher Beirat der Bundesregierung Globale Umweltveränderungen(WBGU), Unsere gemeinsame digitale Zukunft, Berlin 2019, S. 102. Vgl. dazu: Friedrich Rapp, Analytische Technikphilosophie, Freiburg/München 1978; Jan Zalasiewicz u. a., Scale and diversity of the physical technosphere: a geological perspective, The Anthropocene Review, 2017, 4/1, S. 9-22.

84. Albert Borgmann, Technology and the character of contemporary life, A philosophical inquiery, Chicago 1984, S. 40ff.

85. Borgmann, Technology and the character of contemporary life, S. 44.

86. Masahiro Sugiyama/Hiroshi Deguchi u. a., Unintended Side Effects of Digital Transition: Perspectives of Japanese Experts, Sustainability 9/12, November 2017, S. 6, https://www.researchgate.net/publication/321349815_Unintended_Side_Effects_of_Digital_Transition_Perspectives_of_Japanese_Experts

87. Andrew McAfee, More from Less: The Surprising Story of How We Learned to Prosper Using Fewer Resources — and What Happens Next, New York u. a. 2019.

88. Andrew McAfee, More from Less, S. 14.

89. 제이슨 히켈Jason Hickel의 트위터 참조: https://twitter.com/jasonhickel/status/1405090430367248396

90. 유럽환경청EEB이 2019년 발표한 〈디커플링 디버깅Decoupling Debunked〉 보고서 참조: https://eeb.org/decoupling-debunked1

91. https://ourworldindata.org

92. 유엔환경계획UNEP의 보고서 참조: Global Material Flows and Resource Productivity: Assessment Report for the UNEP International Resource Panel, 2016, S. 6-7, https://www.resourcepanel.org/reports/global-material-flows-and-resource-productivity-database-link

93. Megan Graham, Digital ad spend grew 12% in 2020 despite hit from pandemic, CNN, 4. 7. 2021, https://www.cnbc.com/2021/04/07/digital-ad-spend-grew-12percent-in-2020-despite-hit-from-pandemic.html

94. Amanda Mull, Stop Shopping: America needs you to buy less junk, Atlantic, Oktober 2021. https://www.theatlantic.com/technology/archive/2021/10/stop-shopping-global-supply-chainshipping-delays/620465

95. Jason Hickel, Weniger ist mehr: Warum der Kapitalismus den Planeten zerstört und wir ohne Wachstum glücklicher sind, München 2022, S. 181.

96. 지미 카터의 태양열 집열기 취임식 연설 참조: https://energyhistory.yale.edu/library-item/president-jimmy-carters-remarks-white-house-solar-panel-dedication-ceremony-1979

97. RWE의 이사인 귄터 클레테Günther Klätte는 회사 총회에서 이 발전소가 "불가능하다는 것을 증명하기 위해" 필요하다고 말했다. "원자력 발전 반대자들을 위한 교육 모델 같은 것"으로 본 것이다.: Die grünen Growiane, Die WELT, Nr. 50, 28. 02. 1981, S. 9.

98. https://www.vox.com/recode/2019/5/6/18530860/tristan-harris-human-downgrading-time-well-spentkara-swisher-recode-decode-podcast-interview

99. 휴먼 테크놀로지 재단에서 거대 기술 기업들의 경쟁으로 인한 피해와 비용에 대한 자료를 정리했다.: https://ledger.humanetech.com

100. Johann Hari, Heutzutage kann man kein normales Gehirn besitzen—der moderne Mensch leidet an einem kollektiven Aufmerksamkeitsdefizit. Wie gewinnen wir unser Denken zurück?, NZZ, 26. 1. 2022, https://www.nzz.ch/feuilleton/aufmerksamkeit-die-moderne-welt-ist-gift-fuers-hirn-was-tun-ld.1666054?reduced=true

101. Brian Arthur, The Nature of Technology: What it is and how it evolves, New York/London/Toronto/Sydney 2011, S. 23.

102. Borgmann, Technology and the character of temporary life, S. 197, S. 219.

103. https://www.triodos.com/know-where-your-money-goes

104. www.globalcommonsalliance.org

105. Iris Chiu, Digital Minister Audrey Tang — Taiwan's 'Genius' and her Unique Past, auf der Website der Förderorganisation The Nippon Foundation, 4. 10. 2020, https://www.nippon.com/en/japan-topics/g00837/digital-minister-audrey-tang-taiwan%E2%80%99s-genius-and-her-unique-past.html

106. https://framerframed.nl/en/dossier/audrey-tangwe-have-to-keep-defining-what-is-the-inter-in-internet

107. Jonas Glatthard/Bruno Kaufmann, Audrey Tang, wie werden soziale Medien sozial?, Swissinfo, 12. 5. 2021, https://www.swissinfo.ch/ger/politik/interview-mit-audrey-tang_audrey-tang--wie-werden-soziale-medien-sozial-/46585024

108. https://framerframed.nl/en/dossier/audrey-tang-we-have-to-keep-defining-what-is-the-inter-in-internet

109. https://www.humanetech.com/podcast/23-digital-democracy-is-within-in-reach

110. Jonas Glatthard/Bruno Kaufmann, Audrey Tang, wie werden soziale Medien sozial?, Swissinfo, 12. 5. 2021, https://www.swissinfo.ch/ger/politik/interview-mit-audrey-tang_audrey-tang--wie-werden-soziale-medien-sozial-/46585024; 또한 트리스탄 해리스가 진행하는 팟캐스트 '당신의 온전한 관심Your Undivided Attention'에서 인터뷰한 오드리 탕의 말도 참조할 것: https://www.humanetech.com/podcast/23-digital-democracy-is-within-reach

111. Audrey Tang, Social Innovation in Taiwan, medium, 11. 2. 2018, https://medium.com/@audrey.tang/social-enterprise-in-taiwan-3eb96d-4dc8a7

112. Alexander Fanta, Blöd der Lobbyist, der jetzt noch E-Mails schreibt, netzpolitik, 18. 1. 2022, https://netzpolitik.org/2022/eu-informationsfreiheit-bloed-der-lobbyist-der-jetzt-noch-e-mails-schreibt/?utm_source=pocket-newtab-global-de-DE

113. 《이코노미스트》가 발표한 민주주의 지수에 따르면 대만은 11위를 차지했다.: Democracy Index 2020: In sickness and in health, der Economist Intelligence Unit, London 2021, S. 29.

114. Meadows, Die Grenzen des Denkens, S. 233.

115. Lauren Joseph, It moved fast and broke things, now Silicon Valley must rebuild trust, World Economic Forum, 29. 11. 2018, https://www.weforum.org/agenda/2018/11/why-move-fast-and-break-things-doesn-t-cut-it-anymore

116. Brian Eckhouse, Chip Shortage Hits Solar Sector With Enphase Citing Constraints, BNN Blomberg, 9. 2. 2021, https://www.bnnbloomberg.ca/chip-shortage-hits-solar-sector-with-enphaseciting-constraints-1.1561491

117. 루트비히 에르하르트의 1963년 10월 18일자 정부 성명서 인용: Karl-Rudolf Korte, Das Wort hat der Herr Bundeskanzler, Eine Analyse der Großen Regierungserklärungen von Adenauer bis Schröder, Wiesbaden 2002, S. 330.

118. 2021년 파리의 주거용 부동산 평균 매입 가격은 평당미터당 12,917유로로, 평당미터당 평균 임대료는 28.60유로다.: https://www2.deloitte.com/content/dam/Deloitte/de/Documents/real-estate/Deloitte_Property%20Index%202021.pdf, S. 20, 28.

119. E. Brunotte u. a., Lexikon der Geographie, 4 Bände, Heidelberg 2002.

120. Bundesministerium des Innern und für Heimat(BMI), Neue Leipzig Charta, verabschiedet beim Informellen Ministertreffen Stadtentwicklung am 30. 11. 2020, S. 1, https://www.nationale-stadtentwicklungspolitik.de/NSPWeb/SharedDocs/Publikationen/DE/Publikationen/die_neue_leipzig_charta.pdf;jsessionid=43D3720710BCDFB47E42B-DE6B30D8786.live11311?__blob=publicationFile&v=7

121. Marlene Thiele, Wo Autos nur noch geduldet werden, Zeit, 10. 3. 2020,

https://www.zeit.de/mobilitaet/2020-03/verkehrswende-paris-buerger-meisterwahl-fahrradstadt-anne-hidalgo

122. Claas Tatje, Der Verkehrswender, Zeit, 3. 1. 2022, https://www.zeit.de/2022/01/belit-onay-verkehrswende-hannover-auto-verkehrspolitik

123. Emil Nefzger, Sein Traum von einer autofreien Stad, Spiegel, 24. 6. 2020, https://www.spiegel.de/auto/hannover-autofrei-oberbuerger-meister-belit-onay-stoesst-auf-widerstand-a-7121a95e-6424-4207-8f16-49764a8dd3fa

124. Sören Götz, Man muss Autofahren ja nicht gleich verbieten, Zeit, 18. 5. 2022, https://www.zeit.de/mobilitaet/2022-05/berlin-autofrei-innen-stadt-volksentscheid-senat

125. C. Moreno u. a., Introducing the 15-Minute City: Sustainability, Resilience and Place Identity in Future Post-Pandemic Cities, smart cities, 8. 1. 2021, https://www.mdpi.com/2624-6511/4/1/6

126. Kim Willsher, Paris mayor unveils 15-Minute City plan in re-election campaign, The Guardian, 7. 2. 2020, https://www.theguardian.com/world/2020/feb/07/paris-mayor-unveils-15-minute-city-plan-in-re-election-campaign

127. 《타임》이 2020년 세계에서 가장 영향력 있는 인물로 안 이달고를 선정했을 때, 전 미국 대통령이자 기후 운동가인 앨 고어Al Gore가 그 이유를 설명했다.: https://time.com/collection/100-most-influential-people-2020/5888321/anne-hidalgo

128. Meadows, Die Grenzen des Denkens, S. 124.

129. https://www.forstpraxis.de/kleines-einmaleins-des-borkenkaefers

130. 독일 식품농업부에 따르면 독일에서는 약 2,770km²의 숲을 재조림해야 한다고 한다. 보덴호의 면적은 536km²다.: https://www.bmel.de/DE/the-men/wald/wald-in-deutschland/wald-trockenheit-klimawandel.html

131. Andreas Reckwitz, Die Politik der Resilienz und ihre vier Probleme, Spiegel, 5. 3. 2021, https://www.spiegel.de/psychologie/corona-und-politische-resilienz-was-wir-aus-der-krise-lernen-sollten-a-3cea4d87-0002-0001-0000-000176138623

132. Reckwitz, Die Politik der Resilienz und ihre vier Probleme.

133. Westley u. a., Tipping toward Sustainability, S. 763.

134. Jamila Haider u. a., Rethinking resilience and development: A coevolutionary perspective, Ambio, Bd. 50, 10. 2. 2021, S. 1304-1312, https://link.springer.com/article/10.1007/s13280-020-01485-8

135. EU 보고서 참조: Anna Rita Manca/Peter Benczur/Enrico Giovannini, Building a scientific narrative towards a more resilient EU society, Luxemburg 2017, https://publications.jrc.ec.europa.eu/repository/handle/JRC106265

136. OECD Working Paper 102, The Economy of Wellbeing: Creating Opportunities for People's Wellbeing and Growth, 2019, S. 21, https://www.oecd.org/officialdocuments/publicdisplaydocumentpdf/?cote=SDD/DOC(2019)2&docLanguage=En

137. Peter Victor, Managing without Growth: Slower by Design, not Disaster, Cheltenham 2019.

138. Frances Westley u. a., Tipping Toward Sustainability; Derk Loorbachs, Transition Management for Sustainable Development: A Prescriptive, Complexity-Based Governance Framework, 2009, Governance, Bd. 23/1, 23. 12. 2009, S. 161-183.

139. Meadows, Die Grenzen des Denkens, S. 269.

140. 세계미래회의 운영 방식에 대한 정보 참조: https://www.worldfuture-council.org/de/futurepolicy-award

141. https://belohorizontegrid.com/de/info#Food_security

142. Anita Makri, Fighting hunger locally, from the ground up, Nature, 24. 9. 2021, https://media.nature.com/original/magazine-assets/d41586-021-02412-x/d41586-021-02412-x.pdf

143. Philipp Stierand, Speiseräume: Die Ernährungswende beginnt in der Stadt, München 2014, S. 154, https://www.oekom.de/_files_media/titel/leseproben/9783865816702.pdf

144. Philipp Stierand, Speiseräume: Die Ernährungswende beginnt in der Stadt.

145. https://publicadministration.un.org/unpsa/Portals/0/UNPSA_Submit-ted_Docs/2020/50c1df6f-4f0f-4cb1-91e9-7ff3a6b9ea76/News%20Clip-ping_BELOHORIZONTE_30112019_120704_3a320284-6e34-4da4-96b8-3 0eccce694f7.pdf?ver=1441-04-03-120704-600

146. World Future Council(WFC), Celebrating the Belo Horizonte Food Se-curity Programme, Hamburg 2009, https://epub.sub.uni-hamburg.de/ epub/volltexte/2014/26950/pdf/Future_Policy_Award_brochure.pdf

147. Anita Makri, Fighting hunger locally, from the ground up, Nature, 24. 9. 2021, https://media.nature.com/original/magazine-assets/d41586-021-02412-x/d41586-021-02412-x.pdf

148. https://www.bertelsmann-stiftung.de/fileadmin/files/BSt/Presse/import-ed/downloads/xcms_bst_dms_32411_33370_2.pdf

149. Eric Liu/Nick Hanauer, Complexity Economics Shows Us Why Lais-sez-Faire Economics Always Fails, https://www.economics.com/com-plexity-economics-shows-us-that-laissez-faire-nickhanauer

150. Eric Liu/Nick Hanauer, Complexity Economics Shows Us Why Lais-sez-Faire Economics Always Fails

151. Karl-Rudolf Korte, Das Wort hat der Herr Bundeskanzler, S. 330.

152. Geoff Mulgan, The Imaginary Crisis(and how we might quicken social and public imagination), London 2020, S. 14.

153. Vaclav Smil, Energy and Civilization: A History, Cambridge(Massachu-setts)/London 2017, S. 27.

154. 〈우리의 유한한 세계Our Finite World〉 차트 참조: World per Capita En-ergy Consumption, https://ourfiniteworld.com/2012/03/12/worldener-gy-consumption-since-1820-in-charts

155. Buckminster Fuller, The World Game: Integrative Resource Utilization Tool, Carbondale(Illinois) 1961, S. 99.

156. Harald Lesch/Karlheinz A. Geißler/Jonas Geißler, Alles eine Frage der Zeit: Warum die Zeit-ist-Geld-Logik Mensch und Natur teuer zu stehen kommt, München 2021, S. 12f.

157. https://ourworldindata.org/per-capita-energy

158. https://sdg-indikatoren.de/10

159. https://lili.leeds.ac.uk; Joel Millward-Hopkins/Julia K. Steinberger, Providing decent living with minimum energy: A global scenario, Global Environmental Change, November 2020, https://www.sciencedirect.com/science/article/pii/S0959378020307512

160. 2020년 독일의 1인당 평균 주거 공간은 47.4m²였다. 독일 환경청 참조: https://www.umweltbundesamt.de/daten/private-haushalte-konsum/wohnen/wohnflaeche#zahl-der-wohnungen-gestiegen

161. Mathias Binswanger, Die Tretmühlen des Glücks: Wir haben immer mehr und werden nicht glücklicher. Was können wir tun?, Freiburg 2006.

162. https://ourworldindata.org/co2-emissions

163. 세계불평등연구소의 〈기후변화와 세계탄소불평등 1990-2020 보고서〉 참조: https://wid.world/document/climate-change-the-global-inequality-of-carbon-emissions-1990-2020-world-inequality-lab-working-paper-2021-21

164. Christoph Möllers, Freiheitsgrade, Berlin 2020, S. 58.

165. Christoph Möllers, Freiheitsgrade, S. 152.

166. Martin Schürz, Überreichtum, Frankfurt am Main 2019.

167. Schürz, Überreichtum, S. 12, 127.

168. Schürz, Überreichtum, S. 52.

169. 세계불평등연구소의 〈2022년 세계불평등보고서〉 참조: https://wid.world/document/world-inequality-report-2022

170. Riane Eisler, Die verkannten Grundlagen der Ökonomie, S. 39f.

171. Eisler, Die verkannten Grundlagen der Ökonomie, S. 39.

172. Eisler, Die verkannten Grundlagen der Ökonomie.

173. Asher Mullard, Reiche Länder sichern sich Corona-Impfungen, spektrum.de, 3. 12. 2020, https://www.spektrum.de/news/der-covid-19-impstoff-wird-ungleich-verteilt-werden/1803563

174. https://iccwbo.org/media-wall/newsspeeches/study-shows-vaccine-nationalism-could-cost-rich-countries-us4-5-trillion

175. Maxence Peigné, EU beugt sich bei geheimen Impfstoffpreisverhandlungen den Forderungen der Pharmaindustrie, Investigate Europe, 23. 9. 2021, https://www.investigate-europe.eu/de/2021/eu-negotiators-covid-19-vaccine-price-moderna-pfizer
176. 스웨덴 시프리연구소Sipri-Instituts의 2022년 연례 보고서 참조: https://www.sipri.org/media/press-release/2022/world-stumbling-new-era-risk-concludes-sipri-report
177. Meadows, Die Grenzen des Denkens, S. 153.
178. Katharina Pistor, Der Code des Kapitals: Wie das Recht Reichtum und Ungleichheit schafft, Berlin 2020.
179. https://www.wyssacademy.org/?lang=de
180. https://www.architects4future.de/statement
181. Cathrin Zengerling, Landwende im Anthropozän: Von der Konkurrenz zur Integration, Berlin 2020, https://www.wbgu.de/fileadmin/user_upload/wbgu/publikationen/hauptgutachten/hg2020/pdf/Expertise_Zengerling.pdf
182. SRU 보고서 참조: Demokratisch regieren in ökologischen Grenzen: Zur Legitimation von Umweltpolitik, 2019, https://www.umweltrat.de/SharedDocs/Downloads/DE/02_Sondergutachten/2016_2020/2019_06_SG_Legitimation_von_Umweltpolitik.html
183. Josefine Koebe/Claire Samtleben/Annekatrin Schrenker/Aline Zucco, Systemrelevant und doch kaum anerkannt: Das Lohnund Prestigeniveau unverzichtbarer Berufe in Zeiten der Coronakrise, 2020, https://www.diw.de/de/diw_01.c.743872.de/publikationen/diw_aktuell/2020_0028/systemrelevant_und_dennoch_kaum_anerkannt__das_lohn-_und_prestigeniveau_unverzichtbarer_berufe_in_zeiten_von_corona.html
184. Rupet Neat, Raise my taxes — now!: the millionaires who want to give it all away, The Guardian, 3. 4. 2021, https://www.theguardian.com/news/2021/apr/03/raise-my-taxes-now-the-millionaires-who-want-to-give-it-all-away
185. Graham Leicesters, Transformative Innovation, 2016.

186. Leicester, Transformative Innovation, S. 31.

187. Leicester, Transformative Innovation.

188. 이 인용문은 빅토르 프랭클의 말로 자주 인용되지만, 그의 제자 중 한 명인 스 티븐 코비Stephen Covey가 하와이의 한 도서관에서 발견하고 프랭클의 가르침 에 적합하다고 생각하여 인용한 것으로 알려진다. Jutta Clarke, Quergedacht: Autonomie und Freiheit. Überlegungen mit Viktor Frank, Journal für Schulentwicklung, 2018, https://www.academia.edu/42271560/Autono-mie_und_Freiheit

3부 미래는 누가 결정하는가

1. Eric Young, zit. nach Frances Westley u. a., Getting to Maybe: How the World is changed, Toronto 2007, S. XIV.

2. Bertrand Russell, What I Believe, London/New York 2014, S. 16.

3. Alexander Mäder, Experimente zu sozialen Fähigkeiten, Stuttgarter Zei-tung, 24. 11. 2011, https://www.stuttgarter-zeitung.de/inhalt.schimpan-sen-im-test-gescheitert-aber-trotzdem-schlaupage1.224621b3-ce27-43f8-89c3-4578546e21ca.html

4. 스미소니언 자연사박물관 자료 참조: https://humanorigins.si.edu/evi-dence/genetics

5. Michael Tomasello, Die kulturelle Entwicklung des menschlichen Den-kens: Zur Evolution der Kognition, Frankfurt am Main 2006, S. 14.

6. 2019년 7월, 심리과학학회Association for Psychological Science 연례 컨퍼런 스 강연 참조: https://www.psychologicalscience.org/observer/tomasel-lo-keynote

7. Michael Tomasello, Mensch werden: Eine Theorie der Ontogenese, Berlin 2020, S. 433.

8. Tomasello, Die kulturelle Entwicklung, S. 54.

9. Hannah Arendt, Vom Leben des Geistes, Bd. 1, Das Denken, München/ Zürich 1989, S. 29.

10. Nicholas Kulish/Rebecca R. Ruiz, The Fortune of MacKenzie Scott, New York Times, 10. 4. 2022, https://www.nytimes.com/2022/04/10/

business/mackenzie-scottcharity.html

11. Nicholas Kulish, Giving Billions fast, MacKenzie Scott upends Philantrophy, New York Times, 20. 12. 2020.

12. Guido Mingels, Sie verschenkt ihre Milliarden — bis der Safe leer ist, Spiegel, 19. 2. 2021, https://www.spiegel.de/wirtschaft/unternehmen/mackenzie-scott-die-frau-dieihre-milliarden-verschenkt-bis-der-safe-leer-ist-a-00000000-0002-0001-0000-000175447381

13. https://mackenzie-scott.medium.com

14. Maria Di Mento/Ben Gose, Jeff Bezos, MacKenzie Scott, and Michael Bloomberg Top List of America's 50 Biggest Charity Donors, The Chronicle of Philantrophy, 9. 2. 2021, https://www.philanthropy.com/article/jeff-bezos-mackenzie-scott-and-michael-bloomberg-top-list-of-americas-50-biggest-charity-donors

15. Nicholas Kulish/Maria Cramer, $12 Billion to 1,257 Groups: MacKenzie Scott's Donations So Far, New York Times, 23. 3. 2022, https://www.nytimes.com/2022/03/23/business/mackenzie-scott-philanthropy.html

16. 기부 서약 웹사이트 참조: https://givingpledge.org

17. https://givingpledge.org/pledger?pledgerId=393

18. 미국의 비영리단체인 프로퍼블리카ProPublica에 유출된 문서에 따르면, 미국 최대 갑부 25명은 2014년부터 2018년까지 재산에 대해 4% 미만의 세금을 납부한 것으로 나타났다.: Jesse Eisinger u. a., The Secret IRS Files: Trove of Never-Before-Seen Records Reveal How the Wealthiest Avoid Income Tax, 8. 6. 2021, https://www.propublica.org/article/the-secret-irs-files-trove-of-never-before-seen-records-reveal-how-the-wealthiest-avoid-income-tax

19. Chuck Collins/Helen Flannery, Gilded Giving 2020: How Wealth Inequality distorts Philantrophy and imperils Democracy, August 2020, Institute for Policy Studies, Washington 2020, S. 8, https://inequality.org/wp-content/uploads/2020/07/Gilded-Giving-2020-July28-2020.pdf

20. Michaela Neumayr/Astrid Pennerstorfer, The Relation Between Income and Donations as a Proportion of Income Revisited: Literature Review

and Empirical Application, Nonprofit and Voluntary Sector Quarterly, 2020, Band 50/3, S. 551-577, https://journals.sagepub.com/doi/full/10.1177/0899764020977667

21. MacKenzie Scott, Seeding by Ceding, medium, 15. 6. 2021, https://mackenzie-scott.medium.com/seeding-by-ceding-ea6de642bf

22. Chuck Collins/Helen Flannery, Gilded Giving 2020: How Wealth Inequality distorts Philantrophy and imperils Democracy, August 2020, Institute for Policy Studies, Washington 2020, S. 7f., https://inequality.org/wp-content/uploads/2020/07/Gilded-Giving-2020-July28-2020.pdf

23. https://twitter.com/WFPChief/status/1453398212837052422

24. https://twitter.com/elonmusk/status/1454808104256737289

25. Jerry Hirsch, Elon Musk's growing empire is fueled by $4.9 billion in government subsidies, Los Angeles Times, 30. 5. 2015, https://www.latimes.com/business/la-fi-hy-musk-subsidies-20150531-story.html#page=1

26. 두 사람 간의 모든 커뮤니케이션은 트위터에서 확인할 수 있다.: https://twitter.com/WFPChief/status/1456041431051735040?ref_src=twsrc%5Etfw

27. Dieter Thomä, Warum Demokratien Helden brauchen: Plädoyer für einen zeitgemäßen Heroismus, Berlin 2019.

28. Thomä, Warum Demokratien Helden brauchen, S. 233.

29. Thomä, Warum Demokratien Helden brauchen, S. 179.

30. 이 인용문은 BBC가 발표한 명언 목록에서 발췌한 것이다.: https://www.bbc.com/news/world-us-canada-27610770

31. Karen O'Brien, You matter more than you think: Quantum social change for a thriving world, Oslo 2021, S. 102.

32. O'Brien, You matter more than you think.

33. O'Brien, You matter more than you think, S. 103.

34. Garrett Hardin, Filters against Folly: How to survive despite Economists, Ecologists and the merely Eloquent, New York 1985, S. 15ff.

35. 세 가지 질문은 하딘이 문해력Literacy, 수리력Numeracy, 생태력Ecolacy이라고 부르는 세 가지 필터를 구분하는 데 사용하는 질문들을 기반으로 한

Ʉ.: Hardin, Filters against Folly, S. 25.

36. Stuart Kauffman, Investigations, Oxford 2000, S. 22.

37. Nassehi, Unbehagen, S. 318, 325.

38. Jonas Salzgeber, Das kleine Handbuch des Stoizismus: Zeitlose Betrachtungen um Stärke, Selbstvertrauen und Ruhe zu erlangen, München 2019, S. 55.

39. Jonas Salzgeber, Das kleine Handbuch des Stoizismus, S. 57.

더 좋은 선택
결핍과 불균형, 바꿀 수 있다

초판 1쇄 인쇄 2023년 7월 2일
초판 1쇄 발행 2023년 7월 10일

지은이 | 마야 괴펠
옮긴이 | 김희상
펴낸이 | 한순 이희섭
펴낸곳 | (주)도서출판 나무생각
편집 | 양미애 백모란
디자인 | 박민선
마케팅 | 이재석
출판등록 | 1999년 8월 19일 제1999-000112호
주소 | 서울특별시 마포구 월드컵로 70-4(서교동) 1F
전화 | 02)334-3339, 3308, 3361
팩스 | 02)334-3318
이메일 | book@namubook.co.kr
홈페이지 | www.namubook.co.kr
블로그 | blog.naver.com/tree3339

ISBN 979-11-6218-256-7 03300